HEYNE CAMPUS

JAY CONRAD LEVINSON

GUERILLA MARKETING

OFFENSIVES WERBEN
UND VERKAUFEN
FÜR KLEINERE UNTERNEHMEN

WILHELM HEYNE VERLAG
MÜNCHEN

HEYNE BUSINESS
22/2014

Titel der amerikanischen Originalausgabe
GUERILLA MARKETING
Erschienen 1989 bei Houghton Mifflin Company, Boston

Der Text wurde in Übereinstimmung mit dem Autor
für die deutsche Fassung leicht gekürzt.

5. Auflage

Ungekürzte Taschenbuchausgabe
im Wilhelm Heyne Verlag GmbH & Co. KG, München
Copyright © 1989 by Jay Conrad Levinson
Copyright © der deutschsprachigen Ausgabe 1990
by Campus Verlag GmbH, Frankfurt/Main
Printed in Germany 2001
Umschlaggestaltung: Hauptmann und Kampa Werbeagentur, CH-Zug
Herstellung: M. Spinola
Satz: Schaber Satz- und Datentechnik, Wels
Druck und Verarbeitung: Presse-Druck Augsburg

ISBN 3-453-09161-2

Inhalt

Für meine eigenen
Wunderbaren Sieben:
Patsy, Amy, Sage, Sadelle,
Myrna, Gina und Nikki

Vorwort

Wenn Sie außergewöhnlich gut mit Kapital ausgestattet sind und über genügend Geld verfügen, um zu vermarkten, was immer Sie verkaufen, so können Sie die Standardmethode des Marketings – dicke Geldbündel und Lehrbuchtaktik – wählen. Aber wenn Ihnen nicht viel Kapital und sehr wenig Geld für Marketing bleibt, könnten Sie eine völlig andere Methode wählen: großartige Ideen und Guerilla-Taktik.

Die Guerilla-Taktik stellt die Lehrbuchtaktik nicht in Frage. Aber sie bietet Ihnen eine Alternative zum teuren Standard-Marketing. Sie ermöglicht es Ihnen, Ihren Umsatz mit einem Minimum an Kosten und einem Maximum an Raffinesse zu erhöhen.

Sie werden die Guerilla-Methode am besten verstehen, wenn Sie einmal ein Standardwerk über Marketing lesen. Darin lernen Sie etwas über Marketing-Ziele und die Methoden, sie zu erreichen. In Guerilla Marketing werden Sie etwas über ähnliche Marketing-Ziele und Abkürzungen zu diesen Zielen erfahren. Sie werden lernen, das zu tun, was diese großen Verschwender tun, ohne Geld zu verschleudern. Da wir nur sehr wenig gratis bekommen, werden Sie etwas mehr arbeiten müssen. Aber statt auf die Macht des Geldes zu bauen, können Sie auf die Kraft der Intelligenz setzen.

Die Erfahrung lehrt uns, daß ein hoher Anteil neu gegründeter Firmen nach fünf Jahren nicht mehr im Geschäft ist; eine alarmierende Nachricht. Das Wirtschaftsleben wird immer härter, nicht zuletzt deshalb, weil sich immer mehr enttäuschte einstige Angestellte für den Aufbau einer eigenen Firma entscheiden. Um als kleine oder mittlere Firma zu überleben, müssen Sie Guerilla sein.

Mehr Firmen als je zuvor umwerben Ihre Interessenten. Marketing wird zunehmend schwieriger. Sie müssen etwas dafür tun. Sie können – und sollten – eine Marketing-Aktion starten. Dieses Buch zeigt Ihnen, wie Sie einen Erfolg erringen, der für Geld nicht zu haben ist. Sie werden mit neuen Strategien, Taktiken und Hilfsmitteln des Guerilla Marketings vertraut gemacht, die Ihre eigenen Aktionen erleichtern und vorantreiben. Erwarten Sie keine vergnügliche Lesestunde, vielmehr ein hartes Stück Arbeit, das Sie mit Sicherheit zum Erfolg führt.

Bill Shear, der Präsident von Guerilla Marketing International, ist in erster Linie dafür verantwortlich, daß ich meine eigene Guerilla-Marketing-Aktion gestartet habe. Bill hat die Veröffentlichung meiner Ausführungen zum Guerilla Marketing in ganz Nordamerika geplant. Er war die lenkende Kraft bei unseren Guerilla-Marketing-Seminaren, Vorlesungen und unserer Guerilla-Marketing-Beratung.

Anerkennung und Dankbarkeit schulde ich jenen Guerillas, die meinen Weg durch das Dunkel des Marketings beleuchtet haben: Allan Caplan, Michael P. Lavin, Robin A. Bacci, Bruce Kaplan, Jane Croston, Ellie Dasher, Kevin Shafer, Jack J. Freeman, Dale und Merl O'Brien, Mike Larsen, Robert Holden Marriott und Vicki Gross.

Ihnen allen und den vielen ungenannten Heldinnen und Helden der Marketing-Aktionen, an denen ich beteiligt war, sage ich meinen aufrichtigen Dank.

Die Guerilla-Methode ist eine vernünftige Lösung für alle Anbieter, ungeachtet ihrer Größe. Aber für wagemutige junge Unternehmer, für Leute, die neu im Geschäft sind, wie auch für die Inhaber kleiner Firmen scheint sie fast obligatorisch zu sein. Ich wünsche Ihnen von Guerilla zu Guerilla alles Gute.

Kapitel 1

Was ist Guerilla Marketing?

Marketing ist alles, was Sie tun, um Ihr Geschäft zu fördern. Es beginnt in dem Moment, in dem Sie es planen, bis zu dem Punkt, an dem Kunden Ihr Produkt oder Ihre Dienstleistung kaufen und beginnen, Stammkunde bei Ihnen zu werden. Die Schlüsselworte sind *alles* und *Stammkunde*.

Die Bedeutung ist klar. Marketing umfaßt den Namen Ihres Geschäfts und die Entscheidung, ob Sie ein Produkt oder eine Dienstleistung verkaufen werden. Dazu gehören aber auch die Herstellungs- oder Dienstleistungsmethode, die Farben, Größe und Form Ihres Produktes. Wichtig sind ebenso die Verpackung, der Standort Ihres Geschäftes, die Werbung, die Öffentlichkeitsarbeit, das Verkaufstraining sowie die Produkt-Präsentation. Hinzu kommen Telefonanfragen, Problemlösung, der Wachstumsplan und das Nachfassen. Wenn Sie daraus schlußfolgern, daß Marketing ein komplexer Prozeß ist, haben Sie recht.

Dieses Buch kann die Komplexitäten vereinfachen, das Mystische beseitigen, Ihnen genau zeigen, wie jeder Unternehmer das Marketing einsetzen kann, um maximalen Gewinn aus minimalen Investitionen zu erzeugen. Es hilft Ihnen, die vielen, alltäglichen Marketing-Fehler zu umgehen.

In anderen Worten, dieses Buch kann dazu beitragen, eine kleine Firma zum Aufsteiger zu machen. Es kann einem Selbständigen helfen, so mühelos wie möglich eine Menge Geld zu verdienen. Sehr oft ist der einzige Faktor, der zwischen Erfolg und Fehlschlag entscheidet, die Art, in der ein Produkt oder eine Dienstleistung angeboten wird. Die Informationen auf diesen Seiten werden Sie für den Erfolg rüsten und Sie Fehler erkennen lassen, die zum Fehlschlag führen.

Jede Art von unternehmerischer Tätigkeit erfordert Marketing. Es gibt keine Ausnahmen. Es ist nicht möglich, ohne Marketing Erfolg zu haben.

Nehmen wir an, Sie haben eine gute betriebswirtschaftliche Ausbildung und sind versiert in den Grundlagen des Marketings, das von den Mammutfirmen praktiziert wird. Großartig. Vergessen Sie jetzt soviel Sie können. Für Sie als junger Unternehmer ist Marketing etwas ganz anderes als für BMW oder Daimler Benz. Einige der Grundlagen mögen dieselben sein, aber die Details sind anders.

Sie sind dabei, ein Meister im Guerilla Marketing zu werden – der Art des für den unternehmerischen Erfolg notwendigen Marketings. Guerilla Marketing ist bei den großen Firmen buchstäblich nicht bekannt. Glücklicherweise. Schließlich haben sie den Vorteil, über ausreichend Geld zu verfügen. Sie nicht. Also müssen Sie auf etwas bauen, das genauso wirksam, aber weniger kostspielig ist: Guerilla Marketing.

Nehmen wir an, die Größe Ihrer Firma sei ein positiver Faktor, wenn es um Marketing geht. Wenn Sie eine kleine Firma sind, ein neu gegründetes Unternehmen oder selbständig, können Sie die Taktik des Guerilla Marketings voll nutzen. Sie haben die Fähigkeit, schnell zu sein, ein breit gestreutes Aufgebot an Marketing-Mitteln einzusetzen, sich Zugang zu den besten Köpfen des Marketings zu verschaffen und sich ihrer zu Minimalpreisen zu bedienen. Nun werden Sie wahrscheinlich nicht jedes Werkzeug in Ihrer potentiellen Marketing-Werkstatt benötigen, aber einige werden Sie gewiß brauchen. Deshalb ist es empfehlenswert, wenn Sie von allen wissen, wie sie einzusetzen sind. Es mag sein, daß Sie überhaupt keine Werbung benötigen. Aber Sie können auf Marketing nicht verzichten. Es mag sein, daß die Mundpropaganda so günstig ist und sich so schnell verbreitet, daß Ihr Unternehmen allein dadurch ein kleines Vermögen machen kann. Wenn es so ist, können Sie sicher sein, daß diese Propaganda in erster Linie durch wirkungsvolles Marketing hervorgerufen wurde.

Zweifellos ist eine überzeugende Mundpropaganda-Aktion Teil des Marketings; genauso wie Visitenkarten, Briefbögen, Streichholzbriefchen und die Kleidung, die Sie tragen. Sicher ist auch Ihr Standort wichtig für das Marketing. Jede Komponente, die Ihnen hilft zu verkaufen, was Sie anbieten, ist Teil des Marketing-Prozesses. Kein Detail ist zu unbedeutend, um nicht einbezogen zu werden. Je eher Sie dies erkennen, desto besser wird Ihr Marketing. Und je besser Ihr Marketing ist, desto mehr Geld werden Sie verdienen.

Das ist die gute Nachricht. Hier ist die schlechte: Eines Tages werden Sie kein wagemutiger junger Unternehmer mehr sein. Wenn Sie die Prinzipien des Guerilla Marketings mit Erfolg in die Praxis umsetzen, werden Sie reich und berühmt, und sie werden die magere, hungrige Mentalität des wagemutigen Unternehmers verlieren.

Haben Sie erst einmal dieses Stadium erreicht, ist Ihre Zuflucht zu den Lehrbuchformen des Marketings unumgänglich, denn Sie werden zu sehr durch Angestellte, Traditionen, Büroarbeit, Managementebenen und die notwendige Bürokratie belastet sein, als daß Sie noch flexibel genug für Guerilla Marketing sein könnten. Dennoch habe ich das Gefühl, daß Sie diese Sachlage nicht allzusehr belastet. Schließlich wurden Coca-Cola, Standard Oil, Procter & Gamble und General Motors alle von wagemutigen Unternehmern gegründet. Und ich kann Ihnen versichern, daß sie zu ihrer Zeit soviel Guerilla Marketing wie möglich betrieben. Sie können ebenso sicher sein, daß sie heute alle ihr Marketing nach betriebswirtschaftlichen Kennzahlen durchführen. Ich bezweifle, daß sie sich darüber beklagen.

Im Laufe der Zeit werden einige dieser Riesenfirmen größenmäßig von Firmen überholt, die heute von jungen Unternehmern wie Ihnen gegründet und geführt werden. Auf welche Weise? Es wird das Ergebnis einer Kombination von Faktoren sein; geniales Marketing gehört dazu. Zählen Sie darauf.

Sie müssen allerdings ein Qualitätsprodukt anbieten, um erfolgreich zu sein. Selbst das beste Marketing der Welt wird einen Kunden nicht dazu bewegen, schlechte Ware oder eine mangelhafte Dienstleistung mehr als einmal zu kaufen. Tatsächlich kann hervorragendes Marketing den Untergang eines minderwertigen Angebots beschleunigen, da die Verbraucher um so schneller den Flop erkennen. Tun Sie deshalb alles, um die Qualität Ihres Produktes sicherzustellen. Haben Sie das erreicht, sind Sie gerüstet für Guerilla Marketing. Zwingend erforderlich für den Erfolg ist auch, daß Sie eine ausreichende Kapitalausstattung haben – das heißt Geld. Damit meine ich keineswegs eine Menge Geld, sondern genügend Bargeld oder Reserven, um Ihr Geschäft mindestens drei Monate lang aggressiv zu fördern, idealerweise ein ganzes Jahr. Es können 300 DM erforderlich sein oder 30 000 DM. Das hängt ganz von Ihren Zielen ab.

Hierzulande bietet eine Unmenge kleiner Firmen ausgezeichnete Produkte und äußerst gefragte Dienste an. Aber weniger als ein Zehntel eines Prozents dieser Firmen schneidet finanziell phänomenal gut ab. Die schwer erfaßbare Variable, die den Unterschied zwischen der Notierung im Branchenbuch und der Notierung an der Börse ausmacht, ist das *Marketing* Ihres Produktes oder Ihrer Dienstleistung.

Sie halten jetzt den Schlüssel in der Hand, um zu jenem winzigen Prozentsatz von Unternehmern zu gehören, die die ganze Strecke zurücklegen. Durch die Erkenntnis, daß viele Aspekte Ihres Geschäfts in die Kategorie Marketing fallen, haben Sie einen Vorsprung vor jenen Konkurrenten, die nicht erkennen, daß es einen Unterschied zwischen *Werbung* und *Marketing* gibt.

Je mehr Sie sich des Marketings bewußt sind, desto mehr Aufmerksamkeit werden Sie ihm widmen. Die erhöhte Aufmerksamkeit wird zu besserem Marketing Ihres Angebots führen. Ein großer Teil davon wird heute nicht einfach nur schlecht ausgeführt – es wird überhaupt nicht ausgeführt! Ich möchte über den Daumen schätzen, daß weniger als zehn Prozent der Gründer kleiner Geschäfte niemals die ihnen zur Verfügung stehenden Marketing-Methoden erforscht haben. Diese Methoden umfassen einerseits Akquisition, persönliche Briefe, Telefon-Marketing, Rundschreiben und Broschüren. Plakate auf Werbetafeln, Kleinanzeigen, Außenwerbung, Anzeigen im Branchenbuch, in Zeitungen, Zeitschriften und im Rundfunk wie auch Fernsehen gehören ebenfalls dazu. Nicht minder wichtig sind Werbeflächen, Direktversandwerbung, Werbegeschenke, wie bedruckte Kugelschreiber, Muster, Seminare und Demonstrationen, außerdem gesponserte Veranstaltungen. Aber auch Ausstellungen auf Fachmessen, Scheinwerferbeleuchtung, T-Shirts mit Aufdruck und Public Relations dürfen nicht vergessen werden. Guerilla Marketing *verlangt,* daß Sie jede einzelne dieser und weiterer Marketing-Methoden genau untersuchen und dann die Kombination einsetzen, die für Ihr Geschäft an besten erscheint.

Es gibt keine einzige Werbeagentur, die sich auf Guerilla Marketing spezialisiert. Als ich als leitender Angestellter bei einigen der größten (und kleinsten) Werbeagenturen der Welt arbeitete, fand ich heraus, daß sie keinen Schimmer davon haben, was einem Unternehmer zum Erfolg verhilft. Sie konnten große Firmen unterstützen, aber sie waren hilflos ohne die brutale Macht des großen Geldes. Wo können Sie also nach Förderung suchen? Die erste Anlaufstelle ist dieses Buch. Die nächste ist Ihre eigene Findigkeit und Energie. Und schließlich werden Sie sich wahrscheinlich an einen professionellen Marketing- oder Werbefachmann wenden müssen, der Ihnen bei Einzelheiten auf den Gebieten hilft, auf denen das Guerilla Marketing in das Standardmarketing übergeht. Aber erwarten Sie nicht, daß die Profis so hart an der Verkaufsfront sind wie Sie. Höchstwahrscheinlich arbeiten sie besser von einem piekfeinen Wolkenkratzer aus.

Guerilla Marketing gebietet, daß Sie jeden Aspekt des Marketings verstehen und dann die in Ihrem Fall erforderliche Taktik *vortrefflich anwenden.*

Guerilla Marketing bedeutet, die unendlich vielen Gelegenheiten zu erkennen und *jede einzelne zu nutzen.* Beim Marketing jedes Produkts treten mit Sicherheit Probleme auf. Lösen Sie diese Probleme und halten Sie immer Ausschau nach neuen Problemen. Sie werden sich nicht den Luxus leisten können, die kleineren Gelegenheiten zu vernachlässigen oder gewisse Probleme zu übersehen. Sie müssen aufs Ganze gehen.

Das zu verwirklichen ist die Grundlage des erfolgreichen Guerilla Marketings. Energie allein ist jedoch nicht genug. Energie muß durch Intelligenz gesteuert werden. Intelligentes Marketing ist ein Marketing, das sich in erster Linie auf eine Kernidee konzentriert. Ihr ganzes Marketing muß eine Ausweitung dieser Idee sein: Die Werbung, die Briefbögen, die Direktversandwerbung, das Telefon-Marketing, die Annoncen im Branchenbuch, die Verpackung, einfach alles. Aber es reicht nicht, eine bessere Idee zu haben. Sie müssen auch das bessere Argument und eine gebündelte Strategie mitbringen. Heute konsultieren viele große und vermeintlich moderne Firmen wegen des Warenzeichens des Werbeprogramms, der Planung der Direktversandwerbung und möglicherweise wegen der Standortwahl verschiedenste Fachleute. Das ist nicht nur kostspielig, es ist Unsinn. Bei zehn Fragen weisen diese Experten neunmal in verschiedene Richtungen.

Notwendig ist, alle Marketing-Fachleute an einem gemeinsamen Strang ziehen zu lassen – in eine vorher vereinbarte, langfristige, sorgfältig gewählte Richtung. Wenn dies getan wird, ergibt sich automatisch ein synergistischer Effekt, und fünf Disziplinen des Marketings erledigen die Arbeit von zehn. Die vorher vereinbarte Richtung wird immer klar sein, wenn Sie Ihre Gedanken in einer Kernkonzeption zusammenfassen, die in *maximal* sieben Worten ausgedrückt werden kann. Es stimmt, *maximal* sieben.

Hier ist ein Beispiel. Ein Unternehmer wollte Kurse in Computerschulung anbieten, wußte aber, daß die meisten Menschen unter »Technophobie« – der Angst vor technischen Dingen – leiden. Anzeigen für seine geplanten Kurse in Textverarbeitung, Finanzbuchhaltung und Tabellenkalkulation und weiteren Programmen lösten kaum Reaktionen aus. So beschloß er, die Grundaussage seines Angebots neu zu formulieren. Zuerst drückte er es so aus: »Ich möchte die Angst mildern, die die Menschen vor Computern haben, so daß sie den enormen Wert und den Wettbewerbsvorteil der Arbeit mit Computern erkennen.« In dem Versuch, diesen Gedanken auf eine Kernkonzeption von sieben Worten zu bringen, wiederholte er ständig seine Idee. »Ich will Menschen lehren, Computer zu nutzen.« Diese Aussage in sieben Worten machte seine Aufgabe klar. Klar für ihn, für seine Verkaufsmannschaft, für seine zukünftigen Schüler.

Später entwickelte er einen Namen für seine Firma – einen Namen, der seine Kernkonzeption auf drei Worte reduzierte: Computer für Anfänger. Hiermit umging er das Problem der Technophobie, formulierte seine Idee und zog eine Menge von Anfängern an. Bevor er sein Geschäft begann, umfaßte seine Konzeption sechs Seiten. Indem er seine Grundgedanken immer weiter konzentrierte, war er schließlich in der Lage, die zum Erzielen der Klarheit erforderliche Prägnanz zu erreichen. Und diese führt üblicherweise zum Erfolg.

Sie ist ganz einfach, diese Idee, Ihr ganzes Marketing auf eine Kernkonzeption zu konzentrieren. Aber Sie können sicher sein, daß Sie mit diesem Marketing zu einer aufgeklärten Minderheit gehören werden, die auf dem Weg zum Marketing-Erfolg ist – eine Vorbedingung für den finanziellen Erfolg.

Kapitel 2

Unternehmerisches Marketing: Der kritische Unterschied

In einem Artikel im *Harvard Business Review* erinnern uns John A. Welsh und Jerry F. White daran, daß »ein kleines Unternehmen nicht ein kleineres Großunternehmen« ist. Ein junger Unternehmer ist kein multinationales Konglomerat, sondern ein nach Gewinn strebender einzelner. Um zu überleben, muß er eine andere Zielsetzung haben und in seinem Streben andere Prinzipien anwenden als der Vorstandsvorsitzende eines großen oder auch nur mittleren Unternehmens. Kleine und große Firmen unterscheiden sich nicht nur in der Größenordnung, sondern kleine Unternehmen leiden auch unter dem, was der Artikel im *Harvard Business Review* »Ressourcen-Armut« nennt. Es handelt sich dabei um ein Problem und zugleich eine Angelegenheit, die eine völlig andere Methode des Marketings erfordern. Wo große Werbebudgets nicht nötig oder möglich sind, wo mit teurer Werbeproduktion begrenztes Kapital verschwendet wird, wo jede Mark im Marketing die Arbeit von zwei Mark, wenn nicht sogar von fünf oder zehn Mark, leisten muß, wo das Unternehmen, das Kapital und das materielle Wohlergehen einer Person auf dem Spiel stehen – da kann Guerilla Marketing die Lage retten und das positive Betriebsergebnis sichern.

Eine große Gesellschaft kann in eine groß angelegte, von einer Werbeagentur durchgeführte Werbekampagne investieren, und diese Gesellschaft hat die Mittel, um es mit einer anderen Aktion zu versuchen, wenn die erste keinen Erfolg zeigt. Und wenn die Gesellschaft clever ist, nimmt sie beim nächsten Mal eine andere Werbeagentur in Anspruch. Dieser Luxus steht jungen Unternehmern nicht zur Verfügung, die es beim ersten Mal richtig machen müssen.

Das besagt nicht, daß ich die von den großen Gesellschaften eingesetzten Verfahren geringschätze, ganz im Gegenteil. Als ich Werbung für Unternehmen wie Alberto-Culver, Quaker Oats, United Airlines, Citicorp, VISA, Sears und Pillsbury machte, wandte ich oft die Marketing-Praktiken der Großunternehmen an. Ich handelte richtig. Aber vorzuschlagen, daß die Selbständigen, die ich berate, dieselben Praktiken anwenden, wäre unverantwortlich; ganz zu schweigen von der finanziellen Verschwendung. Statt dessen greife ich auf Verfahren des Guerilla Marketing zurück, auf Verfahren, deretwegen ich in einem Konferenzraum bei Procter & Gamble oder Chrysler ausgelacht würde.

Viele der Methoden und einige der Verfahren überschneiden sich. Unternehmer sind gezwungen, taktische Operationen durch Marketing-Strategie zu lenken. Und alle ihre Marketing-Anstrengungen müssen an dieser Strategie gemessen werden. Außerdem sind alle ihnen verfügbaren Marketing-Wege zu untersuchen. Der kritische Unterschied ist die Zahl unter dem Strich, das Betriebsergebnis. Sie haben diese Zahl viel schärfer im Auge zu behalten als die riesigen Firmen. Sie können viel weniger Geld ausgeben, um ihre Marketing-Taktik zu testen. Und ihr Marketing muß Ergebnisse zu einem Bruchteil des Preises erbringen, den die Großen zahlen. Sie mögen ihr Marketing nicht unbedingt besser abwickeln als die großen Firmen, aber sie werden individueller und realistischer vorgehen.

Großunternehmen denken sich nichts dabei, einfach für Testzwecke fünf Fernseh-Werbespots drehen zu lassen. Kleine Firmen wagen nicht einmal, diesen Gedanken als Möglichkeit zu betrachten. Großunternehmen setzen viele Managementebenen ein, um die Wirksamkeit ihrer Werbung zu analysieren. Kleine Firmen betrauen eine Einzelperson mit der Beurteilung. Konzerne denken zuerst an das Fernsehen – das am weitesten reichende aller Werbemedien. Kleine Firmen konzentrieren sich im allgemeinen zuerst auf Kleinanzeigen in Regionalzeitungen. Beide sind an Verkäufen interessiert, die Gewinne erbringen. Aber jeder muß seine Ziele auf eine ganz andere Weise erreichen.

Oft zielen Großunternehmen auf die Führung in einer Branche oder die Beherrschung eines Marktes oder eines großen Marktsegments. Setzen sie dafür die Marketing-Tricks ein, die entwickelt wurden, um diese hochtrabenden Ambitionen zu erreichen. Aber kleine Firmen oder Einzelunternehmen können schon florieren, wenn sie nur einen winzigen Marktanteil einer Branche gewinnen, einen Bruchteil eines Marktes. Unterschiedliche Marktziele erfordern unterschiedliches Vorgehen.

Während Großunternehmen erkannt haben, daß sie von Anfang an werben und die Werbung buchstäblich ohne Unterbrechung fortsetzen müssen, kann es bei kleineren Firmen möglich sein, nur anfangs tätig zu werden und sich dann völlig auf Mundpropaganda zu verlassen. Können Sie sich vorstellen, was geschehen würde, wenn Persil von Mundpropaganda abhängig wäre? Der Weiße Riese würde noch Tausende Meter Wäscheleine zusätzlich mit Wäsche behängen.

Ein Selbständiger kann durch die Geschäftsbeziehung mit einer einzigen riesigen Firma ausreichend Umsatz machen. Einer meiner Bekannten war in der Lage, durch die Durchführung kleiner Seminare für eine Großbank finanziell auszukommen (und im Luxus, wie ich hinzufügen möchte). Kein Großunternehmen könnte mit dem Einkommen, das er erzielt, existieren. Aber mein Freund war in der Lage, sich auf diese eine Bank zu konzentrieren, bis er seinen ersten Auftrag erhielt. Danach kamen weitere und immer weitere. In diesem Jahr hält er seine Seminare bei einer großen Ölgesellschaft. Durch die Arbeit mit Unternehmen dieser Größe benötigt er sehr wenige Kunden. Selbstverständlich war sein Marketing auf diese Realität zugeschnitten.

Eine an eine einzige große Gesellschaft versandte, anschaulich verfaßte Broschüre kann für einen energischen Telefon-Marketing-Trainer für lange Zeit »Zaster« bringen. Versuchen Sie, eine an der Börse notierte Gesellschaft zu finden, auf die das auch zutreffen könnte. Sie werden kein Glück haben.

Viele Unternehmer erzielen den gesamten Umsatz, den sie brauchen, mit Plakaten an Anschlagtafeln. Eine Großfirma würde diese Möglichkeit niemals in Betracht ziehen. Wenn sie es täte, würde sie ganz schnell als »Schrumpf-GmbH« bekannt werden. Es liegt auf der Hand: Was für den Kleinen gilt, ist nicht notwendigerweise auch für den Großen richtig. Und umgekehrt.

Zum Beispiel können Visitenkarten für leitende Angestellte großer Unternehmen einfach und unkompliziert sein. Der Name des Angestellten, der Name der Firma, die Adresse und die Telefonnummer reichen aus. Vielleicht ist noch ein Titel erforderlich. Aber bei einem klugen Praktiker eines Einzelunternehmens sollte diese Visitenkarte noch viel mehr enthalten. Zum Beispiel kenne ich eine Inhaberin eines Schreibbüros, deren Karte die genannten Informationen und die Botschaft »Recht, Dissertationen, Statistik, Manuskripte, Lebensläufe und Geschäftsbriefe« enthält. Damit erfüllt sie eine Doppelaufgabe. Sie muß es. Darum geht es beim Guerilla Marketing.

Eine Visitenkarte kann die Rolle eines Prospekts, eines Rundschreibens, einer brieftaschengroßen Anzeige erfüllen. Die Kosten für eine solche Karte sind nicht viel höher als für eine normale. Aber die Anforderungen sind anders. Weil dem Kleinunternehmer eine große Menge Geld fehlt, muß er alle verfügbaren Werbemedien nutzen. Eine Visitenkarte kann mehr sein als eine einfache Information über den Namen, die Adresse und die Telefonnummer. Sie kann Werbemedium sein.

Ein riesiges Unternehmen kann Rundfunk- oder Fernsehwerbung laufen lassen und die Hörer oder Zuschauer am Ende jeder Sendung auffordern, die Adresse des nächsten Händlers in den Gelben Seiten nachzuschlagen. Das ist ausgezeichnet, wenn man diesen Teil der Gelben Seiten mit der größten Anzeige und dem auffälligsten Firmenzeichen und Schriftbild beherrscht. Aber der Selbständige wird es nicht wagen, Zuhörer oder Zuschauer auf die Gelben Seiten hinzuweisen. Das würde seine potentiellen Kunden nur auf den Wettbewerb oder auf die Vorherrschaft gewisser Wettbewerber aufmerksam machen. Statt dessen verweist der raffinierte Unternehmer seine Kunden auf das normale Telefonbuch, in dem es keine Anzeigen des Wettbewerbs gibt, worin das kleine Ausmaß seiner Organisation nicht als Nachteil erscheint, und in dem nicht auffällige Werbeslogans und Symbole einen Kunden weglocken.

Der vielleicht größte Unterschied zwischen einem Selbständigen und einer großen Gesellschaft ist der Grad der Flexibilität. Hier schlägt die Waage zugunsten der kleinen Firma aus. Weil sie nicht zahlreiche Managementebenen und eine gigantische Verkaufsorganisation in der Taktik und Strategie ihres Marketing-Planes unterwiesen hat, kann sie Änderungen auf der Stelle vornehmen. Sie kann schnell aktiv werden und auf Marktveränderungen, Tricks der Konkurrenz, wirtschaftliche Realitäten, neue Medien, aktuelle Ereignisse und Angebote in letzter Minute reagieren.

Ich erinnere mich, wie einem größeren Werbekunden einmal ein unglaublich günstiges Medienangebot für einen Bruchteil des normalen Preises offeriert wurde. Weil das nicht in den in Bronze gravierten Plan des Unternehmens paßte, und weil die Person, der das Angebot gemacht wurde, sich mit vielen Vorgesetzten abzustimmen hatte, mußte die Gesellschaft das Angebot ablehnen. Eine winzige Firma akzeptierte es dann: einen dreißig Sekunden langen Werbespot unmittelbar vor einem Endspiel für den unglaublichen Preis von 500 Dollar. Die Kosten dafür (in dem Gebiet der Bucht von San Francisco) betrugen normalerweise das Zehnfache dieser Summe. Aber wegen ihres Mangels an Flexibilität konnte die riesige Firma die günstige Gelegenheit nicht nutzen. Geschwindigkeit und

Flexibilität sind Teil der eigentlichen Essenz des Guerilla Marketing.

Ein auf Erfolg ausgerichteter Unternehmer muß lernen, auf einer anderen Wellenlänge über Marketing und Werbung zu denken als der Werbemanager eines Großunternehmens. Während Sie über die primären Marketing-Instrumente genauso denken müssen wie der Manager, haben Sie auch einen sechsten Sinn für die den Unternehmern verfügbaren anderen Gelegenheiten zu entwickeln. Es mag sein, daß ein persönlicher Brief oder ein Besuch angebracht ist. Der Manager eines Großunternehmens würde ein derart profanes Vorgehen niemals in Betracht ziehen. Vielleicht ist eine Telefon-Marketing-Kampagne angebracht. Können Sie sich ausmalen, daß Coca-Cola sich auf Telefon-Marketing bei seinen Kunden einläßt?

Großunternehmen mögen dicke Geldbündel haben, so wie der Brontosaurus sein Gewichtsproblem hatte. Aber wie das Wiesel haben Sie die Flexibilität, die Geschwindigkeit, die Geringschätzung des Images, die Sie in die Lage versetzen, Rundfunkwerbung zu nutzen und genauso Studenten anzuheuern, die an Straßenecken Werbezettel verteilen. Sie brauchen nicht einem Regelwerk zu folgen, einem Ausschuß Rede und Antwort zu stehen, einer festgelegten Struktur zu folgen. Sie sind ein Guerilla. Sie *sind* die Organisation. Sie antworten sich selbst. Sie bestimmen und Sie brechen die Regeln. Das bedeutet, daß Sie verblüffend, unerhört, überraschend, nicht vorhersagbar, brillant und schnell sein sollten.

Es ist auch denkbar, daß Sie den seltenen Luxus genießen können, sich zurückzulehnen und auf beständige Mundpropaganda zu vertrauen. Wenn Sie wirklich gut bei ihrer Arbeit sind, könnte das ausreichen, um Ihre Schatztruhe ständig überquellen zu lassen. Ich kenne kein Großunternehmen, das diesen Luxus genießen kann. Nebenbei bemerkt, bitte verstehen Sie, daß scheinbare Mundpropaganda oft eine Kombination von Werbung in Zeitungen und Zeitschriften, im Rundfunk, Direktversand *und* Mundpropaganda ist. Aber das Verdienst wird dem Mund zugeschrieben und nicht den Medien. Geben Sie sich nicht der Illusion hin, daß Sie *ohne* Werbung in den Medien erfolgreich sein können. Mit dieser Strategie zu siegen, entspräche dem Sieg im Triathlon bei der ersten Teilnahme. Es kommt vor, aber verwetten Sie nicht Ihre Schuhe oder Ihr Geschäft.

Dennoch, es ist möglich, Mundpropaganda zu erzeugen: Es gibt mehrere Wege, um das zu erreichen. Der erste ist natürlich, so gut mit dem zu sein, was Sie tun, oder Produkte anzubieten, die so konkurrenzlos sind, daß Ihre Kunden die gute Nachricht über Sie weitergeben wollen. Eine andere Weise, den Ball ins Rollen zu bringen, ist die Verteilung von Broschüren oder Rundschreiben an Ihre Kunden. Diese werden dadurch an den ersten Kontakt erinnert und werden Sie weiterempfehlen. Ein dritter Weg, positive Empfehlungen zu bekommen, ist buchstäblich um sie zu bitten. Sagen Sie Ihrem Kunden: »Wenn Sie wirklich mit meinem Dienst (oder meinen Produkten) zufrieden sind, würde ich mich wirklich freuen, wenn Sie es Ihren Freunden erzählen.« Schließlich können Sie Ihre Kunden *bestechen*. Sagen Sie ihnen: »Wenn ich neue Kunden bekomme, die Ihren Namen erwähnen, sende ich Ihnen ein Geschenk (oder gebe Ihnen beim nächsten Mal zehn Prozent Rabatt).« Welche dieser Methoden sollten Sie anwenden? Als Guerilla sollten Sie sie alle einsetzen.

Was man sich merken muß, ist, daß *keine* Großfirma mit Mundpropaganda allein Erfolg haben kann, wohl aber einige Unternehmer. Aber tun Sie sich selbst einen Gefallen und überlassen Sie nicht alles den Empfehlungen Ihrer glücklichen Kunden. Sie haben vielleicht wichtigere Dinge, über die sie sprechen. Selbst für einen Guerilla ist beständiges Marketing entscheidend für den Erfolg.

Ein Marketing-Gesamtplan für einen Selbständigen könnte aus einer Anzeige in den Gelben Seiten, einem Versand von Rundschreiben und Postkarten, Plakatanschlägen und telefonischem Nachfassen bei den Empfängern des Werbematerials bestehen. Dieser vierfache Versuch (Gelbe Seiten, Postversand, Plakatanschläge und Telefonate) könnte alles sein, was für den Start und die Existenz eines Geschäftes erforderlich ist. Sie können gewiß sein, daß kein Großunternehmen einen so kurzen, einfachen und kostengünstigen Marketing-Plan hat.

Stellen Sie sich einen Heftapparat und eine Handvoll Rundschreiben als die einzigen zum Führen eines Geschäftes notwendigen Marketing-Instrumente vor. IBM würde mich wegen eines solchen Vorschlages hinauswerfen. Aber viele erfolgreiche Schreibdienste, die in der Privatwohnung arbeiten, setzen nur diese beiden Mittel ein. Eine mir bekannte Typistin begann mit dem Tippen ihrer Rundschreiben, womit sie ihre Schreibfertigkeit glaubhaft machte. Dann heftete sie diese Blätter mit ihrer Heftmaschine an die Schwarzen Bretter der Hochschule. Heute hat sie das nicht mehr nötig. Das Lösungswort der Dame heißt Mundpropaganda, und der nötige Umsatz wird ihr durch Empfehlungen garantiert.

Allein durch Kleinanzeigen können junge Unternehmer Monat für Monat gewinnträchtige Einnahmen erzielen. Ich bin sicher, daß Sie beim Lesen dieser Offerten eine Unmenge von Anzeigen kleiner Unternehmer entdeckt haben. Sie sehen sie doch durch, nicht wahr? Kleinanzeigen sind jungen Unternehmern als Lesestoff zu empfehlen. Sie fördern Ihre Ideen. Sie machen Sie auf die Konkurrenz aufmerksam. Sie geben Ihnen Fingerzeige über die aktuellen Preise. Kleinanzeigen sind also ein bedeutendes Instrument für Selbständige – nicht jedoch für Großunternehmen. Ich bezweifle, daß die führenden Werbeagenturen der Welt versiert sind im richtigen Einsatz der Kleinanzeige. Aber diese Seiten können sich für Freiberufler als unschätzbar wertvoll erweisen.

In ihrem Buch *How to Start and Run a Successful Home Typing Business* beschreibt Peggy Glenn ein Werbeprogramm mit elf Punkten:

1. Hängen Sie auf dem Campus und in der Nähe von Sammelplätzen der Studenten Flugblätter auf.
2. Bitten Sie jede Schulleitung um die Erlaubnis zum Anschlagen Ihrer Flugblätter.
3. Hängen Sie ein Flugblatt in die Mensa der Fakultät.
4. Hinterlassen Sie Ihr Flugblatt in Stellenvermittlungen und Beratungszentren.
5. Legen Sie Flugblätter im Lesesaal aus.
6. Werben Sie in der Zeitung des Campus.
7. Hängen Sie ein kleines Hinweisblatt am Schwarzen Brett der Stadtbücherei auf.
8. Setzen Sie Flugblätter für besondere Zielgruppen, wie Ingenieure, in Umlauf.
9. Besuchen Sie die Leitung einiger Hochschulen, um zu erfahren, ob man Ihre Hilfe braucht.
10. Verteilen Sie die Flugblätter an Schulleiter in Ihrer Gemeinde.
11. Besuchen Sie Privat- und Spezialschulen in Ihrem Gebiet und legen Sie dort Flugblätter aus.

Die genannte Dame gesteht, daß dies *eine Menge* Werbung ist. Für eine Typistin trifft das zu, nicht aber für ein Großunternehmen. Dieses Beispiel scheint klar zu illustrieren, wie anders das Marketing für junge Unternehmer ist. Dennoch gibt es einige äußerst wichtige Marketing-Geheimnisse, die alle Werbenden – große und kleine – kennen müssen, wenn sie Erfolg haben sollen. Selbst das winzigste Unternehmen muß sich ihrer bewußt sein. Und dieses Bewußtsein wird in dem Augenblick einsetzen, in dem Sie das nächste Kapitel zu lesen beginnen.

Kapitel 3

Der Plan:
Geheimnisse erfolgreicher
Marketing-Planung

Um sich im Marketing mit Erfolg zu engagieren, *müssen* Sie unbedingt einen Marketing-Plan aufstellen. Aber wie entwickeln Sie einen? Sie beginnen zu forschen, gehen auf alle Einzelheiten ein und denken viel über die Sache nach. Verlassen Sie sich darauf, daß in vielen Fällen der Unterschied zwischen Erfolg und Fehlschlag in der Marketing-Planung und nichts anderem besteht.

Ein Wort, das Sie ab jetzt benutzen und verstehen sollten, ist das Wort *Positionierung*. Es bedeutet, genau zu bestimmen, welche Marktnische Ihr Angebot ausfüllen soll. Vor kurzem las ich über eine Fluggesellschaft, die ihren Betrieb in einer Zeit aufnahm, als die Fliegerei sich in einer tiefen Talsohle befand. Durch einen soliden Marketing-Plan startete die neue Fluglinie mit verblüffender Geschwindigkeit. Sie positionierte sich als Fluggesellschaft mit hoher Flugfrequenz und ohne Kinkerlitzchen. Man spezialisierte sich auf Zubringerflüge von weniger als zwei Stunden Dauer für die Langstreckenflüge anderer Fluglinien. Das war eine einzigartige Position. Kein Konkurrent in der Region bot diese Flugfrequenz. Der Erfolg stellte sich ziemlich leicht ein.

Um weitere Aufmerksamkeit auf sich zu ziehen, verkaufte die Fluggesellschaft kurz vor dem Start freie Plätze billiger, gab kostenlos kleine Portionen Chivas Regal und Jack Daniel's aus und führte weitere Innovationen in eine ziemlich ruhige Branche ein. Nichts davon geschah zufällig. Das Ganze war ein Ergebnis intelligenter Marketing-Planung und glänzender Positionierung.

Einer der bekanntesten Namen in amerikanischen Werbekreisen ist David Ogilvy. Nachdem er Budgets von mehreren Milliarden Dollar für Werbung ausgegeben hatte, nannte Mr. O. 32 Punkte, die seine Werbeagentur gelernt hatte. Davon, so sagte er, hatte die bedeutendste Einzelentscheidung etwas mit der *Positionierung* des Produktes zu tun. Er behauptete, daß die Ergebnisse des Marketings weniger von dem Inhalt der Werbung als davon abhingen, wie das Produkt oder die Dienstleistung positioniert würde.

Der Marketing-Plan oder die Positionierungsstrategie sollte als Sprungbrett für Marketing dienen, das Umsatz bringt. Wenn Sie Ihre eigene Marketing-Planung aufstellen, überprüfen Sie Ihr Angebot im Hinblick auf Ihre Ziele, die Stärken und Schwächen Ihrer Produkte, die Konkurrenz, Ihren Zielmarkt, den Bedarf dieses Marktes und die in der Wirtschaft erkennbaren Trends. Das alles sollte Ihnen bei der Festlegung der richtigen Position helfen. Stellen Sie sich selbst einfache Fragen: In welcher Branche bin ich tätig? Was ist mein Ziel? Wenn Sie die wirkliche Art Ihres Geschäftes, Ihr Ziel, Ihre Stärken und Schwächen, die Stärken und Schwächen Ihrer Konkurrenten und den Bedarf Ihres Zielmarktes kennen, wird Ihre Positionierung viel einfacher zu planen sein.

Wenn Sie sich der Festlegung einer Position für Ihr Produkt oder Ihre Dienstleistung nähern, sollten Sie sie an vier Kriterien messen:

1. Bietet es einen Nutzen, den mein Zielpublikum wirklich wünscht?
2. Ist es ein wirklicher Nutzen?
3. Hebt es mich wirklich von der Konkurrenz ab?
4. Ist es einmalig und/oder schwierig zu kopieren?

Wenn Sie nicht völlig zufrieden mit Ihren Antworten sind, sollten Sie weiter nach einer richtigen Position suchen. Wenn Sie schließlich die Fragen zu Ihrer eigenen

Zufriedenheit beantwortet haben, werden Sie eine vernünftige Position haben, und diese sollte Sie zu Ihrem Ziel führen. Genaue Positionierung kommt nicht von selbst. Sie erfordert eine Menge klaren Denkens, eine ziemliche Anstrengung. Aber sie ist der Schlüssel zum wirkungsvollen Marketing. Und kein Guerilla würde daran denken, einen winzigen Schritt im Marketing ohne einen richtigen Marketing-Plan mit einer Aussage über die Positionierung zu machen.

Unmittelbar vor dem Beginn der Arbeit an Ihrem Marketing-Plan sollten Sie üben, in großen Dimensionen zu denken. Zu diesem Zeitpunkt ist Ihre Vorstellungskraft kein Hemmnis, deshalb lassen Sie ihr freien Lauf, um Ihr Denken für alle Möglichkeiten Ihrer Unternehmung zu öffnen.

Wenn Sie wollen, können Sie Ihren fertigen Plan bis zu zehn Seiten ausdehnen. Aber zunächst versuchen Sie, ihn in einem Absatz auszudrücken. Nehmen Sie an, Sie nennen Ihr Geschäft Glückspresse, und Sie wollen Bücher für Freiberufler verkaufen. Lassen Sie einen Absatz mit den folgenden Worten beginnen:

»Der Zweck des Marketings der Glückspresse ist, die maximale Anzahl von Büchern bei möglichst niedrigen Vertriebskosten pro Buch zu verkaufen. Der Zielmarkt besteht aus Menschen, die in freiberuflichen Tätigkeiten arbeiten oder arbeiten können.«

Fügen Sie noch hinzu: »Dies wird erreicht, indem die Bücher als so wertvoll für Freiberufler positioniert werden, daß sie für den Leser garantiert mehr wert sind als ihr Kaufpreis. Der Hauptwert der Lektüre des Buches wird im Titel des Buches genannt, so daß er so klar wie möglich vermittelt wird.«

Und der Absatz könnte etwa so enden: »Die einzusetzenden Marketing-Instrumente werden eine Kombination von Kleinanzeigen in Zeitschriften und Zeitungen, Mailings, Verkauf bei Seminaren sowie Publizität in Zeitungen, im Rundfunk und Fernsehen sein. Zusätzlich läuft der Vertrieb an Buchhandlungen. Der Schwerpunkt des

Geschäftes wird jedoch durch Direktverkauf erzielt. Dreißig Prozent des Umsatzes werden für Marketing ausgegeben.«

Das ist ein langer Absatz. Und es ist ein stark vereinfachter Passus. Aber er erfüllt die Aufgabe und ist besser für ein Produkt als für eine Dienstleistung geeignet; für eine ertragreiche Unternehmung, die kaum Kontakt mit dem Publikum mit sich bringt. Dieses Direktverkaufs-Unternehmen erfordert sehr wenig an Marketing, wenn man alle Optionen in Betracht zieht. Es funktioniert in der Realität wunderbar, und das seit 1974.

Der Plan entsteht mit dem Zweck des Marketings, also mit dem Betriebsergebnis. Von dort aus stellt er eine Verbindung zu jener Gruppe her, die an dem Resultat beteiligt ist – dem Zielpublikum. Dann folgt die Aussage über die Positionierung, die erklärt, warum das Angebotene wertvoll ist und gekauft werden sollte. Als nächstes werden die Marketing-Instrumente aufgeführt. Die Kosten dieses Marketings runden das Ganze ab.

Unternehmen wir jetzt einen Versuch für einen Computerausbilder.

»Die Zielsetzung des Marketings der Computerschule ist, möglichst kostengünstig pro Stunde 100 Prozent der Zeit zu buchen, die die Gesellschaft für die Computerausbildung anbietet. Der Zielmarkt besteht aus kleinen, ortsansässigen Geschäftsleuten, die Nutzen daraus ziehen, wenn sie den Umgang mit einem Personal Computer erlernen. Die Gesellschaft wird positioniert als der Hauptanbieter für Einzelunterricht am Personal Computer mit gleichzeitiger Erfolgsgarantie. Diese Positionierung wird ermöglicht durch die Referenzen der Ausbilder, den Standort des Betriebes und die Geräteausstattung. Die einzusetzenden Marketing-Instrumente werden aus einer Kombination von persönlichen Briefen, Rundschreiben, Broschüren, Anschlägen an Schwarzen Brettern, Kleinanzeigen in örtlichen Zeitungen, Werbung im Rundfunk und im Fernsehen bestehen. Das Marketing und die Positionierung werden durch das Raumdekor, die Kleidung des

Personals, die Umgangsformen am Telefon und die Standortwahl unterstützt. Zehn Prozent des Umsatzes wird für Marketing ausgegeben.«

Die meisten Marketing-Pläne erscheinen, vor allem wenn sie auf einen Absatz reduziert sind, täuschend einfach. Sind sie das jedoch nicht, wird es schwierig, sie in die Praxis umzusetzen. Ein kompletter Marketing-Plan, der aus nur drei Absätzen – dem Marketing-, dem Kreativ- und dem Medienplan – oder auch zehn oder selbst 110 Seiten bestehen kann (was nicht zu empfehlen ist), sollte als *Richtlinie* dienen. Er muß nicht alle Einzelheiten enthalten.

Der Vorstandsvorsitzende der Coca-Cola-Company erkannte dieses Erfordernis der Einfachheit, als er sagte: »Wenn ich unseren Geschäftsplan in einem Satz ausdrücken müßte, würde er wie folgt lauten: Wir werden auf unsere Marketing-Stärke setzen, um in dem vor uns liegenden Jahrzehnt gewinnträchtiges Wachstum zustande zu bringen.«

Natürlich identifiziert der Marketing-Plan den jeweiligen Markt. Er legt den Rahmen für die Erstellung der Werbung fest – worauf wir im nächsten Kapitel eingehen. Er spezifiziert die einzusetzenden Medien mit Kosten. Damit ist seine Aufgabe erfüllt.

Ein Geschäftsplan mag zusätzliche Unterlagen, wie die Ergebnisse der Forschung, die Gesamtwettbewerbslage, finanzielle Planungen und andere Einzelheiten, erfordern. Aber diese Details in den Marketing-Plan selbst aufzunehmen, hieße die Wasser zu trüben. Eine gute Straßenkarte gibt den Namen oder die Nummer der Autobahn an, wo es zweckdienlich erscheint, nicht dort wo immer es möglich ist. Wie Straßenkarten sind Marketing-Pläne mit zu vielen Einzelheiten schwierig zu befolgen.

Je kürzer Sie ihn abfassen, desto leichter wird er zu befolgen sein. Vervollständigen Sie ihn mit so vielen zusätzlichen Unterlagen, wie Sie für richtig halten. Aber bringen Sie Zusatzinformationen nicht in den Plan selbst. Lassen Sie die Details für andere Zeiten, andere Orte und andere Unterlagen übrig. Der Marketing-Plan sollte sich durch Prägnanz auszeichnen. Hat er sie nicht, sind Sie wahrscheinlich nicht gründlich genug vorgegangen.

Wenn Sie Ihrem Plan die richtige Denkweise, Kürze und Konzentration gegeben haben, können Sie ihn auf die Ihrem Geschäft dienenden Gebiete ausweiten. Vergessen Sie dabei nie, daß es Ihr Hauptzweck ist, maximale Gewinne zu erzielen. Das wird möglich, wenn Sie Ihre Ziele klar aufführen – einschließlich der Zeitplanung, der Budgets für alles und der Vorausberechnungen. Ohne diese werden Sie keine Meßlatte haben. Ihr erweiterter Plan sollte zunächst in die ferne und dann auf die nahe Zukunft blicken. Dadurch werden Sie erkennen, was erforderlich ist, um in dem von Ihnen gewünschten Stil an Ihr Ziel zu gelangen.

Sie könnten überlegen, auf welchen Marktanteil Sie abzielen, und welche maßgebenden Mitarbeiter erforderlich sind, um diesen Marktanteil zu beherrschen. Außerdem sollten Sie prüfen, welche internen Betriebsfunktionen Sie brauchen, und welche Arbeiten von externen Kräften erledigt werden können. Ob Sie nun alle potentiellen Fallgruben schriftlich festhalten oder nicht, Sie sollten jedenfalls darüber nachdenken, wie Sie mit ihnen fertig werden. Wenn Sie wissen, welche Hindernisse zu erwarten sind, werden Sie sie besser überwinden können, wenn sie plötzlich auftauchen. Und das bleibt Ihnen sicher nicht erspart.

Viele erweiterte Marketing-Pläne enthalten eine Lage-Analyse. Sie befaßt sich mit Auskünften über Ihre Schlüsselkunden, Ihren zu erwartenden Wettbewerb, die Möglichkeiten, die Wahrscheinlichkeiten und die Realität des Marktes im Augenblick. Wenn Sie Ihre Lage analysieren, denken Sie immer daran, das Betriebsergebnis im Auge zu behalten. Lassen Sie das Geschäft nicht das Geschäftsziel behindern. Die Mittel sollten das Ziel nicht beeinträchtigen.

Heute versetzen uns Computer in die Lage, Ergebnisse auf der Grundlage von hypothetischen Beispielen vorauszuberechnen. Ein erweiterter Marketing-Plan oder Geschäftsplan kann die Frage »Was wäre wenn?« beantworten. Er sollte den Rahmen für die Einbeziehung alternativer Handlungsweisen bei Ungewißheiten bieten. Wenn Sie wünschen, kann er Listen mit Zielen, Prioritäten, Überwachungsmethoden, Problemen, Gelegenheiten und Verantwortlichkeiten umfassen. Aber ein erweiterter Marketing-Plan ist mehr ein Luxus als eine Notwendigkeit. Bedauerlicherweise konzentriert sich ein großer Teil der Unternehmer auf zu viele, oftmals unwesentliche Details, bis der Punkt erreicht ist, an dem die anfänglich helle Flamme der Motivation nur noch spärlich vor sich hinflackert. Riesigen Gesellschaften geht es genauso, wenn sie mit der Technologie fortgetragen und von ihren ursprünglichen Träumen abgelenkt werden.

Jedes Jahr sollten Sie Ihren – kurzen oder erweiterten – Marketing-Plan überprüfen. Es sollte Ihr Ziel sein, ihn beizubehalten. Hier gilt die konservative Philosophie: Wenn es nicht erforderlich ist, etwas zu ändern, ist es erforderlich, nichts zu ändern.

Aber welche Glocken und Schellen Sie auch an Ihren Grundplan angefügt, welche betriebswirtschaftlichen Unterlagen Sie auch immer ihm beigefügt haben, Sie müssen immer noch wissen, *wer* Sie sind, *wohin* Sie gehen, und *wie* Sie dort hingelangen. Sie müssen mit dem Skelett eines Marketing-Planes beginnen, kurz und einfach. Und verwechseln Sie einen Marketing-Plan nicht mit einem Geschäftsplan. Ein längerer Plan kann auf die Einzelheiten des Wachstums, genaue Ausgaben und Details eingehen. Aber die Pläne, die ich bereits umseitig beschrieben habe, reichen aus, um Ihnen den Start und den Erfolg zu ermöglichen. Das erste Beispiel ist eine bestehende Firma. Die zweite Firma ist erdacht. Diese Pläne können von Unternehmern genutzt werden, die eine Neigung entweder zum Direktverkauf von Büchern (Sie können die Bücher selbst schreiben oder kaufen) oder zur Computerausbildung haben. (Sie können den Unterricht selbst durchführen oder durchführen lassen.) Beide folgen einer einfachen Formel, die als Grundlage für buchstäblich jedes Unternehmen dienen kann.

Solche Pläne ermöglichen eine gewisse, wenn auch begrenzte, Flexibilität. Zum Beispiel wird die Computerschule nur eine einzige Anzeige in einer Regionalzeitung schalten und an jedem Tag des Jahres Rundfunkwerbung betreiben. Der Marketing-Plan würde noch immer erfüllt. Ein guter Marketing-Plan sollte nicht zu viel Flexibilität ermöglichen. Schließlich wird der Plan entworfen, um befolgt zu werden. Falls Sie Änderungen wollen, machen Sie sie, *bevor* Sie den Plan schreiben. Und vergessen Sie nicht, sich ganz an ihn zu binden.

Wie gehen Sie weiter vor, wenn Sie Ihr Geschäft mit einem Marketing-Plan positioniert haben und beginnen können? Sie machen weiter mit der Entwicklung eines Kreativplans, der Ihnen sagt, was Ihre Werbung aussagen soll. Und schließlich gestalten Sie einen Medienplan, der Ihnen die genauen Mediendaten gibt. Dazu gehören Kosten, Namen der Zeitungen oder Rundfunkstationen, Daten und Größen der Anzeigen, wie auch die Häufigkeit der Werbung. Enthalten sein sollten außerdem einzusetzende Werbegeschenke, Buttons für kostenlose Publizität und die Identität Ihres Geschäftes. Beachten Sie, daß ich das Wort *Identität* und nicht das Wort *Image* gebrauche. *Image* besagt etwas Künstliches, etwas, das nicht echt ist. *Identität* erinnert besser daran, worum es bei Ihrem Geschäft geht, und das Wort vermittelt Ehrlichkeit, weil es wirklich ehrlich ist.

Nun haben Sie einen Marketing-Plan, der Ihnen sagt, wie Sie Ihr gewinnbringendes Unternehmen gründen sollten. Sie haben einen Kreativplan, der Ihre Botschaft und Ihre Identität diktiert. Vor Ihnen liegt ein Medienplan, der genau sagt, wo Sie Ihr Geld ausgeben werden. Falls jetzt der Rest Ihrer Verdiensttätigkeit vollständig ist – die finanzielle Seite, die rechtlichen Fragen, die Buchhaltung, die Fähigkeit, einen hohen Grad an Qualität entweder in Ihren Produkten oder Ihrer Dienstleistung anzubieten, wie auch die richtige Geisteshaltung – dann können Sie starten, Geld zu verdienen.

Viele Menschen beginnen an diesem Punkt, bekommen kalte Füße, wenn Sie die ersten Ergebnisse sehen und stellen ihr Marketing ein, weil sie glauben, daß alles vorbei ist. Denken Sie so, aber hören Sie nicht auf. Aufzuhören ist keine gute Idee. Wenn Sie nach dem Start Ihres Geschäftes und dem Beginn eines Marketing-Programmes beschließen, das Marketing für eine Weile einzustellen, schlagen Sie sofort diese Seite wieder auf und lesen Sie die folgenden zehn Gründe, aus denen Sie Ihr Marketing fortsetzen *sollten:*

1. *Der Markt unterliegt ständigen Änderungen.* Neue Familien, neue potentielle Kunden, neue Lebensstile verändern den Markt. Ein großer Teil der Menschen in Ihrem Lande zieht dieses Jahr um. Mehrere Millionen Menschen heiraten. Wenn Sie Ihre Werbung einstellen, verpassen Sie sich entwickelnde Gelegenheiten. Sie hören auf, Teil des Prozesses zu sein. Sie sind nicht mehr dabei, nicht mehr im Spiel.

2. *Die Menschen vergessen schnell.* Denken Sie daran, daß sie täglich mit Tonnen von Informationen bombardiert werden. Ein Experiment in den USA mit einer Anzeigenserie, die 13 Wochen lang einmal wöchentlich erschien, bewies, daß Beständigkeit im Marketing erforderlich ist. Nach dieser Zeit erinnerten sich 63 Prozent der Menschen an die Werbung. Einen Monat später waren es nur noch 32 Prozent. Nach zwei weiteren Wochen erinnerten sich noch 21 Prozent. Das bedeutet, daß 79 Prozent sie vergessen hatten.

3. *Die Konkurrenz zieht sich nicht zurück.* Die Menschen geben Geld aus, um einzukaufen, und wenn Sie ihnen nicht bewußt machen, daß Sie etwas verkaufen, geben sie ihr Geld anderswo aus.

4. *Marketing stärkt Ihre Identität.* Wenn Sie Ihr Marketing aufgeben, schädigen Sie Ihren Ruf, Ihre Zuverlässigkeit und das Vertrauen, das die Menschen in Sie setzen. Wenn die wirtschaftlichen Rahmenbedingun-

gen schlecht werden, werben kluge Firmen weiter. Das Band der Kommunikation ist zu kostbar, um launenhaft zerrissen zu werden.

5. *Marketing ist für das Überleben und das Wachstum unentbehrlich.* Mit sehr wenigen Ausnahmen werden die Menschen nicht wissen, daß es Sie gibt, wenn Sie es ihnen nicht sagen. Und wenn Sie Ihr Marketing einstellen, sind Sie auf dem Pfad zum Nichtdasein. Genauso wie Sie ein Geschäft nicht ohne Marketing beginnen können, läßt es sich auch nicht ohne Marketing erhalten.

6. *Marketing ermöglicht Ihnen, Ihre alten Kunden festzuhalten.* Viele Unternehmen leben vom Wiederholungs- und Empfehlungsgeschäft. Stammkunden sind der Schlüssel zu beidem. Wenn Stammkunden nicht von Ihnen oder über Sie hören, neigen sie dazu, Sie zu vergessen.

7. *Marketing erhält die Moral.* Ihre eigene Stimmung bessert sich, wenn Sie sehen, wie Ihr Marketing wirkt, und besonders, wenn Sie sehen, daß es in der Tat funktioniert. Die Moral Ihrer Mitarbeiter wird in ähnlicher Weise gehoben. Und der abrupte Abbruch des Marketings ist ein Signal für jene, die Ihre Werbung aktiv verfolgen. Das werden nicht viele Leute sein, aber doch einige.

8. *Marketing verleiht Ihnen einen Vorteil gegenüber den Konkurrenten, die ihr Marketing eingestellt haben.* Eine schwierige Wirtschaftslage kann ein großartiger Vorteil für einen marketingbewußten Unternehmer sein. Sie zwingt einige Wettbewerber, ihr Marketing einzustellen – und gibt *Ihnen* die Chance, an ihnen vorbeizuziehen und einige ihrer Kunden anzulocken. In jeder schwierigen wirtschaftlichen Situation gibt es Gewinner und Verlierer.

9. *Marketing ermöglicht Ihrem Geschäft den weiteren Betrieb.* Sie haben noch immer einige Gemeinkosten: Telefonrechnungen, Anzeigen in den Gelben Seiten, Miete und/oder Gerätekosten, möglicherweise eine

Lohnliste, Ihre Zeit. Marketing verschafft Ihnen die Luft zum Atmen.

10. *Sie haben Geld investiert, dessen Verlust auf dem Spiele steht.* Wenn Sie das Marketing aufgeben, geht das ganze Geld, das Sie für Anzeigen, Werbespots und Werbezeit und -platz ausgegeben haben, verloren, weil das von ihm bewirkte Verbraucherinteresse langsam dahinschwindet. Natürlich, Sie können es erneut kaufen. Aber Sie müssen wieder von vorn beginnen. Wenn Sie nicht planen, Ihr Geschäft ganz aufzugeben, ist es selten eine gute Idee, Marketing völlig einzustellen.

Ich hoffe, ich habe Sie davon überzeugt, sich für Ihr Marketing-Programm zu engagieren. Das heißt keineswegs, daß Sie mit Ihrem Geschäft am Markt Erfolg haben werden. Ein Marketing-Plan ist für eine Firma oder einen Unternehmer erforderlich, ja entscheidend. Aber ein Marketing-Plan hat etwas von einem fantastischen, bequemen, starken, wunderbar aussehenden Auto – ohne Treibstoff. Der Treibstoff, der Ihr Fahrzeug antreibt, ist die Werbung selbst: Was sie aussagt, wie sie aussieht, wie man sie empfindet. Hier kommt der kreative Prozeß im Marketing ins Spiel. Und das ist dann der Fall, wenn das Fahrzeug mit Stil und Kraft eingesetzt wird. Es gibt einen Weg, sicherzustellen, daß diese kreativen Säfte fließen. Ich werde Sie auf den folgenden Seiten in einige der Geheimnisse einweihen.

Kapitel 4

Geheimnisse der Entwicklung eines kreativen Marketing-Programms

Der wahrscheinlich erfreulichste Teil des Marketing-Prozesses ist der kreative Bereich. Wenn Sie Ihre kleine Firma erfolgreich vergrößern wollen, sollten Sie erkennen, daß der kreative Bereich für jeden einzelnen Aspekt des Prozesses gilt. Wir beginnen mit der Untersuchung, wie Sie die Werbung selbst kreativ gestalten können. Später werden wir erforschen, wie Sie bei der Medienauswahl, der Marketing-Planung und bei den Public Relations kreativ sein können.

Ich weiß nicht, wer es zuerst gesagt hat, aber fast jeder im Marketing, der sein Geld wert ist, wird Ihnen erzählen, daß *Marketing nicht kreativ ist, wenn es keinen Umsatz bringt.* Sie können mit großer Gewißheit sicherstellen, daß Sie ein kreatives Marketing erreichen, wenn Sie damit beginnen, eine *kreative Strategie* zu entwickeln. Eine solche Strategie ähnelt einem Marketing-Plan, beschränkt sich aber nur auf die Werbung – und ist ausschließlich auf den Inhalt der Anzeigen und/oder Fernsehwerbespots ausgerichtet.

Wenn Sie glauben, daß es eine einfache Formel für die Aufstellung einer solchen Strategie gibt, haben Sie absolut recht. Dies ist eine typische kreative Strategie, die sich in drei Sätzen zusammenfassen läßt:

»Der Werbezweck für Corn Flakes der Marke ›Mutter Natur‹ wird es sein, die Zielgruppe (Mütter von Kindern von zwölf Jahren oder jünger) davon zu überzeugen, daß

›Mutter Natur‹ die nahrhafteste und bekömmlichste verpackte Frühstückskost auf dem Markt ist. Dies wird durch die Angabe der Vitamine und Mineralstoffe in jeder Portion der Kost erreicht. Die Stimmung und der Tenor der Werbung werden beschwingt, natürlich, ehrlich und warmherzig sein.«

In diesem einen Absatz haben wir den Zweck der Werbung, die Methode, mit der der Zweck erzielt werden kann und die Ausstrahlung, die die Anzeigen oder Werbespots auslösen, erfaßt.

Sie haben bestimmt schon einmal Werbung für Bier gesehen, die beruflich etablierte Männer zeigt, wie diese am Feierabend eine bestimmte Marke genießen. Die Kreativ-Strategie für diese Art des Marketing hätte lauten können:

»Der Zweck unserer Bierwerbung liegt darin, unsere Zielgruppe der männlichen Biertrinker davon zu überzeugen, daß unser Bier das ist, was Machotypen nach einem harten Arbeitstag bevorzugen. Dies wird erreicht durch die Darstellung der Männer bei der Arbeit, wie auch danach, wenn sie Krüge und Flaschen unseres Bieres stemmen. Die Atmosphäre und der Ton der Werbung werden maskulin, freudig, gesellig und auf den Arbeiter ausgerichtet sein.«

Der erste Schritt der Entwicklung eines kreativen Marketing-Programms besteht im Schreiben einer einfachen Kreativ-Strategie. Sie können einen sehr guten Einstieg finden, wenn Sie zunächst üben, Kreativ-Strategien für vorhandene Anzeigen zu schreiben. Wählen Sie einen Zeitungsinserenten, einen Fernsehwerbekunden und Direktversandwerber und entwerfen Sie für jeden eine aus drei Sätzen bestehende Kreativ-Strategie. Tun Sie das gleiche für Ihre Konkurrenten: Das wird Ihnen helfen, Ihre eigene Positionierung zu gestalten und verhindern, daß Sie eine »Ich-auch«-Firma werden.

Nachdem Sie Ihre eigene Strategie haben – für die Sie viel Zeit und Gedanken verwendet haben –, können Sie ein aus sieben Schritten bestehendes Programm beginnen, um sich vom wahrscheinlichen Erfolg der Werbung zu überzeugen. Überprüfen wir alle sieben Schritte.

1. *Entdecken Sie natürliche Dramatik in Ihrem Angebot.* Schließlich planen Sie, Geld durch den Verkauf eines Produktes oder einer Dienstleistung – oder an beidem – zu verdienen. Versuchen Sie herauszufinden, warum die Leute bei Ihnen kaufen wollen. Erkenntnisse darüber könnten sich bei Ihren weiteren Planungen als sehr hilfreich erweisen. Irgend etwas an Ihrem Angebot muß von Natur aus interessant sein, sonst würden Sie es nicht zum Verkauf anbieten. Bei der Frühstückskost »Mutter Natur« ist es die hohe Konzentration von Vitaminen und Mineralstoffen.

2. *Übersetzen Sie diese natürliche Dramatik in einen wichtigen Nutzen.* Denken Sie immer daran, daß die Leute Nutzen kaufen, nicht Artikel. Frauen kaufen kein Shampoo; Frauen kaufen schönes oder sauberes oder frisierbares Haar. Männer kaufen keine Ski; Männer kaufen Geschwindigkeit, Kontrolle, Beständigkeit und Erregung. Mütter von kleinen Kindern kaufen keine Frühstückskost; sie kaufen Nährwert. Suchen Sie den Hauptvorteil Ihres Angebotes und schreiben Sie ihn nieder. Er sollte sich direkt aus der natürlichen Dramatik des Artikels ableiten. Und selbst wenn Sie vier oder fünf Vorteile finden, nennen Sie nur einen oder zwei – höchstens drei.

3. *Tragen Sie Ihren Nutzen so glaubwürdig wie möglich vor.* Es gibt einen grundlegenden Unterschied zwischen Ehrlichkeit und Glaubwürdigkeit. Sie können vollkommen ehrlich sein (und Sie sollten es sein), und die Leute glauben Ihnen vielleicht immer noch nicht. Sie müssen über die Ehrlichkeit hinausgehen – über die Barriere, die die Werbung mit ihrer Neigung zur Übertreibung errichtet hat – und Ihren Nutzen so darstellen, daß er ohne jeden Zweifel akzeptiert wird. Die Herstellerfirma der Frühstückskost »Mutter Natur« könnte sagen:»Eine Schüssel der Frühstückskost ›Mut-

ter Natur‹ gibt Ihrem Kind fast genausoviel Vitamine wie eine Multivitaminpille.« Diese Aussage beginnt mit der natürlichen Dramatik, verwandelt sie in einen Nutzen und ist glaubwürdig ausgedrückt. Das Wort *fast* verleiht Glaubwürdigkeit.

4. *Erreichen Sie die Aufmerksamkeit der Menschen.* Die Menschen schenken der Werbung keine Aufmerksamkeit, nur Dingen, die sie interessieren. Mitunter betrifft das sogar Produkte aus der Werbung. Deshalb müssen sie Sie einfach interessieren. Während Sie Ihre Konzentration auf diese Dinge bzw.»Werbeprodukte« lenken, sollten Sie sicher sein, daß die Verbraucher an Ihrem angebotenen Artikel selbst interessiert sind, nicht bloß wegen der Werbung dafür.

Ich bin davon überzeugt, daß Sie sich an die Werbung irgendeines Artikels wohl genau erinnern, an das Produkt jedoch nicht in gleichem Maße.

Viele Fachleute haben Werbung kreiert, die interessanter ist als das, wofür sie geworben haben. Sie können vermeiden, daß Sie in diese Falle gehen, wenn Sie sich folgendes einprägen: *Vergessen Sie die Anzeige; ist das Produkt oder die Dienstleistung interessant?* Der Hersteller von »Mutter Natur« könnte diesen Punkt vermitteln, indem er ein Bild mit zwei Händen zeigt, die eine Multivitaminkapsel aufbrechen, aus der Getreideflocken in eine appetitlich aussehende Schüssel rieseln.

5. *Motivieren Sie Ihre Zielgruppe, etwas zu tun.* Regen Sie sie an, einen Laden aufzusuchen, wie es die Firma »Mutter Natur« tun könnte. Motivieren Sie die Kunden, anzurufen, einen Coupon auszufüllen, wegen genauerer Informationen zu schreiben, namentlich nach Ihrem Produkt zu fragen, eine Probefahrt zu machen oder zu einer kostenlosen Vorführung vorbeizuschauen. Hören Sie nicht plötzlich auf. Um das Guerilla Marketing wirken zu lassen, müssen Sie den Leuten genau sagen, was sie für Sie tun sollen.

6. *Seien Sie sicher, daß Sie sich klar ausdrücken.* Sie

mögen wissen, worüber Sie sprechen, aber wissen es auch Ihre Leser oder Zuhörer? Erkennen Sie, daß die Leute nicht wirklich über Ihr Geschäft nachdenken und sie Ihrer Anzeige nur etwa die Hälfte ihrer Aufmerksamkeit widmen. Rackern Sie sich ab, um sicherzustellen, daß Sie Ihre Botschaft übermitteln. Der Hersteller von »Mutter Natur« könnte seine Anzeige zehn Menschen zeigen und sie nach der Botschaft fragen. Wenn eine Person Sie mißversteht, bedeutet dies, daß zehn Prozent des Publikums Sie ebenfalls mißverstehen. Und wenn die Anzeige von 500 000 Menschen gelesen wird, werden 50 000 den Tenor nicht erfassen. Das ist nicht akzeptabel, denn 100 Prozent des Publikums sollten die Aussage erkennen. Die Firma könnte dies erreichen, indem sie in einer Schlagzeile oder einem Untertitel verspricht: »Wenn Sie Ihren Kindern die Frühstückskost von ›Mutter Natur‹ geben, ist es so, als ob Sie ihnen Vitamine geben – nur schmackhafter.«

7. *Messen Sie Ihre fertige Anzeige, Ihren Werbebrief oder die Broschüre an Ihrer Kreativ-Strategie.* Die Strategie ist Ihr Plan. Wenn Ihre Anzeige die Strategie nicht erfüllt, ist es eine schlechte, egal, wie sehr Sie daran hängen. Werfen Sie sie weg und beginnen Sie von neuem. Sie sollten sich ständig von Ihrer Kreativ-Strategie führen und sich Fingerzeige auf den Inhalt Ihrer Anzeige geben lassen. Tun Sie es nicht, könnten Sie am Ende in einem Vakuum kreativ sein – also überhaupt nicht. Wenn Ihre Anzeige auf einer Linie mit Ihrer Strategie liegt, können Sie ihre anderen Elemente bewerten.

Der Schlüssel zur kreativen Werbung heißt, mit einer klugen Kreativ-Strategie zu beginnen. Der Test der kreativen Werbung ist der Umsatz. Wenn das, was Sie verkaufen wollen, nicht verkäuflich ist, sind Sie nicht wirklich kreativ. Und die Kreativität endet nicht, wenn Sie Ihre Werbung entwickelt haben. Besitzen Sie kreative Marketing-Instrumente – zum Beispiel Anzeigen, Werbespots, Plakate, Rundschreiben, Raumdekor und ähnliches –, müssen Sie sie kreativ einsetzen. Ich kenne den Hersteller eines Deodorants, der in den Wintermonaten eine umfangreiche Fernsehwerbung zur Einführung des Produktes machte. Warum im Winter, wenn die Leute nicht so viel Deodorant kaufen? Deshalb, weil dieser Firma die Mittel fehlten, um es frontal mit den Konkurrenten aufzunehmen. Statt also im Sommer um die Aufmerksamkeit des Publikums zu ringen, wenn ihr Wettbewerb schwere Geschütze abschoß, zog diese Firma die Aufmerksamkeit im Winter auf sich, als kein anderer Deodoranthersteller warb, und sie hatte die Bühne für sich allein.

Es gibt andere Wege, um kreativ zu sein. Sie können das beim Einsatz persönlicher Briefe beweisen, indem Sie sie persönlich abgeben lassen, mit einem Kurierdienst oder auf sonstige ungewöhnliche Weise befördern. Sie können kreativ werben, indem Sie ausgefallene Kleidung tragen und jedem potentiellen Kunden ein kleines Geschenk überreichen. Kreativität läßt sich aber auch daran erkennen, welche Plätze Sie für Ihre Plakate auswählen. Unübliche, ausgefallene Orte verdeutlichen Ihren Reichtum an werbewirksamer Fantasie. Sie können Flugblätter von bezahlten Verteilern überreichen lassen (eine der ungewöhnlichsten Werbeideen, die ich kenne). Zeigen Sie Kreativität auf den Gelben Seiten durch die Größe Ihrer Anzeige, ihre Botschaft und ihre grafische Darstellung. Seien Sie kreativ im Einsatz von Zeitungswerbung, indem Sie sechs Kleinanzeigen anstelle einer großen aufgeben.

Wie Sie sehen, gibt es unbegrenzte Wege, Kreativität in allen Aspekten des Marketings auszuprobieren. In einem früheren Buch erzählte ich über ein Paar, das in seiner Boutique heiratete, nachdem es vorher die Lokalzeitungen und die Fernsehstation über die Hochzeit informiert hatte. So konnten sie eine Menge kostenloser Berichterstattung für sich verbuchen.

Einer meiner früheren Chefs pflegte sein Personal daran zu erinnern, daß man kreativ sein kann, indem man mit seinen Socken im Mund die Treppe herunterkommt – aber hat das Zweck? Es sollte immer einen Grund für Ihre Kreativität geben. Und diese sollte Sie niemals von Ihrer Botschaft ablenken.

Wenn Sie Guerilla Marketing praktizieren, müssen Sie in jedem einzelnen Aspekt des Marketings kreativer als die Konkurrenz sein. Lediglich mit Zahlen zu hantieren reicht nicht. Sie müssen es richtig, intelligent, klar und kreativ anstellen, beständig sein, um sich selbst zu überzeugen, daß Sie Ihr Produkt oder die Dienstleistung erfolgreich vermarkten. Sie müssen nicht schreiben oder zeichnen können, um kreativ zu sein. Setzen Sie andere für Ihre Dienste ein. Aber es ist nicht leicht, jemanden einzustellen, der in Ihrem Geschäft für Sie kreativ sein kann. Diese Aufgabe fällt Ihnen zu, und Sie sollen mit ihr wachsen.

Betrachten wir jetzt einige Beispiele für Kreativität in Aktion:

Beispiel A: Ein Wirtschaftsprüfer wollte sein Geschäft erweitern. Er schrieb einen Steuer-Informationsbrief und sandte ihn alle drei Monate kostenlos an eine große Zahl potentieller Kunden. Dadurch etablierte er sich selbst als Autorität und verbesserte sein Geschäft erheblich. Das ist kein welterschütternder Akt der Kreativität, aber für den Wirtschaftsprüfer wirkte er sich fantastisch aus.

Beispiel B: Ein Wasserbettgeschäft wollte sich von der mit Wasserbetten assoziierten Identität einer Gegenkultur befreien. Es zog in ein elegantes Einkaufszentrum um, das Personal wurde piekfein gekleidet, und es stellte einen Mann mit verführerischer Stimme ein, der die Rundfunkwerbung sprach. Das Resultat waren großartige Ergebnisse.

Beispiel C: Ein Juwelier wollte jedes Jahr zu Weihnachten besondere Aufmerksamkeit auf sich lenken. Er erfand ausgefallene Ideen für Weihnachtsgeschenke. Dazu gehörte eine Frisbee-Scheibe mit einem Diamanten in der Mitte. Preis: 5000 Dollar. Ein anderer Gag war ein Miniaturstundenglas mit echten Diamanten statt üblichem Sand. Preis: 10 000 Dollar. Schließlich bot er noch ein mit Juwelen besetztes Backgammonspiel mit einem Preisschild von 50 000 Dollar an. Der Juwelier verkaufte keinen dieser Artikel. Aber er erregte überall im Land Aufmerksamkeit, und sein Dezemberumsatz schnellte in die Höhe.

Beachten Sie, daß ich bei keinem dieser Beispiele von der Kreativität sprach, die man gewöhnlich mit den Anzeigen selbst assoziiert. Das ist der ideale Platz, um kreativ zu sein. Aber diese Beispiele zeigen Ihnen, wie Sie das in Ihrer Kundenwerbung, Ihrem Raumdekor, mit der Kleidung der Angestellten, aber auch den Methoden für eine kostenlose Publizitität sein können. Wenn Ihnen bewußt wird, daß das Gegenteil von Kreativität im Marketing-Sektor Mittelmäßigkeit ist, sind Sie auf dem besten Wege, Ihre speziellen Marketing-Instrumente optimal und damit erfolgversprechend einzusetzen.

Falls Sie sich fragen, wo Kreativität beginnt, werde ich es ihnen sagen. Sie beginnt mit *Wissen*. Sie benötigen genaueste Kenntnisse über Ihr eigenes Produkt oder Ihre Dienstleistung. Ebenso notwendig ist detailliertes Wissen über die Konkurrenz und Ihre Zielgruppe. Sehr gut informiert sein sollten Sie darüber hinaus über Ihre Marketing-Branche und über aktuelle wirtschaftliche Trends und letzte Ereignisse. Daraus werden Sie nicht nur ein kreatives Marketing-Programm entwickeln, sondern Sie werden in der Lage sein, kreative Marketing-Materialien zu erzeugen.

Ich nehme eine Menge Informationen auf, indem ich auf die übliche Weise mit den Weltereignissen Schritt halte. Ich lese ein Wochenmagazin und periodisch erscheinende Fachzeitschriften. Ich sehe an den meisten Abenden die Spätnachrichten im Fernsehen. Und ich lese eine Tageszeitung. Manche Menschen sind viel mehr an den Weltereignissen interessiert als ich. Aber für mich reicht es. Es hält mich über die Weltlage, die lokale Entwicklung und die letzten Trends auf dem laufenden. Es erlaubt mir auch, einen Blick auf das Marketing anderer zu werfen, insbesondere auf das der Konkurrenz. Wenn Sie nicht Schritt halten, fallen Sie zurück. Und Guerillas können sich das einfach nicht leisten.

Gerüstet mit diesem Wissen sind Sie dazu fähig, was viele Leute als die Essenz der Kreativität definieren: Sie können zwei oder mehr Elemente miteinander verbinden, die nie zuvor kombiniert wurden. Als zum Beispiel 7-Up Coca-Cola und Pepsi-Cola Marktanteile wegnehmen wollte, nannte die Firma ihr Getränk »die Uncola«. Dies brachte sie in die Kategorie der Colas, doch stolz wurde ein Unterschied verkündet. Durch die Kombination der Vorsilbe »un«, die »nicht« bedeutet, mit dem Wort *Cola,* zeigte 7-Up große Kreativität. Der Werbemensch, der sich das Konzept einfallen ließ, setzte sein Wissen der Kunstszene jener Zeit ein, indem er psychedelische Kunst in gedruckten Anzeigen und im Fernsehen anbot. Sein Wissen über sein Produkt, die Konkurrenz, seine Zielgruppe und die Trends der Zeit führten zu einer außergewöhnlich kreativen Werbung. Und der Beweis für diese Kreativität war der erhöhte Umsatz, über den 7-Up jubelte. Womit begann das alles? Das Lösungswort heißt Grundwissen.

Die Zigarettenfirma Marlboro bewies Kreativität, als sie die Vorstellung von einem Cowboy und einer Zigarette kombinierte. Eine Telefongesellschaft zeigte Kreativität, als sie die Vorstellungen einer emotionsgeladenen Situation und eines Telefons kombinierte. (»Greifen Sie zu und berühren Sie jemanden«). Avis rent a car war nicht minder einfallsreich. Sie machten sich die Tatsache, in der Branche nur Zweiter zu sein, zunutze für ihren Slogan: »Gerade deshalb geben wir uns mehr Mühe!« In all diesen und weiteren Fällen begann die Kreativität schlichtweg mit Wissen.

Als Guerilla sind Sie verpflichtet, Kenntnisse über ein breites Spektrum von Themen zu erwerben. Guerillas sind Generalisten, keine Spezialisten. Guerillas wissen, daß sie *rückwärts denken* müssen, um dem kreativen Prozeß die Mystik zu nehmen. Beginnen Sie damit, sich das

Gemüt Ihrer Kunden in dem Augenblick auszumalen, in dem sie etwas kaufen. Was führte zu dieser Entscheidung? Woran dachten sie? Rückwärtsdenken bringt Sie zu den Erfordernissen und Wünschen, die für die Motivation entscheidend sind.

Nehmen wir uns einen Augenblick Zeit, um Marketing psychologisch zu betrachten. »Freud'sches Marketing« würde gebieten, daß Sie die Haltung der Menschen gegenüber den Dingen ändern, so daß sie schließlich kaufen. Das ist möglich. Es wird praktiziert und ist an der Tagesordnung. Aber es geht in einen direkteren Typ des Marketings über. »Skinner'sches Marketing« würde erfordern, daß Sie das Verhalten modifizieren. Das bedeutet, etwas zu sagen, zu zeigen oder zu tun, was einen Kunden veranlaßt, sein Verhalten so zu ändern, daß er handelt, wie Sie es wünschen. Sie veranlassen den Kunden sanft, zu kaufen, anzurufen, Sie zu besuchen, zu vergleichen, einen Coupon auszuschneiden und damit Ihrem Kommando zu folgen.

Freud'sches Marketing ist an das Unbewußte gerichtet – den stärksten Teil des Geistes eines Kunden. Skinner'sches Marketing dagegen zielt ab auf das Bewußte – weniger stark, aber leichter zu aktivieren.

Guerilla Marketing richtet sich sowohl an das Unbewußte wie an das Bewußte. Es verändert Haltungen, während es das Verhalten modifiziert. Es dringt auf den Kunden von allen Seiten ein. Es überredet, nötigt, versucht, zwingt, schwärmt und befiehlt dem Kunden zu tun, was Sie wollen. Es überläßt wenig dem Zufall. Es ist die Essenz präziser Planung.

Kapitel 5

Hundert Tips für den Erfolg

Sie sind von Konkurrenten umgeben, die alle auf dasselbe Geld aus sind. Sie beabsichtigen, Ihnen Ihre jetzigen und zukünftigen Kunden wegzufischen, die guten und ehrlichen Leute, die das kaufen sollten, was Sie anbieten. Diese Gegner sind die Inhaber von kleinen und mittleren Geschäften.

Einige der Konkurrenten sind sehr viel größer als Sie. Einige haben die Macht und die Persönlichkeit von Godzilla. Viele von ihnen haben wesentlich mehr Kapital als Sie. Einige betreiben ihr Geschäft erfolgreich seit ewigen Zeiten.

Diese Unternehmer gedeihen durch Wettbewerb. Sie sind scharf auf das verfügbare Einkommen, das Ihre Interessenten und alten Kunden gerade besitzen. Sie haben es auf die Aufmerksamkeit jedes lebenssprühenden Verbrauchers abgesehen, der die Zeitung liest, Radio hört und Fernsehen sieht, sich eine Handvoll Papierkorb-Post aus dem Briefkasten schnappt oder Unmengen dieser Sendungen im Büro erhält.

Ihre Konkurrenten haben das Geschäft im Sinn: *Ihr* Geschäft, *Ihren* Gewinn. Einige der Mitbewerber sind zweifellos in der Lage, eine größere Anzahl an Anzeigen wie auch mehr Rundfunkwerbung auf den Markt zu bringen – in größerem Umfange, als Sie es vermögen. Die Solvenz Ihrer Konkurrenten kann Ihnen möglicherweise zum Nachteil gereichen – jedoch nur dort, wo der Mammon schlechthin im Mittelpunkt steht. Dort, wo es auf andere Kriterien ankommt, werden Sie der Stärkere sein; dann, wenn es um den Einsatz geistiger Potenzen geht. Wenn Sie die Zeit, die Energie und die Vorstellungskraft aufbringen, können Sie dieselbe Hebelwirkung im Marketing erzielen, die viele Ihrer Rivalen mit Millionenbeträgen bezahlen.

Wenn Sie beschließen, mit einer neuen Strategie zu leben und eine neue Taktik zu praktizieren, werden Sie ein beträchtliches Stück vom Kuchen abbekommen. Wenn Sie beginnen, eine preiswerte, aber gut gefüllte Kiste mit für Sie verfügbaren potentiellen Marketing-Werkzeugen zu nutzen, können Sie schließlich die Konkurrenz übertreffen. Tun Sie es nicht, wird Sie zumindest ein kluger Konkurrent übertreffen. Marketing wächst aus seinen Kinderschuhen heraus, und wenn Sie es nicht im Kampf um das Überleben Ihres florierenden Geschäftes einsetzen, werden Sie bald das unschuldige Opfer eines anderen sein.

Marketing wird nicht immer nur weiterentwickelt, sondern Sie werden von mehr Konkurrenten bedrängt, als Sie es sich wahrscheinlich vorstellen. Wenn Sie ein Geschäft betreiben, das sich auf den Verkauf einer Dienstleistung spezialisiert, werden Sie denken, daß Ihre Konkurrenten Anbieter einer ähnlichen Leistung sind. Aber das ist ein Irrtum. Ihr Gegner verkauft eine Dienstleistung wie Ihre, eine andere Dienstleistung, ein Produkt oder alles zusammen.

Ihr Rivale könnte eine Bank, eine Fluglinie, ein Kaufhaus, ein Musikanlagen-Hersteller, ein Computerhersteller, eine Telefongesellschaft, ein Juwelier oder eine der vielen Firmen sein, die nur an andere Firmen verkaufen.

Es existiert ein Markt. Um zu überleben, vom Reichwerden und Wohlstand ganz zu schweigen, müssen Sie ein Guerilla sein. Zehn Anforderungen sollten Sie sich einprägen:

1. Richten Sie alle Ihre Sinne auf den gesamten Bereich des Marketings. Er ist umfangreicher, als Sie vermuten.
2. Übernehmen Sie die Haltung anderer erfolgreicher Marketing-Guerillas.
3. Denken Sie anders als gewohnt über Marketing nach.

Viele der alten Wahrheiten haben sich in Mythen verwandelt.

4. Planen Sie Ihre Guerilla-Marketing-Aktion mit einer leicht verständlichen, leicht zu befolgenden Strategie.
5. Definieren Sie mit Präzision und Realismus, was Sie mit Ihrem Einsatz erreichen wollen. Unterlassen Sie das, werden Sie Mißerfolg ernten.

Die ersten fünf Anforderungen sind Grundlagen für wachsende Gewinne. Sie werden Ihnen an der Verkaufsfront nützlich sein.

6. Greifen Sie an – befolgen Sie eisern Ihren Plan, und setzen Sie sich genau dort ein, wo es gefordert wird. Handeln Sie!
7. Überlegen Sie konkret, welche Medien Ihren Zwecken am besten dienen.
8. Richten Sie alles in Ihrem Geschäft auf Ihren Kunden aus – gerade diese Person kann Ihnen zu Wohlstand verhelfen. Ihr Kunde muß Ihre besondere Konzentration ihm gegenüber spüren.
9. Erkennen Sie den schnellen Wandel des heutigen Marketings. Er vollzieht sich rasanter als je zuvor, aber Sie können sich ihm anpassen, wenn Sie schnell und flexibel sind. Als Guerilla können Sie das.
10. Stehen Sie Ihre Guerilla-Marketing-Aktion durch. Sie mögen die anderen neun Anforderungen glänzend erfüllen, aber wenn Sie diese eine übersehen, sind Sie ein Todeskandidat.

Die Nachrichten von der Verkaufsfront sind gut

Glauben Sie nicht, daß der Start einer Guerilla-Marketing-Aktion nur aus harter Arbeit und anspruchsvollen Voraussetzungen besteht. Es macht großen Spaß, der Bessere zu sein. Die Konkurrenz hat nicht halb soviel Köpfchen, wie Sie ihn als flügge gewordener Guerilla haben werden.

Etwa die Hälfte der Ihnen verfügbaren Marketing-Instrumente sind absolut kostenlos. Und die Aufgabe des Marketings wird mit der Praxis immer leichter.

Aller Wahrscheinlichkeit nach hat die Konkurrenz ziemlich viel Marketing-Erfahrung. Das wirkt sich wahrscheinlich zu Ihren Gunsten aus, weil Sie sicher sein können, daß sich Marketing schneller ändert, als Ihre Konkurrenten sich ändern könnten. Viele Ihrer Gegner werden sich im Sumpf der Mythen und Traditionen festgefahren haben.

Die meisten Ihrer direkten Rivalen leben in einer anderen Welt, wenn es um Marketing geht. Außer wenigen gut organisierten und gut mit Kapital ausgestatteten Firmen arbeitet die Mehrheit der Geschäfte, die auf dasselbe Geld aus ist wie Sie, mit überholten Marketing-Prinzipien, die schon seit über einem Jahrzehnt veraltet sind.

Ihnen wird gleich ein Schatz von 100 Guerilla-Marketing-Tips geschenkt. Es könnte schwierig sein, ein Lächeln zu unterdrücken, wenn Sie erkennen, daß *die Mehrheit Ihrer direkten Konkurrenten* nicht mehr als zwanzig oder dreißig – wahrscheinlicher sind es aber zehn oder fünfzehn – der hundert Marketing-Tips kennt, die Sie einsetzen können. Und möglicherweise setzen sie nur drei oder vier ein. Selbst die Spezialisten greifen nur etwa auf zehn der Marketing-Tips zurück.

Die 100 Guerilla-Marketing-Tips

1. *Name:* Es gibt Millionen guter und schlechter Firmennamen. Stellen Sie einfach sicher, daß Ihrer einer von den guten ist. Seien Sie sicher, daß die Leute ihn aussprechen können, daß er sie nicht verwirrt, und daß er einmalig ist.

2. *Marktnische:* Leute, die Modewörter lieben, nennen dies auch *Positionierung.* Es bezieht sich auf das Segment des Marktes, das Sie Ihr ganz eigenes nennen wollen.

3. *Farbe:* Die Merkfähigkeit erhöht sich, und die Position

wird verbessert, wenn Sie eine Farbe mit Ihrem Geschäft in Verbindung bringen. Sie sollten diese Farbe auf vielen Ihrer Marketing-Mittel verwenden.

4. *Identität:* Dies ist kein falsches Image, sondern eine ehrliche Identität, die das Profil Ihrer Firma in Ihrem ganzen Marketing vermittelt. Seien Sie sicher, daß sie realistisch widerspiegelt, wer Sie sind.

5. *Logo:* Manche Leute nennen dies *Firmenzeichen* oder *Signet.* Wie immer Sie es bezeichnen, es ist eine grafische Darstellung – mehr visuell als verbal – Ihrer Firma. Es ist klug, ein Logo zu haben.

6. *Thema:* Das sind Erklärungen, die in aller Kürze etwas über Ihre Firma oder Ihren wichtigsten Wettbewerbsvorteil aussagen. Wählen Sie ein Thema, mit dem Sie lange Zeit leben können. Je länger Sie es verwenden, desto besser.

7. *Paket:* Ihr Paket ist der Karton, in dem Ihr Produkt geliefert wird, das Büro, aus dem Ihre Dienstleistungen kommen, Ihr Lieferwagen, Ihre Verkaufsmannschaft, Sie. Die Art und Weise, wie Sie Ihr Angebot zu einem Paket verschnüren, wird Ihre Kunden und Interessenten anziehen oder abstoßen.

8. *Größe:* Die Größe Ihrer Firma beeinflußt einige Leute, zu kaufen oder nicht zu kaufen. Groß ist nicht gleichzusetzen mit gut. Auch klein ist es nicht. Aber beides kann gut sein. Können Sie die Vorteile von beidem bieten?

9. *Dekor:* Interessenten und Kunden werden sich auf Grund der Ausstattung Ihres Ladens, Büros oder Werkes Meinungen über Ihr Angebot bilden. Sie sollte Ihre ehrliche Identität widerspiegeln.

10. *Kleidung:* Sie und Ihre Angestellten repräsentieren Ihr Geschäft. Die Leute werden eine Haltung zu Ihrer Firma entwickeln, die auf dem beruht, was Sie und Ihre Angestellten bei der Arbeit tragen.

11. *Preisfestsetzung:* Wählen Sie eine Preisnische – hoch, mittel oder niedrig – entsprechend Ihren Konkurrenten aus. Von den Verbrauchern sagen 14 Prozent, daß

der Preis ausschlaggebend für Kauf oder Nichtkauf ist.

12. *Visitenkarte:* Die der Guerillas enthält mehr als nur Name, Adresse und Telefon. Vermerken Sie die Vorteile des Geschäftsverkehrs mit Ihrer Firma und verwandeln Sie Ihre Karte zu einer Minibroschüre.

13. *Briefpapier:* Das Aussehen und die Oberfläche Ihres Briefpapiers machen es zu einem mächtigen Marketing-Instrument. Millionen könnten es sehen, wenn Sie Direktversandwerbung betreiben.

14. *Bestellschein/Rechnung:* Dies ist nicht einfach ein Geschäftsformular, sondern eine Gelegenheit, mehr Umsatz und mehr Empfehlungen zu erlangen und das Verhältnis zwischen Ihnen und Ihrem Kunden zu festigen.

15. *Innenplakate:* Sie spornen Impulskäufe an, wirken als stille Verkäufer und werben für Ihr Angebot – alles zur selben Zeit und dazu preiswert.

16. *Außenplakate:* Sie können sich in der Nähe Ihres Geschäfts befinden oder auch weiter entfernt für Sie werben. Sie führen Menschen zu Ihrem Produkt, Ihrer Dienstleistung oder Ihrem Laden.

17. *Öffnungszeiten:* Ihre Öffnungszeiten sind Teil Ihres Marketings. Wenn Sie während der erlaubten Zeiten am Abend (oder frühmorgens) geöffnet haben, Ihre Konkurrenten dagegen nicht, können Sie in diesen Stunden erheblichen Umsatz erzielen.

18. *Arbeitstage:* Ich kenne eine Firma, die beschloß, am Samstag zu öffnen, weil es in der Branche sonst niemand tat. Bald wurde der Samstag zum zweitbesten Geschäftstag der Woche.

19. *Verhalten am Telefon:* Ihr Verhalten am Telefon führt Ihnen die Menschen zu – oder weg. Sie und Ihre Mitarbeiter, die am Telefon sind, sollten genau wissen, wie man jeden Anrufer mit Worten und Verhalten anlockt oder abstößt.

20. *Sauberkeit:* Unsauberkeit bewirkt viele Umsatzverluste, weil die Leute glauben, daß die Schlampigkeit

sich in andere Bereiche Ihres Geschäfts überträgt. Glücklicherweise gilt dasselbe für Sauberkeit.

21. *Standort:* Ohne Frage ist dies für eine Menge Firmen einer der bedeutendsten Faktoren des Erfolges. Aber er ist nur ein Teil des Marketings. Es gibt noch 99 andere Punkte!

22. *Schaufenster:* Sie sollten gute Sicht bieten, einmalig sein und Artikel zeigen, die die Leute ins Geschäft einladen. Dekorieren Sie regelmäßig neu und erkennen Sie die Bedeutung Ihrer Dekoration.

23. *Geschäftsplan:* Er ist wie eine Landkarte, auf die man regelmäßig schaut, um sicher zu sein, daß man auf dem richtigen Kurs ist. Ein guter Geschäftsplan enthält einen integrierten Marketing-Plan.

24. *Werbung:* Hier liegt einer der entscheidendsten Teile des Marketings, aber es ist nur ein Hundertstel des Prozesses. Manche Leute glauben, Marketing heißt Werbung.

25. *Vertrieb:* Dies bezieht sich auf die Wege, wie Ihr Angebot gekauft werden kann. In Ihrem Laden, in den Geschäften anderer, durch die Post, per Telefon. Sichern Sie sich einen möglichst breitgefächerten Vertrieb.

26. *Service:* Die Verbraucher sehen Service oder fehlenden Service als eine der vier wichtigsten Einflußgrößen bei der Auswahl eines Geschäftes, in dem sie kaufen. Durch Service gewinnt und verliert man Kunden.

27. *Nachfassen:* Nicht-Guerillas glauben, daß das Marketing endet, wenn sie den Verkauf getätigt haben. Guerillas wissen, daß das Marketing dann erst beginnt. Das Nachfassen ist der Schlüssel zu einer loyalen Stammkundschaft.

28. *Kundenpflege:* Seien Sie darüber informiert, was zu tun ist wenn ein Kunde kritisiert. Schaffen Sie eine klare Politik, so daß verstimmte Kunden zu zufriedenen Stammkunden werden.

29. *Öffentlichkeitsarbeit:* Je stärker Sie in Ihrer Öffent-

lichkeit – die örtliche und die Branche – engagiert sind, desto höher werden Ihre Gewinne sein. Dies erfordert mehr Zeit und Aufwand als Geld.

30. *Kopplungsgeschäfte mit anderen:* Schlagen Sie Kapital aus zahllosen Gelegenheiten, die Plakate oder Rundschreiben anderer Firmen auszulegen, wenn diese dasselbe für Sie tun. Viele werden sich bereiterklären, was Ihre Marketing-Kosten senkt.

31. *Public Relations:* Das ist die Publizität in den Medien aufgrund aktueller Nachrichten über Ihre Firma. PR ist ein bedeutendes Instrument in jedem Marketing-Mix, aber nicht das einzige.

32. *Kontakte zu den Medien:* Die Medien werden mit Anfragen um kostenlose Publizität überschwemmt. Wenn Sie also Kontakte zu den Medien haben, erhöhen sich die Chancen, daß Ihre Nachrichten erscheinen.

33. *Nachdrucke von Anzeigen und Publizität:* Die meisten Zeitungsartikel erscheinen nur einmal. Fast alle Anzeigen sind teuer. Erzielen Sie aus beiden den maximalen Nutzen durch preiswerte Nachdrucke für Mailings und Plakate.

34. *Sonderaktionen:* Die Durchführung von ungewöhnlichen Veranstaltungen ist ein guter Weg, um kostenlose Publizität zu erreichen. Starten Sie einen Wettbewerb und verleihen Sie eine Trophäe. Organisieren Sie eine Party für Interessenten.

35. *Referenzen:* Sie sind kostenlos, leicht zu erhalten und für neue Interessenten sehr beeindruckend. Verwenden Sie sie als Plakate oder in Ihrer Broschüre, Ihren Anzeigen oder Mailings. Sie wirken.

36. *Lächeln:* Sie werden dies nicht in den Lehrbüchern über Marketing finden, aber ein Lächeln ist ein Teil des Marketings und vermittelt Ihren Kunden das Gefühl, etwas Besonderes zu sein. Die Mitarbeiter sollten bei der persönlichen Begegnung und am Telefon lächeln.

37. *Begrüßung:* Die Art und Weise, in der Sie »Guten Tag« und »Auf Wiedersehen« sagen, bietet Ihnen

noch eine weitere Chance, jeden einzelnen Kunden aus der Masse herauszuheben. Ihre warmherzige Begrüßung überträgt sich in Mundpropaganda-Marketing. Deshalb grüßen Sie herzlich. Setzen Sie ein Lächeln auf, halten Sie Augenkontakt und sprechen Sie die Person, wenn möglich, mit ihrem Namen an.

38. *Kontaktzeit mit Kunden:* Jeder Augenblick, den Sie mit einem Kunden zusammen sind, ist eine Marketing-Gelegenheit. Nutzen Sie ihn, um Ihre Beziehung zu intensivieren, andere Artikel zu verkaufen, besseren Service zu bieten.

39. *Verkaufsschulung:* Je mehr Schulung Sie betreiben, desto mehr Gewinn werden Sie erzielen. Stellen Sie sicher, daß alle Verkäufer die Hauptpunkte Ihrer Geschäftspolitik kennen, mit der Sie Ihr Geschäft betreiben und Ihre Identität widerspiegeln.

40. *Produktpräsentation:* Die besten Verkäufer wählen bestimmte Worte und Redewendungen. Dies zeigt, daß die besten Produktpräsentationen auswendig gelernt und dann mit Schwung vorgetragen werden sollten.

41. *Vertreter:* Ihre Vertreter tragen Ihre Präsentation vor. Einerlei, ob sie Angestellte oder freie Vertreter sind, sorgen Sie dafür, daß sie Ihr Geschäft genauso wie Sie sehen.

42. *Audiovision:* Setzen Sie audiovisuelle Hilfsmittel für Ihre Vertreter und Ihren Laden ein. Mit dem Auge und dem Ohr wahrgenommene Informationen sind 68 Prozent wirksamer als ausschließlich akustische.

43. *Tonbänder und Videobänder:* Verwenden Sie sie, um Ihr fachmännisches Können zu begründen. Sie sind elektronische Versionen von Broschüren. Viele Guerillas können sie kostengünstig und wirksam einsetzen.

44. *Erfrischungsangebot:* Kleine Dinge wie das Anbieten von Kaffee und Plätzchen am Vormittag können eine drastische Auswirkung auf den Umsatz haben. Denken Sie auch an Äpfel, Süßigkeiten, Säfte, Wein und Käse.

45. *Kreditkarten:* Je leichter Sie jemandem den Kauf machen, desto mehr wird er kaufen. Es ist die Provision und die Bürokratie wert, viele Kreditkarten zu akzeptieren und viele Geschäfte zu machen.

46. *Finanzierungsmöglichkeiten:* Viele Kunden werden das wünschen, was Sie verkaufen, aber zur Zeit nicht das Geld dafür haben. Ihnen die Möglichkeit zu geben, später zu bezahlen, kann verlorene Geschäfte retten.

47. *Mitgliedschaft in Clubs und Vereinen:* Treten Sie ein, um Teil der Gemeinschaft zu werden und Freundschaften zu schließen. Aber seien Sie sicher, daß Sie auch eintreten, um hart zu arbeiten und an Ihren neuen Freundschaften zu verdienen.

48. *Sponsoren von Teams:* Ein weiterer Weg, Ihr Geschäft in die Gemeinschaft zu integrieren und potentielle Kunden zu treffen. Wenn Sie wollen, daß sie kaufen, was Sie verkaufen, dann zeigen Sie sich bei den Spielen.

49. *Mundpropaganda:* Sie können sie steuern, indem Sie hervorragenden Service und informative Broschüren anbieten und ständigen Postversand durchführen. Falls Sie eine gute Beziehung zu Ihren Kunden aufgebaut haben, können Sie sie sogar um Referenzen bitten.

50. *Rundschreiben:* Sie sind nicht teuer, flexibel und leicht an Straßenecken, unter Scheibenwischer, in Einkaufstaschen, als Plakate auf Tresen, in Häusern und an anderen Plätzen zu verteilen.

51. *Broschüren:* Sie sind detaillierter und weniger zeitgebunden als Rundschreiben. Ihr Zweck ist, allgemeine Informationen zu geben. Sie wirken wie ein angebotenes Geschenk.

52. *Muster:* Wenn Sie eine ausreichende Qualität haben, ist das Verteilen von Mustern das wirksamste aller entwickelten Marketing-Instrumente. Die erfahrensten Marketing-Firmen in Amerika arbeiten viel mit Mustern.

53. *Beratungen:* Sie sind mit kostenlosen Mustern zu vergleichen und wirken sehr gut bei Dienstleistungsgeschäften, besonders Informationsdiensten. Kostenlose Beratungen helfen auch, viel zu verkaufen.

54. *Demonstrationen:* Auch Demonstrationen lassen Interessenten sehen, wie es wäre, wenn man das besäße, was Sie verkaufen. Demonstrationen katapultierten das Fernsehen zu einem der stärksten Marketing-Instrumente.

55. *Seminare und Vorträge:* Diese Formen ermöglichen es Ihnen nicht nur, sich als Autorität zu etablieren, sondern dienen auch als Sprungbrett für den Verkauf von Produkten und Dienstleistungen.

56. *Artikel in einer Publikation:* Viele Lokalzeitungen und Fachpublikationen werden einen Artikel über Ihr Fachgebiet veröffentlichen. Bitten Sie nicht um Geld, sondern nur um die Erwähnung Ihres Firmennamens und Ihrer Telefonnummer.

57. *Bücher und Aufsätze:* Glaubwürdigkeit ist offensichtlich eine Hilfe beim Marketing, und diese Veröffentlichungen stärken Sie. Selbst Eigenveröffentlichungen werden Glaubwürdigkeit bewirken.

58. *Wettbewerbe und Wettspiele:* Sie lenken die Aufmerksamkeit auf Ihr Geschäft und bereichern Ihre Kundenkartei. Falls möglich, laden Sie die Teilnehmer in Ihr Geschäft ein.

59. *Telefonpausen-Marketing:* Wenn alle Ihre Telefonleitungen besetzt sind, schaltet dieses Gerät die Anrufer auf Wartestellung und informiert gleichzeitig über Ihre Firma.

60. *Musikthema:* Falls Sie die Rechte an einem Musikstück besitzen, können Sie es als Thema für Ihren Anrufbeantworter, Rundfunk- und Fernseh-Werbespots und Audio- oder Videokassetten verwenden. Die Zuhörer werden bald das Thema mit Ihrer Firma identifizieren.

61. *Verkaufsstände auf Straßen:* Diese preiswerten und tragbaren Konstruktionen können Ihnen schnell

einen zusätzlichen Standort geben. Sie sind vielseitig einsetzbar und äußerst gewinnbringend.

62. *Stände am Straßenrand:* Vielleicht kann Ihr Produkt an Ihrem eigenen Verkaufsstand am Straßenrand oder am Stand eines anderen Verkäufers angeboten werden. Diese Marketing-Instrumente sollten in Betracht gezogen werden, wenn Sie Produkte verkaufen.

63. *Wochen- und Flohmärkte:* Sie können Ihren Vertrieb – und natürlich Ihren Umsatz – verstärken, wenn Sie Ihre Produkte auf diesen durch Menschenansammlungen gekennzeichneten Plätzen verkaufen oder dafür Händler einsetzen.

64. *Kostenloses Werbematerial:* Wenn Sie Produkte oder Dienstleistungen anderer Firmen verkaufen, können Sie von diesen wahrscheinlich kostenloses Werbematerial erhalten.

65. *Beteiligungsgelder:* Viele Hersteller stellen Ihnen Geld zur Verfügung, wenn Sie deren Werbeaussagen in Ihre Anzeige aufnehmen. 1986 wurden in den USA mehr als 2,5 Milliarden Dollar an Beteiligungsgeldern nicht in Anspruch genommen. Nehmen Sie Ihre in Anspruch!

66. *Forschungsuntersuchungen:* Je besser Sie informiert sind, desto effektiver können Sie verkaufen. Ihre Fachzeitschrift oder ein Fachbibliothekar könnten Ihnen wichtige Daten über Ihre Branche, Ihren Markt und Ihre Interessenten liefern. Oder forschen Sie selbst.

67. *Kleinanzeigen:* Sie werden in großem Ausmaß von kleinen Firmen genutzt. Ziehen Sie ihren Einsatz in Lokalzeitungen, bundesweiten Zeitungen und in Fachzeitschriften in Betracht. Sie sind preiswert zu testen.

68. *Großanzeigen in Zeitungen:* Diese Anzeigen sind das Haupt-Marketing-Medium des Einzelhandels. Sammeln Sie Zeitungsanzeigen und Angebote, mit denen Sie Erfolg hatten.

69. *Anzeigen in Zeitschriften:* Sie verleihen Ihnen Glaubwürdigkeit. Ziehen Sie sowohl Fachzeitschriften wie Verbrauchermagazine in Betracht.

70. *Anzeigen in den Gelben Seiten:* Wenn Ihre Konkurrenten dort nicht inserieren, können auch Sie darauf verzichten. Andernfalls sollten Sie es tun. Stellen Sie sicher, daß Sie in diesen Anzeigen ein Maximum an Informationen weitergeben.

71. *Direkt-Marketing-Coupons:* Mehrere Firmen stellen Couponkarten zu Postkartendecks zusammen und versenden dann eine Gruppe verwandter Coupons für Produkte und Dienstleistungen an Zielgruppen. Das Porto wird von allen erbracht, die die Coupons liefern.

72. *Direktversand von Postkarten:* Postkarten sind wertvolle Mittel, das Marketing-Wirrwarr zu durchbrechen, Kosten zu sparen und ständige Verbindung zu den Kunden zu halten.

73. *Direktversand von Briefen:* Sie werden nach mehreren Versuchen wissen, welcher Brief bei einem bestimmten Publikum welche Ergebnisse bringt. Jeder Brief sollte in sich vollständig sein.

74. *Katalog:* Wenn sie 10 000 oder mehr Namen auf Ihrer Adressenliste haben, ziehen Sie einen farbigen Katalog in Betracht. Falls Sie nicht genug Namen aufweisen, könnten Sie es mit einem Schwarzweißkatalog versuchen.

75. *Informationsbriefe:* Informationsbriefe dienen als regelmäßiges Postinstrument, belegen Ihr fachmännisches Können und sind ein wirksames Marketing-Medium. Sie können sogar zu einem Profit-Center werden.

76. *Werbebeilagen:* Darunter versteht man vier- bis achtseitige Broschüren, die der Tageszeitung beigefügt oder die mit der Post versandt werden. Sie sind eine wirksame Form des Direktverkaufs, weil sie Sie in die Lage versetzen, jede Familie in einem Postleitzahlengebiet zu erreichen.

77. *Ausstellungen auf Fachmessen:* Manche Firmen erzielen den gesamten gewünschten Umsatz mit Ausstellungen auf Fachmessen, bei denen sie eindrucksvoll den Nutzen ihres Angebots zeigen.

78. *Warenausstellungen:* Große oder kleine Darstellungen Ihres Angebots und seines Nutzens in Ihrem Laden machen oft den Unterschied zwischen erzieltem oder verlorenem Umsatz aus.

79. *Werbeflächen:* Sie werden von Tausenden Kraftfahrern gesehen und erfüllen die Aufgabe, die Leute über Sie zu informieren oder an Sie zu erinnern. Schlüssel für Ihren Erfolg: gute Standorte, kurze Texte.

80. *Ballons, Kleinluftschiffe und Scheinwerfer:* Sie müssen Wege finden, sich von Ihren Konkurrenten abzuheben. Das ist ein Weg. Er hilft Ihnen auch, den Zustrom zu einem Sonderverkauf oder zu einer Sonderaktion zu steigern.

81. *Werbegeschenke:* Es gibt Stöße von Geschenken, auf die Ihr Name gedruckt werden kann. Sie erinnern Kunden an Sie und spornen sie an, bei Ihnen zu kaufen. Kalender und kleine Schreibtafeln sind die häufigsten Geschenke.

82. *Poster:* Es kann sich um Vergrößerungen Ihrer Anzeigen, Broschüren oder Elemente daraus handeln. Wählen Sie etwas aus, das Ihnen gefällt und die Kundschaft anzieht. Poster verleihen Ihrer Identität Farbe und Schwung. Zeigen Sie sie in Läden, auf Flughäfen, in Büros und an anderen Orten.

83. *Windschutz an Haltestellen:* Sie können Ihr Poster an den Flächen anbringen, die vor schlechtem Wetter schützen und Ihr Angebot mit Kunst, Text und Schwung vorstellen.

84. *Telefon-Marketing-Skripts:* Diese Skripte werden von Leuten verwendet, die Telefon-Marketing für Sie betreiben. Sie enthalten Schlüsselzahlen, Ideen der Präsentation, Fragen und sogar Hinweise für die Beendigung der Gespräche.

85. *Prospektkästen:* Stellen Sie einen an irgendeinem von Ihren Interessenten häufig besuchten Ort auf, füllen Sie ihn mit Ihren Broschüren und beobachten Sie, wie viele Menschen lesen, was Sie zu sagen haben. Es verspricht hohe Wirkung bei niedrigen Kosten.

86. *Rundfunkwerbung:* Sie dauert gewöhnlich dreißig oder sechzig Sekunden, kann mit Hintergrundmusik unterlegt sein und sollte Bestandteil einer Kampagne sein, die dasselbe Grundthema hat.

87. *Fernseh-Werbespots:* Das mächtigste Marketing-Mittel der Geschichte ermöglicht Ihnen den Verkauf Ihres Produktes oder Ihrer Dienstleistung mit Worten, Bildern und Musik. Als potentes Instrument zeigt der Werbespot das Produkt oder die Dienstleistung bei der Anwendung und demonstriert den Gebrauch.

88. *Geschenkgutscheine:* Überlegen Sie, ob Ihr Angebot verschenkt werden kann. Falls ja, sollte diese Verkaufsförderung ernsthaft in Betracht gezogen werden. Sie funktioniert für viele Hersteller von Verbrauchsartikeln.

89. *Geschenkkörbe:* Die Leute kaufen gern Pakete. Falls Sie einen Korb o. ä. mit Einfallsreichtum zusammenstellen können, verbessern Sie Ihren Gesamtumsatz, ohne die Marketing-Kosten zu erhöhen.

90. *Menschliche Bindungen:* Dazu zählen Beziehungen, die über das reine Käufer-Verkäufer-Verhältnis hinausgehen. Sie sind Bindungen der Menschlichkeit, die Kundenloyalität, ja sogar Firmenreputation, schaffen.

91. *Wettbewerbsfähigkeit:* Dies bezieht sich auf Ihren Willen, Zeit und Energie darauf zu verwenden, möglichst viele dieser Marketing-Tips mit Fingerspitzengefühl vernünftig und finanziell vertretbar einzusetzen.

92. *Bequemlichkeit:* Machen Sie es dem Kunden leicht, zu kaufen, was Sie verkaufen. Man muß Sie leicht finden, aufsuchen, bestellen und bezahlen können. Unternehmen Sie alles, um dem Kunden das Geschäft mit Ihnen zu vereinfachen.

93. *Schnelligkeit:* Zeit ist kostbarer als je zuvor. Die Leute ärgern sich zu Recht über langsame Bedienung. Deshalb schätzen sie Schnelligkeit bei der Abwicklung ihres Auftrages, Umtausches oder ihres Sonderwunsches.

94. *Reputation:* Sie wird mehr als jede andere Einzel-

komponente Interessenten in Kunden verwandeln. Wenn Sie eine schlechte Reputation haben, wird kein noch so guter Preis helfen, sie zu überwinden.

95. *Markennamen-Bewußtsein:* Bei der phänomenalen Zahl von Firmen-Neugründungen haben die Unternehmen, die einen bekannten Markennamen vorweisen, die besten Erfolgschancen heute und in der Zukunft.

96. *Glaubwürdigkeit:* Wenn Sie Glaubwürdigkeit besitzen, werden die Leute an Ihre Qualität, Ihre Werte und an alles glauben, was Sie über sich selbst in Ihrem Marketing sagen. Tun Sie alles, um das zu erreichen.

97. *Begeisterung:* Dieses ansteckende Marketing-Mittel wird von Ihnen auf Ihre Angestellten, Ihre Kunden und von diesen auf weitere übertragen. Es ist ein positiver Virus.

98. *Kundenkartei:* Führen Sie sie von dem Tag an, an dem Sie ins Geschäft einsteigen. Oder beginnen Sie morgen. Je umfangreicher Ihre Liste, desto höher Ihre Gewinne. Diese Kartei läßt sich nicht mit Gold aufwiegen.

99. *Zufriedene Kunden:* Ihr stärkster Marketing-Mitarbeiter ist ein Kunde, der Ihre Qualität und Ihren Wert schätzt. Diese Leute werden ganz allein Ihre Mundpropaganda-Werbekampagne vorantreiben.

100. *Marketing-Verstand:* Durch das Verständnis für Marketing zeigen Sie ihn bereits. Sie können ihn durch eine Guerilla-Marketing-Aktion weiter schulen. Marketing-Verstand bedeutet Aktion.

Von den 100 Tips kosten fünfzig Geld, fünfzig nichts. Wenn Sie von diesen Tips nur einen oder zwei zusätzlich zu Ihrem eigenen Marketing-Mix einsetzen, kann dies Ihr Betriebsergebnis erheblich verbessern. Denken Sie einmal über die Auswirkung von elf oder zwölf neuen Mitteln nach.

Wenn ich eine Liste der zehn bedeutendsten dieser 100 Tips aufstellen müßte, würde ich diese zehn nennen:

- Wettbewerbsfähigkeit
- Menschliche Bindungen
- Glaubwürdigkeit
- Begeisterung
- Kundenkartei

- Werbung
- Reputation
- Service
- Markennamen-Bewußtsein
- zufriedene Kunden

Marketing verändert sich ständig. Deshalb hat die Liste der 100 Tips notgedrungen vorläufigen Charakter. In zwei Jahren wird sie vermutlich schon anders aussehen. Guerilla Marketing ist nur erfolgreich bei guter Qualität Ihres Produkts oder Ihrer Dienstleistung. Es ist eine auf feste Prinzipien gegründete Aktion. Das setzt voraus, daß *Sie sich ganz der vortrefflichen Leistung Ihres Angebots verschreiben müssen, wenn das Marketing überhaupt funktionieren soll.* Wenn Sie das bieten können, wird die Guerilla-Marketing-Aktion bewirken, daß noch mehr Kunden noch schneller motiviert werden. Läßt Ihre Aufmerksamkeit nach, wird der Untergang Ihres Unternehmens beschleunigt. Und wenn Sie minderwertige Waren verkaufen, wird sich das schnell herumsprechen.

Behalten Sie auch bei Kritiken und unvorhergesehenen Schwierigkeiten einen klaren Kopf. Folgendes »Zahlenspiel« sollte Sie nicht allzusehr beunruhigen, sondern aufklären, um Schwierigkeiten vorzubeugen: Jede Reklamation, die Sie hören, zieht weitere 26 nach sich, von denen Sie nichts erfahren. Jeder dieser 26 anderen unzufriedenen Kunden wird durchschnittlich 22 Personen das Problem mit Ihrer Firma erzählen. Und 13 Prozent davon werden es mehr als 22 Leuten mitteilen. Die Mundpropaganda über schlechte Qualität breitet sich viel schneller aus, als Sie sich vorstellen können. Einer erlebt es, und die schlechte Nachricht breitet sich wie ein Lauffeuer aus, nur mit mehr Vernichtungskraft für Ihre Firma. Sie werden wahrscheinlich gegen Feuer versichert sein, nicht aber gegen schlechte Qualität. Deshalb beginnen Sie Ihr Guerilla Marketing nicht, wenn Ihr Angebot nicht von ausgezeichneter Qualität und hervorragendem Wert ist. Hervorragendes Angebot *und* die Guerilla-Marketing-Aktion ergeben jedoch eine potente Kombination.

Die Guerilla-Marketing-Aktion ist mehr als einfache Bücherweisheit, und irgendwann werden Sie über jeden der 100 Tips gewissenhaft nachdenken müssen. Opfern Sie diese Zeit, und ich kann Ihnen nur raten, das auch gewissenhaft zu tun. Schätzen Sie ab, wie viele Marketing-Mittel in Ihrer Firma einzusetzen sind. Kalkulieren Sie bei diesen Überlegungen auch ein, wie hoch der finanzielle Aufwand sein darf, welche Summe vertretbar erscheint. Denken Sie dabei grundsätzlich an die speziellen Bedürfnisse Ihres Unternehmens. Wenn Sie diese Maximen beherzigen, sind Sie auf dem besten Weg, ein echter Guerilla zu werden.

Gehen wir daran, den Rahmen für Ihre heutige und zukünftige Guerilla-Marketing-Aktion zu planen. Folgendes müssen Sie tun:

Vorbereiten der Mittel für Ihre Aktion

Beginnen Sie mit einer Prüfung der 100 Guerilla-Marketing-Tips und setzen Sie jeden auf eine der folgenden vier Listen:

Liste A: »Ich setze dieses Mittel bereits ein, und ich setze es richtig ein.«

Liste B: »Ich setze dieses Mittel bereits ein, aber die Art des Einsatzes kann noch verbessert werden.«

Liste C: »Ich setze dieses Mittel leider heute noch nicht ein. Ich werde es ab sofort benutzen.«

Liste D: »Dieses Mittel ist im Augenblick für meine Zwecke nicht geeignet.«

Sehen Sie sich die Liste A an. Freuen Sie sich über sie, und befolgen Sie weiterhin alle Punkte. Je länger Ihre Listen A, B und C sind, desto besser.

Als nächstes betrachten Sie die Liste B. Suchen Sie

nach möglichen Reserven, und schlagen Sie dann aus jeder einzelnen Kapital.

Schauen Sie jetzt auf Liste C. Schelten Sie sich selbst, weil Sie diese Mittel nicht früher benutzt haben. Tun Sie es *jetzt,* indem Sie das Versäumte nachholen.

Nehmen Sie sich nun Liste D zur Hand. Lächeln Sie darüber und legen Sie sie für einen Moment weg.

Wenn Sie die Persönlichkeit eines erfolgreichen Marketing-Guerillas haben, werden Sie ehrgeizig genug sein, um einen Teil Ihrer neu gewonnenen Kraft einzusetzen. Aber warten Sie. Zunächst lassen Sie uns sehen, ob Sie wirklich die typische Guerilla-Persönlichkeit sind.

Kapitel 6

Die Persönlichkeit des erfolgreichen Guerillas

Der typische Besitzer einer kleinen oder mittleren Firma weiß, daß er (oder sie) in Marketing investieren sollte. Aber genauso typisch ist, daß er (oder sie) zunächst einmal nicht allzuviel über Marketing, geschweige denn über die entstehenden Kosten, weiß.

Wenn Sie dazu gehören und ganz am Anfang stehen, haben Sie wahrscheinlich Marketing immer als eine Art Pflichtprogramm angesehen. Es ist etwas, was Sie nicht wirklich tun wollen, aber wenn Sie es unterlassen, bekommen Sie Probleme. Deshalb tun Sie es, aber ohne sehr viel Schwung.

Nach drei Jahrzehnten im Marketing würde ich Ihnen gerne erzählen, daß die erfolgreichsten Guerillas beim gesamten Marketing-Prozeß enthusiastisch sind. Aber das kann ich leider nicht. Die Wahrheit ist, daß ich einige sehr erfolgreiche Guerillas kannte, die sich vor Marketing scheuten, als ob es eine Art Pest sei, und es mit blitzartiger Geschwindigkeit an jemanden delegierten, in dessen Stellenbeschreibung etwas von Ambition für Marketing stand.

Aber ob alle erfolgreichen Guerillas, die ich kannte, nun marketingorientiert waren oder nicht – sie alle hatten – und haben noch – fünf Persönlichkeits-Merkmale gemeinsam: Geduld, Aggressivität, Einfallsreichtum, Sensibilität und ein starkes Ego.

Da die erste dieser Charaktereigenschaften die wichtigste ist, will ich Ihnen nicht nur das Wort, sondern seine volle Bedeutung im Umfeld des Marketings verständlich machen. Hierzu muß ich Ihre Aufmerksamkeit auf eine Studie lenken, bei der eine Gruppe von Forschern gefragt wurde: »Wie viele Male muß ein Interessent eine Marketing-Information sehen, damit sie ihn von einem Zustand völliger Teilnahmslosigkeit bis hin zur Kaufbereitschaft überzeugt?« Nach einem Jahr Forschungsarbeit wurde nachgewiesen, daß eine Marketing-Information insgesamt neunmal in das Bewußtsein eines Interessenten eindringen muß, bevor er zum Kunden wird.

Das ist die gute Nachricht.

Die schlechte Nachricht ist, daß von jeweils drei Gelegenheiten, bei denen Sie Ihren Interessenten mit Ihrer Marketing-Information – per Anzeige, Plakat, Post oder womit auch immer – erreichen wollen, nur eine erkannt und wahrgenommen wird. Schließlich haben die Menschen wichtigere Dinge zu tun, als Ihr Marketing zu beachten. Also müssen Sie die gute Nachricht über Ihre Firma insgesamt 27 mal verbreiten, um diese neun Eindrücke zu gewinnen.

Wenn Sie das so interpretieren, daß Sie Ihr Produkt 26 mal energisch mit der Möglichkeit des Ergebnisses Null anbieten müssen, ist Ihre Schlußfolgerung richtig, wenn auch deprimierend.

Wenn Sie nun zum Beispiel Ihr Marketing hauptsächlich per Zeitungsanzeigen betreiben und einmal pro Woche eine gute Anzeige in einer Zeitung schalten, so wird sich bei einer neuen Firma, die noch kein Marketing betrieben hat, im allgemeinen folgender Ablauf ergeben:

Beim ersten Mal: Wenn Ihr Interessent erstmals Ihre Anzeige sieht, denkt er kaum darüber nach. (Nehmen wir an, Ihr Interessent sei ein Er, aber bei einer Sie ist es genauso.) Ihre Information wird kaum registriert, aber bemerkt. Sie haben dreimal annonciert, aber er hat es gerade einmal bemerkt.

Beim zweiten Mal: Jetzt haben Sie Ihre Anzeige sechsmal geschaltet, und Ihr Interessent entdeckt sie zum zweiten Mal. Vielleicht hat er die Schlagzeilen überflogen, die Bilder angesehen und möglicherweise sogar den Text gelesen. Aber eigentlich wird ihm in dem Moment vorrangig bewußt, daß er die Anzeige irgendwo und -wann bereits gesehen hat. Das war es dann.

Beim dritten Mal: In etwas mehr als zwei Monaten haben Sie eine beträchtliche Summe für Ihre neun Anzeigen investiert. Dennoch stellt sich der erwartete Erfolg nicht ein; der Umsatz stagniert. Warum? Ihr Interessent sieht Ihre Anzeige zum dritten Mal und erinnert sich, irgendwann schon einmal von Ihnen gehört zu haben. Aber eine andere Schlagzeile auf derselben Seite lenkt seine Aufmerksamkeit von Ihrer Annonce ab.

Beim vierten Mal: Jetzt haben Sie Ihre Anzeige zwölf Wochen laufen lassen. Sie haben zwölf Anzeigen bezahlt, und nur vier davon wurden beachtet. Ihr Interessent weiß, daß er Ihre Anzeigen bereits mehrfach gesehen hat, und er vermutet, daß Sie etwas Wertvolles offerieren, denn sonst würden Sie nicht weiter annoncieren. (Obwohl die Ansicht verbreitet ist, daß Erfolg häufige Anzeigen bewirkt, ist es interessant zu wissen, daß genau das Gegenteil zutrifft. Ich werde auf die Wirksamkeit der Werbung im Kapitel 8 genauer eingehen.)

Beim fünften Mal: Während Ihr Budget fast verbraucht ist, lassen Sie diese Anzeigen für dieselben Leute in demselben Medium weiterlaufen, ohne steigenden Gewinn festzustellen. Sie und Ihr Buchhalter fragen sich, warum Sie das Geld für fünfzehn Angestellte ausgeben, ohne greifbare Ergebnisse zu sehen. Aber zur selben Zeit beginnt Ihr Interessent, ein Gefühl der Vertrautheit für Sie zu entwickeln. Er denkt darüber nach, ob er Ihr Angebot nutzen sollte oder nicht.

Beim sechsten Mal: Jetzt hat Ihr Interessent den Eindruck, daß sie etwas Solides anbieten. Über einen ziemlich langen Zeitraum hat er Ihre Anzeige sechsmal gesehen. Er schätzt die Spanne auf etwa ein Jahr, selbst wenn es nur vier oder fünf Monate gewesen sind. Er zieht jetzt in Betracht, Ihre Ware zu kaufen. Inzwischen haben Sie Ihre Anzeigen achtzehn Wochen laufen lassen, und es gibt noch kein wirkliches Anzeichen, daß sie gewirkt haben.

An diesem Punkt zweifeln die meisten Geschäftsinhaber an ihrer Vorgehensweise – an dem Sinn von Werbung
überhaupt, an Inhalt und Verbreitung der Anzeigen, un-
zureichender grafischer Aufmachung usw. Deshalb beschließen sie, ihre Anzeigen zurückzuziehen, diese Art
der Werbung aufzugeben und etwas anderes zu versuchen.

Halt! Das müssen wir verhindern. Gerade jetzt, wo die
Anzeigen beginnen, Wirkung zu zeigen. Erkennen die Geschäftsleute das nicht? Nein. Und deshalb nehmen sie
einen gravierenden und unverzeihbaren Wechsel in ihrem
Marketing vor, mit dem sie möglicherweise alles zunichte
machen.

Das ist die Norm. Auf diese Weise läuft es ab. Das sind
die niederschmetternden Tatsachen. Der Interessent er-
wärmt sich immer mehr für den Kauf, aber der Werbende
sieht keine Ergebnisse. Deshalb kommt der Prozeß zum
Stillstand. Ich nenne das »sellus interruptus«. Der Verkauf
bleibt aus. Das läßt sich ändern, wenn man die Werbung
weiterlaufen läßt, wie Sie sehen werden.

Beim siebten Mal: Sie haben jetzt 21 Wochen gewar-
tet – und die Werbung, für die Sie so teuer bezahlt haben,
finanziert sich nicht selbst, geschweige denn irgend etwas
anderes. Sind Sie entmutigt? Wer wäre das nicht nach
21 Wochen erfolgloser Anzeigen? Nun, der Interessent ist
es beispielsweise nicht. Gerade jetzt überlegt er, daß er
das kaufen könnte, was Sie anbieten. Er fragt sich, wie er
es bezahlt, wo er das benutzt, er denkt sogar über die Vorteile des Besitzes nach – die Vorteile, an die Sie ihn in
Ihren Anzeigen ständig erinnert haben.

Beim achten Mal: Sie könnten einen Hoffnungsschim-
mer haben, daß das Marketing inzwischen wirkt, wenn
auch noch nicht sehr gut. Nachdem Sie 24 Wochen für
Ihre Anzeigen bezahlt haben, erwarteten Sie etwas mehr
als einen schwachen Schimmer. Inzwischen hat Ihr Interessent alles durchdacht – wo, wann, wie und warum er
das, was Sie anbieten, kauft. Er denkt positiv über Sie. Er
verläßt sich auf Sie, weil Sie ständig in den Medien prä-

sent waren, weil Sie eine klare Identität bewahrten, und weil er immer wieder etwas über Ihre Firma erfährt.

Vorsicht, denn gerade an diesem Punkt beenden einige Geschäftsleute Ihre Werbung. Sie sind nicht bereit, noch mehr in eine Sache zu investieren, die Ihnen erfolglos zu sein scheint. Deshalb geben Sie die Medien und die Werbung auf und brechen alle keimenden Beziehungen zu neuen Interessenten ab. Bei diesen Kunden, die das plötzliche Ende der Werbung erkennen, ist das Vertrauen erschüttert, und sie beschließen abzuwarten, bevor sie kaufen.

Beim neunten Mal: Das ist die Zeit für Menschen, die ein Happy-End lieben. Die Geschäftsleute, die standhaft geblieben sind, zeigen sich entzückt, wenn sie den greifbaren Beweis für die Wirksamkeit der Werbung sehen. Zunehmende Zahlen von Interessenten, Menschen, die der Firma einmal völlig teilnahmslos gegenüberstanden, nichts von ihr wußten und nicht über sie nachdachten, sind jetzt Kunden – wirkliche zahlende Kunden. Wenn Sie es richtig anfassen, werden sie Stammkunden und damit die Lebenskraft eines gewinnbringenden Unternehmens.

Es waren 27 Anzeigen erforderlich, um diese Menschen zu erreichen. Neunmal. Erst nach neunmaliger Lektüre spürten sie den Wunsch, bei Ihnen zu kaufen. Nur wenige Firmeninhaber sind gewillt, einen so hohen Tribut zu zahlen, so lange Zeit zu warten und sich an einer so flüchtigen Hoffnung zu nähren. Aber alle, die gewillt sind, unter dem Schmerz einer flachen Verkaufskurve auszuharren, erzielen den Gewinn aus einer wertvollen und seltenen Charaktereigenschaft: Geduld.

Die erste Charaktereigenschaft des erfolgreichen Guerillas ist Geduld

Von den fünf Eigenschaften ist Geduld, wenn sie nicht die wichtigste ist, zumindest die zuerst geforderte. »Geduld« mag ein Wort sein, mit dem Sie sich nicht gern

selbst beschreiben, aber Sie müssen diese Charaktereigenschaft entwickeln, wenn Sie eine erfolgreiche Aktion
starten wollen.

Die zweite Charaktereigenschaft des erfolgreichen Guerillas ist Aggressivität

Diese Eigenschaft ist so wichtig, daß sie zusammen mit
der Geduld gleichrangig den ersten Platz einnimmt. Sie
können ein soziales Mauerblümchen sein und sich auf
Firmenfeiern hinter einer großen Pflanze verstecken. Sie
können unfähig sein, selbst einem Kätzchen ins Auge zu
sehen, aber wenn es ums Marketing geht, müssen Sie ein
Tiger sein.

In der Arena des Marketings ist es notwendig, aggressiv zu denken, aggressiv Geld auszugeben und aggressiv
anzubieten. Wenn Ihre Konkurrenten Sie schon nicht has-
sen, sollten sie Sie zumindest fürchten. Sie sollten fürchten, daß Sie sie jedesmal überbieten. Während sie alle
Marketing-Fehler machen, hüten Sie sich davor. Während
sie sich im Marketing zurückhalten, gehen Sie aufs
Ganze.

Im Jahre 1987 investierten amerikanische Firmen im
Durchschnitt drei Prozent ihres Gesamtumsatzes in Mar-
keting. Wenn ein Guerilla das hört, sagt er: »Drei Prozent?
Ist das alles? Welche Geizhälse! Denken Sie daran, was
ich erreichen kann, wenn ich zehn Prozent investiere!
Fünfzehn Prozent!«

Das ist aggressives Denken im Marketing. Ich hatte
viele Kunden, die nur zehn Prozent ihres geplanten Brut-
toumsatzes veranschlagten. Ihr Umsatz stieg so steil, daß
ihre Marketing-Kosten nach kurzer Zeit gerade zwei Prozent des Gesamtumsatzes entsprachen – dann sogar noch
weniger. Das wäre nie geschehen, wenn meine Kunden
nicht die Kraft der Aggressivität an der Marketing-Front
besessen hätten.

- Aggressiv zu sein bedeutet alle Marketing-Mittel kennenzulernen, die eingesetzt werden können. Außerdem:
- Achten Sie darauf, daß alle diese Marketing-Mittel *eingesetzt* werden.
- Wenden Sie die Marketing-Mittel beständig und jedes Jahr wirksamer an.
- Lassen Sie Ihre Konkurrenten glauben, Sie seien aggressiv. Damit gewinnen Sie immer mehr neue Kunden.
- Sorgen Sie dafür, daß eine bestimmte Person in Ihrer Firma ständig über Marketing nachdenkt – vielleicht Sie selbst.

Die dritte Charaktereigenschaft des erfolgreichen Guerillas ist Einfallsreichtum

Ich denke dabei nicht an die Fähigkeit, zu malen oder zu zeichnen oder Kurzgeschichten zu schreiben. Statt dessen spreche ich von Einfallsreichtum bei Ihren Marketing-Informationen, Ihrer Marktforschung und ihren Informationen über den Wettbewerb. Dazu zählen auch Ihre Verteilung von Plakaten, Ihre Medienauswahl, Ihre Planung des Marketing-Budgets und Ihre Fähigkeit, die richtige Adressenliste zu bestimmen.

Ich hatte einen Klienten, dem bei seinem Fragebogen zur Kundenforschung auffiel, daß eine unverhältnismäßig große Zahl seiner Kunden einen Porsche fuhr. Deshalb beschaffte er sich eine Liste von Porschebesitzern in seiner Stadt, sandte Werbebriefe an sie und sprengte die Bank. Das verstehe ich unter Einfallsreichtum.

Wenn mache Marketing-Leute das Wort »Einfallsreichtum« hören, meinen sie, es ginge um eine Schlagzeile oder ähnliches. Der Einfallsreichtum, den ich meine, bezieht sich auf Marketing-Ideen statt auf Einzelaspekte. Ein Beispiel sind die Läden für Andenken in San Juan auf Puerto Rico, die ihre Souvenirs an die Passagiere der Kreuzfahrtschiffe verkaufen. Die einfallsreichsten dieser

Kaufleute hängen die Namen der im Hafen befindlichen Schiffe an ihre Schaufenster: Mit einer Preisverleihung – eine bestimmte Kabinennummer als Glückszahl – locken Sie die Touristen in ihr Geschäft. Hat sich ein Passagier umsonst nach seiner Nummer umgeschaut, hat auch das seinen Zweck erfüllt: Er entdeckt während seiner Suche diesen und jenen Artikel, und am Ende kauft er meistens doch etwas. Der Einfallsreichtum liegt in der Erkenntnis des Ladenbesitzers, daß die Kreuzfahrt-Passagiere sich als besondere Einzelpersonen und als die einzigen fühlen, die den Preis im Laden gewinnen können.

Als eine der riesigen Fast-Food-Ketten (Burger King) direkt an der Hauptstraße in Miami Beach ein Geschäft eröffnete, kaufte ein Fast-Food-Rivale (McDonald's) eine hundert Meter entfernte Reklamefläche, die auf ihren ganz in der Nähe gelegenen Standort hinwies. Einfallsreichtum bei der Plazierung des Plakats ersparte dem Ladenpächter Zehntausende von Dollars an Miete. Interessanterweise habe ich gesehen, daß Burger King dieselbe Masche gegen McDonald's anwendet. Das zeigt sicher, daß Einfallsreichtum noch wichtiger ist als Originalität.

Seien Sie vorsichtig, wenn Sie sich im Einfallsreichtum üben. Einige Marketing-Leute versuchen, bei der Auswahl einer Telefonnummer einfallsreich zu sein und wählen eine aus, die ihrer Meinung nach im Gedächtnis haftenbleibt, wie 413 44 44. Aber ein Guerilla wird statt dessen der Information vertrauen, daß sich nur wenige Menschen auf Dauer an die obige Nummer erinnern werden. Deshalb wäre die Telefonnummer des einfallsreichen Guerilla 413 79 38. Eine Nummer wie diese muß einfach niedergeschrieben werden, so daß nichts dem Zufall – und dem Gedächtnis – überlassen bleibt.

Die vierte Charaktereigenschaft des erfolgreichen Guerillas ist Sensibilität

Sie müssen gegenüber der Realität rundum sensibel sein. In erster Linie waren erfolgreiche Marketing-Guerillas, die ich getroffen habe, äußerst sensibel gegenüber ihrem Markt. Die meisten, wenn nicht alle, waren hypersensibel gegenüber den Aktivitäten und Plänen der Konkurrenz.

Natürlich müssen Sie auch mit Ihren Kunden und Interessenten sensibel umgehen. Entwickeln Sie einen sechsten Sinn für ihre Bedürfnisse, ihre Wünsche und ihre Erwartungen. Sie müssen auch sensibel gegenüber Ihrem eigenen geographischen Gebiet sein. Ich habe einmal einen äußerst erfolgreichen Marketing-Mann aus New York in Denver auf den Bauch fallen sehen, weil er keinerlei Gefühl für die Bedürfnisse der dortigen Bevölkerung und des gesamten Marktes der Stadt hatte.

Ich habe Guerillas gekannt, die durch Marketing zu Berühmtheit und Reichtum, insbesondere Reichtum, gekommen sind, weil sie sehr sensibel gegenüber den Zeitabläufen waren. Sie betrieben eine Art des Marketings in Zeiten des Wohlstandes, niedriger Arbeitslosigkeit und Inflation. Bei Rezession, bei hoher Arbeitslosigkeit und ebensolcher Inflation vollzog ihr Marketing eine schnelle Kehrtwende. Obwohl sie bei derselben Marketing-Aussage blieben, stellten sie ihr Marketing-Mix aufgrund ihrer Sensibilität gegenüber den Zeitabläufen ganz anders zusammen.

Ich dränge meine Kunden immer, Sensibilität gegenüber Raffinesse zu entwickeln. Dann bitte ich sie, ihr Marketing zu überprüfen und jede einzelne Spur davon zu eliminieren. Raffinesse ist der Feind des Guerilla Marketings. Sie bewirkt, daß die Leute sich an das Marketing erinnern, nicht aber an die Information. Sie prägt die Werbespots ein, nicht aber das Produkt oder die Dienstleistung. Raffinesse ist nach meiner Meinung der häufigste falsche Einsatz des Marketings. Zweck des Marketings ist es, einen Kaufwunsch zu wecken, wie auch Produkte und Dienstleistungen wiederholt an den Mann zu bringen. Der Zweck ist nicht, die Leute zu amüsieren, Applaus zu erheischen oder Preise zu gewinnen.

Sensibilität gegenüber Raffinesse wird Ihr Marketing automatisch wirksam machen, weil die Mehrheit der Marketing-Leute glaubt, daß Marketing *raffiniert sein muß*. Sie sind davon überzeugt, daß Schlagzeilen Wortspiele enthalten müssen, daß der Text sich reimen sollte, und daß Spezialeffekte der Sinn dieses Spiels im Fernsehen sind.

Guerillas müssen auch gegenüber der Öffentlichkeit sensibel sein. Früher war die verbreitete Vorstellung in der Welt des Marketings, daß die Öffentlichkeit so klug wie ein typischer Zwölfjähriger war. Aber die Zeiten haben sich geändert. *Heute ist die Öffentlichkeit gescheit.* Sie können niemanden mehr hinters Licht führen. Keiner läßt sich heute noch durch raffinierte Marketing-Gags erobern. Denken Sie einfach daran, daß Sie gegenüber Ihrem Publikum sensibel sein müssen, und daß Ihr Publikum heute aufgeweckter ist als je zuvor.

Die fünfte Charaktereigenschaft des erfolgreichen Guerillas ist ein starkes Ego

Ich meine nicht, daß Sie egoistisch, selbstgefällig und egozentrisch sein müssen. Wenn Sie es sind, werden es Ihre Kunden und Angestellten merken und sich über Sie ärgern. Glauben Sie statt dessen leidenschaftlich an Ihr Produkt oder Ihre Dienstleistung. Seien Sie leidenschaftlich, wenn es darum geht, Briefe zu schreiben, Broschüren zu entwerfen oder Anzeigen zu schalten, die mit Informationen geladen sind.

Ich meine auch eine andere Art eines starken Ego: Sie entwickeln einen Marketing-Plan. Sie kreieren eine Kampagne. Sie legen eine Aussage fest, und dann beginnen Sie Ihr Marketing, um alle aus der Fassung zu bringen. Wer sind diejenigen, die Ihr Marketing langweilig finden? Ihre Angestellten. Wer noch? Ihre Kollegen und Geschäftspartner, Ihr Lebensgefährte und Ihre Familie, nicht zuletzt Ihre besten Freunde.

Alle geben Ihnen den schlechtesten möglichen Rat. Sie sagen Ihnen, daß sie Ihr Marketing langweilig fänden und es an der Zeit sei, es zu ändern. Sie finden die Kampagne langweilig, die Aussage, das Aussehen, das Format. Man braucht ein starkes Ego, um diesen Menschen standzuhalten. Sie brauchen ein Ego aus Granit, um ihnen zu sagen, daß Sie sich mit ihrer Meinung aus Ihrem Marketing heraushalten sollen.

Finden Ihre Kunden Ihr Marketing langweilig? Keineswegs.

Finden Ihre Interessenten Ihr Marketing langweilig? Nie.

Sie müßten Ihr Marketing Jahrhunderte laufen lassen, um ihre Interessenten zu langweilen. Sie kümmern sich wahrscheinlich einfach nicht genug um Ihr Marketing, um es je langweilig zu finden. Deshalb ändern Sie Ihr Marketing nicht, wenn Sie es einmal gestartet haben. Das erfordert ein starkes Ego.

Wenn Sie Ihre Persönlichkeit nicht so anpassen können, daß sie diese Eigenschaften hat, suchen Sie sich besser einen ausersehenen Guerilla, der für Sie geduldig und aggressiv ist und sich immer über die neuesten Marketing-Verfahren auf dem laufenden hält. Es sollte jemand sein, der Marketing-Gelegenheiten nutzt, ohne das Budget zu sprengen, sich an Ihren Plan hält, die ungeschützten Punkte des Wettbewerbs ausnutzt, *und Ihnen zeigt, wie Sie Ihren Einsatz ständig verstärken können.*

Zusammenfassend waren die Charaktereigenschaften erfolgreicher Guerillas, die ich kannte – in Großunternehmen, in Firmen mit zehn Beschäftigten, in Einmannbetrieben:

1. Geduld
2. Aggressivität
3. Einfallsreichtum

4. Sensibilität
5. Ein starkes Ego.

Wenn diese auch Ihre Eigenschaften sind, um so besser. Wenn nicht, delegieren Sie die Marketing-Funktion an jemanden in Ihrer Organisation, der sie beispielhaft verkörpert.

Die Guerilla-Marketing-Aktion ist nicht einfach eine Übung. Es ist ein richtiger Wettkampf, und es gibt sowohl Gewinner wie Verlierer. Jetzt kennen Sie die Persönlichkeit der Gewinner.

Kapitel 7

Das Sieben-Worte-Gewinn-Credo

Ein Credo ist eine Glaubensformel, und genau das ist das Sieben-Worte-Credo in diesem Kapitel. Es ist keine Aussage, sondern eine Reihe von Worten, die als Formel für Ihren Erfolg im Marketing dienen.

Marketing-Guerillas sollten sich diese Worte einprägen. Noch wichtiger, Sie müssen jedes Wort zu Ihrer zweiten Natur machen. Sie sollten der von dem Credo ausgedrückten Idee so sehr vertrauen, daß es Ihre Entscheidungen bestimmt, damit sie Ihren Wettbewerb bei jeder Wende überlisten und in unsicheren Zeiten festen Boden unter den Füßen haben.

Jedes der sieben Worte stellt ein Grundkonzept dar, das klar erkennbar ist und doch der Mehrheit der Geschäftsleute in Amerika verborgen bleibt – was sich in der Schwäche ihres Marketings, ihrer blinden Leidenschaft für Raffinesse und der deprimierend hohen Zahl ihrer Konkurse zeigt. Mangelnde Marketing-Kenntnis ist nicht immer schuld. Aber es ist in mehr Fällen, als Sie sich vorstellen werden, der Fehler.

Geschäfte werden von jeder Art von Menschen gegründet. Sie sind in einem oder mehreren Aspekten ihres Geschäfts klug und erfahren, aber dazu gehört nur selten das Marketing. Deshalb gehen sie an Marketing zu oberflächlich heran – und scheitern. Der Marketing-Prozeß ist für einen Guerilla sowohl eine Herausforderung wie auch ein Kinderspiel. Wenn Sie sich der hundert verfügbaren Werkzeuge für das Guerilla Marketing bewußt sind, wissen Sie, daß es Ihnen gelingen wird, ein Modell zu entwickeln, das Ihnen ständig hohe Erträge sichert. Die Werkzeuge und das Credo reichen aus, um jeden Kampf zu gewinnen. Rückschläge? Vielleicht. Aber Sie werden Ihre Geschäftsziele erreichen, weil Sie wissen, wie Sie gewinnen. Das Sieben-Worte-Credo wird es Ihnen zeigen. Um sich Ihr Marketing leichter zu machen, ist es erforderlich, daß Sie die wirkliche Bedeutung der sieben Worte erfassen, das Verhalten verstehen, das sie verlangen, und tatsächlich *nach dem Credo leben.* Das ist nicht leicht.

Wir sprechen über eine Großaktion: So viele Marketing-Instrumente wie möglich einsetzen, alle fünf Persönlichkeitszüge entwickeln oder verfeinern und nach allen sieben Worten des Credos leben.

Aufgrund meiner Erfahrung in großen und kleinen Firmen kann ich mit Sicherheit Fehlschläge voraussagen, wenn Sie nach weniger als allen sieben Worten der Formel leben. Einige von Ihnen mögen durch die Maschen schlüpfen und magere Gewinne erzielen. Aber die meisten von Ihnen werden Geld verlieren, wenn Sie versuchen, mit nur sechs Worten auszukommen. Ich kann aber Erfolg und Gewinne voraussagen, wenn Sie das Sieben-Worte-Credo tief in den Kern Ihres Marketings einbinden. Je länger Sie nach dem Credo leben, desto müheloser wird es. Bald bereitet es überhaupt keine Mühe mehr. Es wird Teil Ihrer selbst sein.

Die Gedächtnisstütze für die sieben Worte lautet »Eibvgas«. Es besteht aus den Anfangsbuchstaben der Worte *Engagement, Investition, Beständigkeit, Vertrauen, Geduld, Auswahl* und *später.* Jetzt kennen Sie die Gedächtnisstütze, und Sie kennen auch das Credo.

Engagement

Marketing klappt nicht sofort. Ihnen ist klar, daß neun Eindrücke erforderlich sind, um auch nur einen Interessenten zu motivieren, bei Ihnen zu kaufen. Und Sie wissen, daß drei Versuche erforderlich sind, um jeden dieser Eindrücke zu bewirken. Sehr viele Geschäftsleute lassen ihr Marketing einige Wochen laufen. Dann treten sie zurück, um nicht von den Kunden überrannt zu werden. Aber nichts geschieht. Also ändern sie ihr Marketing. Und wieder geschieht nichts. Je mehr sie ändern, desto weniger passiert. Schließlich verlieren sie den Glauben an das Marketing und sind aus dem Geschäft.

Genauso viele Geschäftsinhaber steigen in ein Marketing-Programm ein, beschließen dann ein Element des Programms zu ändern – die Orte, an denen sie werben, ihre Information, ihr Format oder ihr eigentliches Angebot. Ein großer Fehler.

Eine jüngere Studie über zwei Produkte – ein Gerät für zehn Dollar und ein Warenangebot für 10 000 Dollar – zeigte, daß für beide vom Zeitpunkt der ersten Anzeige an bis zur meßbaren Umsatzsteigerung aufgrund der Werbung vier Monate erforderlich waren. Vier Monate. Überlegen Sie, wie viele Geschäftsinhaber ihr Marketing-Programm nach dreieinhalb Monaten aufgeben!

Erwarten Sie in den ersten drei Monaten keine Ergebnisse. Alles davor ist Glück und reiner Zufall. Nach drei Monaten können Sie einige positive Wirkungen aus dem Marketing erwarten. Und mit wenigen Ausnahmen sollten diese von Monat zu Monat besser werden.

Halten Sie das Programm drei Monate, egal was geschieht. Sie sollten möglichst ein Jahr bei der Stange bleiben. Aber drei Monate reichen gewöhnlich aus, um die Wirkung des Marketings zu erkennen.

An diesem Punkt könnten einige Leute erwähnen, daß sie Ihre Anzeige gelesen oder Ihre Funkwerbung gehört, Ihre Direktwerbung empfangen oder Ihr Plakat bemerkt haben. Vielleicht wurde der Verbraucher auch mit Hilfe Ihrer Broschüre oder Ihres Rundschreibens über Ihre Produkte informiert. Sie behaupten teilweise sogar, Ihre Funkwerbung gehört zu haben, obwohl Sie gar keine betreiben. Der springende Punkt ist, daß Sie beginnen – jetzt beginnen –, Ergebnisse zu sehen.

Die erwähnte Studie besagte, daß es vier Monate dauerte, bis das Marketing wirkte. Und das Projekt, das gezeigt hatte, daß neun Marketing-Eindrücke erforderlich sind, um einen Kauf zu motivieren, wies auf eine Wartezeit von 27 Wochen oder fast sieben Monaten hin. Welcher Studie oder Meinung Sie sich auch anschließen wollen, Sie können klar erkennen, daß es *Engagement* erfordert, um den Punkt zu erreichen, an dem Marketing erste Früchte trägt. Marketing ähnelt der Ehe. Beides funktioniert ohne Engagement, aber ohne das haben beide nur geringe Chancen. Ich bekenne dies ungern über meinen eigenen Beruf, aber *glänzendes Marketing ohne Engagement wirkt nicht so gut wie mittelmäßiges Marketing mit Engagement.* Es erfordert grenzenloses Engagement oder mehr, um dazusitzen und zu warten und zu warten und zu warten, während Ihre Interessenten Ihr Marketing zum fünften Mal, sechsten Mal, siebten Mal bemerken – und *immer noch nicht* einkaufen. Was wird Sie weitermachen lassen? Engagement.

Stellen Sie sich vor, Sie erleben einen Schiffsuntergang. Da sind Sie nun, draußen auf See, weit vor der Küste. Sie können das Land sehen, deshalb beschließen Sie, ans Ufer zu schwimmen. Ohne Engagement werden Sie es nie schaffen. Wenn Sie sich vornehmen, etwa eine Stunde zu schwimmen und dann zu sehen, was passiert, dann abwarten – gehen Sie unter. Sie überleben nur, wenn Sie mit Engagement schwimmen. Deshalb gleicht Marketing dem Überleben auf See. Schwimmen Sie weiter, Sie werden es schaffen.

Das sind die Tücken des Marketings. Einen Marketing-Plan zu entwickeln, kann so lange dauern, wie es Ihnen gefällt. Aber wenn Sie ihn fertiggestellt haben, engagieren Sie sich für ihn. Je länger Sie das tun, desto besser wird er für Sie arbeiten. Wenn Sie Wunder erwarten, werden keine eintreten. Engagieren Sie sich für Ihren Marketing-Plan, und Sie werden keine Wunder, sondern Gewinne verbuchen. Gewinne sind die Früchte des Engagements.

Investition

Geld, das Sie ins Marketing stecken, ist eine Ausgabe. Das ist richtig. Aber es ist mehr, es ist eine Investition. Wohl handelt es sich nur um eine konservative Investition, aber wenn Sie dem Sieben-Worte-Credo folgen, ist es eine Investition, die fast immer lukrativer ist als Aktien, Einlagen, Zertifikate, Schatzbriefe, Kommunalobligationen, Optionen, Warentermingeschäfte oder Immobilien es je sein können.

Vergessen Sie – zumindest für den Augenblick – die Sicherheit, Größe und Amortisation Ihrer Marketing-Investition. Betrachten Sie zuerst den Tatbestand, daß Marketing eine Investition und keine Ausgabe ist. Wenn Sie jeden Monat regelmäßig IBM-Aktien gekauft hätten, würden Sie dies nicht als Ausgaben, sondern als Investition ansehen. Wenn Sie ein Zertifikat über 100 Anteile am Kapital von IBM besäßen, würden Sie sich sehr um diese Investitionen kümmern. Wenn der Kurs der IBM-Aktien um einige Punkte fallen würde, behielten Sie das Zertifikat trotzdem. Das wäre andernfalls auch ausgesprochener Unsinn! Aber in der Welt des Marketings geschieht jeden Tag ausgesprochener Unsinn. Geschäftsinhaber investieren in Marketing und erzielen innerhalb der erhofften Zeit nicht die erstrebten Resultate. Sie geben dann ihren gesamten Marketing-Plan auf und beschließen, neu zu beginnen und die Sache anders anzupacken. Das ist so, als ob Sie Ihre IBM-Aktie zerreißen würden! Der IBM-Kurs wird wahrscheinlich nach kurzer Zeit wieder steigen, so daß Sie sich an einem Gewinn aus Ihrer Investition erfreuen können. Aber Sie werden keinen Gewinn erzielen, wenn Sie das Zertifikat zu Konfetti machen. Und wenn Sie Ihren Marketing-Plan aufgeben, bevor er eine Chance hatte, für Sie zu wirken, berauben Sie sich jeder Hoffnung auf einen Ertrag aus Ihrem Einsatz. Mit ihren Investitionen in IBM verfahren die Leute nicht so. Aber jeden Tag werfen sie ihre Marketing-Investitionen über Bord.

Warum tun sie etwas so Lächerliches? Weil sie nie gelernt haben, Marketing als Investition zu sehen. Sie glauben, es handle sich um Kosten. Sie haben nie gelernt, wie sich Marketing durch Engagement auszahlt. Sie denken, daß Marketing augenblicklich wirke, daß sich das menschliche Verhalten ebenso schnell ändern ließe. Wenn Sie Marketing-Kosten als Investition hinstellen, werden Sie gewillt sein, mehr dafür auszugeben, länger auszuhalten, ihr eine Chance geben sich auszuzahlen und Gewinne statt Wunder erwarten. Sie werden nicht so schnell bei der Hand sein, es als wirkungslos wegzuwerfen, bevor es überhaupt eine Chance hatte.

Hier ist ein Beispiel, das genau zeigt, welche Erträge eine Marketing-Investition erzeugen kann. Kurz nach der Einführung der Marlboro-Zigaretten in Amerika ergab eine Untersuchung, daß sie mit einer femininen Identität assoziiert wurden. Es überraschte, daß diese Marke, eine der umsatzschwächsten in Amerika, überhaupt eine Identität hatte. Also investierte Marlboro in die heute berühmte Marketing-Kampagne mit den Cowboys. Wissen Sie, welche Wirkungen dieses Marketing *nach einem Jahr* hatte?

Kaum eine! Die Marke hatte noch immer ihre feminine Identität. Die Verkäufe waren noch genauso schleppend wie vor dem Beginn des Marketings. Aber das Management von Marlboro hatte sich für die Kampagne engagiert. Es erkannte, daß das aufgewandte Geld eine Investition war.

Bald begann sich die Identität von Marlboro zu ändern. Immer mehr Männer kauften Marlboro, wie auch mehr Frauen. Der Umsatz der Marke stieg derart, daß sie die meistverkaufte Marke Amerikas wurde. Jedes Jahr entfernt sich Marlboro noch weiter von seinen nächsten Konkurrenten. Doch das Marketing von Marlboro ist noch genauso wie beim ersten Auftritt des Cowboys. Die Leute von Marlboro verstehen eindeutig die Bedeutung des Engagements. Sie erkannten klar, daß ihr Marketing eine Investition war. Sie zahlte sich besser aus als jede andere mögliche Investition – *jede* Investition.

Beständigkeit

Ich habe Sie schon auf das Erfordernis eines starken Ego, eine der fünf Eigenschaften erfolgreicher Guerillas, aufmerksam gemacht. Sie brauchen es, um denen die Stirn zu bieten, die Ihnen empfehlen, Ihre Anzeige, Ihre Medien, Ihre Identität, Ihre gesamte Marketing-Kampagne zu ändern. Ich riet dazu, ihnen freundlich zuzuwinken und sie dann zu vergessen.

Um dagegen die Gunst Ihrer potentiellen Kunden zu gewinnen, müssen Sie stabil, erfolgreich und selbstsicher auftreten. Sie können das nicht erreichen, wenn Sie ständig Ihr Marketing, Ihre Medien und Ihre Informationen ändern. Anstatt sie zu beruhigen, werden Sie sie verwirren. Aber Sie können Ihre Bedeutung in deren Vorstellung klären, statt sie zu verwirren, wenn Sie eine beständige Haltung einnehmen. Die Idee ist, daß Sie konstant bleiben müssen. Seien Sie das mit Ihrem Thema, ihrem Format, Ihrer Grafik, Ihren Medien, Ihrer Identität.

Sie können vieles ändern – ihre Angebote, Schlagzeilen, Texte, ja sogar visuelle Darstellungen. Aber verändern Sie alles innerhalb der Grenzen eines beständigen Formats. Geben Sie Interessenten etwas, woran sie sich anlehnen, worauf sie zählen können. Wiegen Sie sich nicht im Wind. Ihre Interessenten werden durch die Beständigkeit Ihrer Information Erleichterung und Sicherheit empfinden.

Natürlich werden sie diese Gedanken nicht bewußt denken. Aber im nächsten Kapitel werden Sie erkennen, daß es unwichtig ist, was sie bewußt denken. Sie werden in die Tiefe, das Innere ihrer Gemüter eindringen. Und da findet die wirkliche Aktion statt. Von dort kommt die Entscheidung, Geld auszugeben.

Der Augenblick, in dem Sie in Ihrem Marketing unbeständig werden, ist der Augenblick, in dem Sie ihren Glauben an Sie erschüttern. Sie sehen, daß Sie sich wohl nicht sicher sind, was Sie sagen oder sein wollen. Wie sollen sich Ihre Interessenten dann sicher sein? Warum sollten sie ihre schwer verdienten Pfennige bei einem unsicheren Kandidaten riskieren? Sie sollten es nicht tun.

Wenn sie irgend etwas von einem neuen Unternehmen wollen, dann ist es die Sicherheit, daß sie nichts falsch machen, wenn sie dort kaufen. Je beständiger Sie in Ihrem Marketing bleiben, desto ruhiger werden sie sein. Wahre Kreativität im Marketing erfordert, daß Sie ein gutes Gefühl in Ihrem jeweiligen Marketing-Format behalten. Jeder kann eine radikale Änderung vornehmen, wenn er gewillt ist, die Beständigkeit zu opfern. Beides gleichzeitig und zudem erfolgreich zu realisieren, erfordert geniale Begabung. Wenn Sie eine Liste der Firmen suchen, die das vollbracht haben, sehen Sie sich die *Fortune 500* an.

Diese Großunternehmen sind zwar keine Muster an Beständigkeit, aber viele von ihnen haben jahrelang dieselbe Marketing-Haltung bewahrt – mit Gewinn und Freude, es zu zeigen. Als praktizierender Guerilla sollten Sie Ihre kreativen Glücksgefühle allerdings nicht aus neuer Fertigkeit und neuen Texten beziehen, sondern aus neuen Kunden und neuen Umsatzspitzen. Wie eine Werbeagentur zu Recht argumentiert: »Es ist nicht kreativ, wenn es keinen Umsatz bringt.« Und ich füge hinzu: »Es wird eine ganze Menge mehr Umsatz bringen, wenn Sie beim Verkauf beständig sind.«

Seien Sie sicher, daß Sie wissen, worin Sie beständig sein müssen. Ein bedeutender Hersteller von Magenmedizin war fest entschlossen, in seinen Fernsehwerbespots laufend Humor zu bieten. Nun ist das etwas, worauf kein sich selbst achtender Guerilla Beständigkeit verschwenden würde. Jedermann erinnerte sich an die spaßigen Werbespots, sogar an die Pointen. Aber niemand erinnerte sich an das Produkt. Erinnerten sie sich an den Hauptnutzen? Nein. *Kaufen Sie das Produkt?* Nein. Doch alle erinnerten sich an den Humor. Aber wenn Sie Magenschmerzen haben, brauchen Sie nicht zu lachen, nicht wahr?

Vertrauen

Kaum jemand besucht ein Geschäft zufällig. Man trennt sich von Geld nur nach sorgfältiger Überlegung. Bevor Menschen Geld ausgeben, wollen sie sicher sein, daß sie es nicht verschwenden. Sie suchen nach Anzeichen, daß ihr Geld klug ausgegeben wird.

Ich kann Ihnen nicht genau sagen, was *Ihre eigenen Interessenten* in Ihrem speziellen Geschäft suchen, aber Sie sollten es sehr schnell in Erfahrung bringen – durch einen Fragebogen, persönliche Gespräche oder Forschung irgendeiner Art. Die Frage ist es wert, gestellt zu werden: Was beeinflußt die Menschen, Geschäfte wie das Ihre regelmäßig aufzusuchen?

Untersuchungen in der amerikanischen Möbelbranche zeigen die vier wichtigsten Dinge, die die Menschen bei der Auswahl eines Ladens beeinflussen. Ihr Geschäft mag dieser besonderen Branche nicht ähneln, aber die Lektion gilt trotzdem. Beginnen wir mit dem vierten Punkt.

Nummer 4: Die Menschen suchen nach einem Geschäft, das eine große Auswahl bietet. Sie wollen nicht aus ein oder zwei Farben, Stilen oder Preisbereichen auswählen. Sie suchen eine Menge Möglichkeiten, je mehr, desto besser. Und sie werden deshalb ihr Geld in einem Geschäft ausgeben, das eine breite Auswahl bietet. Von den zahllosen Faktoren, die Kaufentscheidungen beeinflussen, ist Auswahl der viertwichtigste – also äußerst bedeutsam.

Nummer 3: Die Menschen suchen nach einem Geschäft, das ausgezeichneten Service bietet. Heutzutage verlangen die Menschen Service, erwarten ihn, nehmen deshalb Umwege in Kauf, zahlen dafür und wählen Läden aus, die Service bieten. Es gibt viele bestimmte Gründe, die für die Wahl eines Ladens ausschlaggebend sind. Service ist der drittwichtigste Faktor.

Nummer 2: Die Menschen suchen nach einem Geschäft, das Qualität bietet. Ich war beständig mit meinen Mahnungen, daß man selbst mit Guerilla Marketing schlechte Qualität nicht mehr als einmal verkaufen kann. Sie mögen geglaubt haben, daß Qualität der wichtigste Einfluß auf den Umsatz sei, und Sie lagen damit richtig. Qualität ist es wert, extra Geld auszugeben, weiter zu fahren, länger auf sie zu warten. Jedermann will guten Wert erhalten. Aber man erkennt, daß dieser Wert etwas mehr kostet. Allerdings gibt es noch wichtigere Faktoren als den Wert. Qualität allein reicht fast aus, um Kunden zu gewinnen. Sie rangiert vor jedem anderen Einzelfaktor, außer einem.

Nummer 1: Die Menschen suchen nach einem Geschäft, dem sie vertrauen können. Diese Tatsache allein rechtfertigt einen Platz für das Wort »Vertrauen« aus dem Sieben-Worte-Credo. Lernen Sie das Wort auswendig, und dann tun Sie Ihr Äußerstes, um es zu verdienen.

Vertrauen ist eines der Ziele des Guerilla Marketings. Wenn die Kunden erkennen, daß Sie sich für Ihr Marketing, Ihr Publikum und alles, was außerdem in diesen Rahmen fällt, engagieren, werden Sie Ihrem Geschäft mehr vertrauen.

Wenn die Interessenten sehen, daß Ihre Werbung regelmäßig erscheint, daß Sie sich den Augen der Öffentlichkeit nie entziehen, und daß Beständigkeit zu Ihren Maximen gehört, werden Sie mehr Vertrauen in Ihr Geschäft setzen. Die ersten drei Worte des Credos, »Engagement«, »Investition« und »Beständigkeit«, führen zu dem vierten.

Geduld

Sie wissen bereits, daß Geduld einer der Charakterzüge des erfolgreichen Marketing-Guerillas ist. Es erfordert einen geduldigen Menschen, Engagement zu üben, Marketing als Investition zu sehen und es beständig zu betreiben, bis das Vertrauen des Interessenten in das Geschäft gesichert ist.

Auswahl

Sie sind mit der Auswahl von hundert Marketing-Instrumenten für den Guerilla ausgestattet worden. Ich hoffe, daß Sie inzwischen ein heimliches Gefühl der Überlegenheit über Ihre Konkurrenten haben, denen dies nicht bekannt ist. Wenn jene nur sechs Instrumente einsetzen, Sie jedoch über 46 verfügen und auch offensiv anwenden, haben Sie eine Menge Möglichkeiten, den Kampf um den Interessenten zu gewinnen. Ihr Marketing-Inventar sollte die größtmögliche Auswahl von Marketing-Instrumenten enthalten. In den meisten Fällen sind bei größerer Auswahl die Gewinne höher, und der Geschäftsinhaber ist glücklicher.

Ihre Auswahl an Instrumenten ist nicht mehr als ein Sortiment an Bohnen, wenn Sie sie nicht mit Engagement einsetzen; wenn Sie nicht verstehen, daß Ihre Kosten eine Investition sind. Dasselbe gilt, wenn Sie sie nicht beständig gebrauchen und wenn Sie nicht geduldig genug sind, um sie zum Teil des Credos zu machen, das Ihr Marketing lenkt.

Grob vereinfacht lautet das Schlüsselprinzip: Je größer Ihre Auswahl an richtig eingesetzten Marketing-Instrumenten ist, um so größer sind auch Ihre Gewinne.

Später

Das Gegenteil eines Marketing-Guerillas ist jemand, der glaubt, daß der Marketing-Prozeß vorüber sei, wenn der Verkauf abgeschlossen wurde. Ein Guerilla mit Mitgliedskarte weiß, daß das gerade der Anfang ist. Der Prozeß beginnt, wenn Sie Ihr Produkt oder Ihren Dienst entwickeln und dauert an, bis Sie die Gunst von Stammkunden haben, die ständig Freunde und Bekannte für Ihr Angebot begeistern. Es wurde geschätzt, daß 80 Prozent des verlorenen Umsatzes nur wegen der Gleichgültigkeit nach dem Verkauf verlorengehen.

Die Moral für Guerillas: Bieten Sie nach dem Kauf unvermindert an. Erkennen Sie, daß die Liebesaffäre gerade begonnen hat – anders als die »Lieb-mich-und-Verlaß-mich«-Marketing-Leute, die denken, daß die Flitterwochen beendet sind, wenn der Verkauf vorüber ist. Prägen Sie sich ein, daß *die Flitterwochen gerade begonnen haben.*

Schreiben Sie Ihrem neuen Kunden oder rufen Sie ihn an, und bedanken Sie sich für den Kauf. Wie viele solcher Dankesbezeugungen haben *Sie* erhalten? Kaum eine. Das beweist, daß die meisten Wettbewerber an Ihrer Registrierkasse schlafen. Und nachdem Sie Ihren neuen Kunden geschrieben oder sie angerufen haben, wiederholen Sie es. Unterbreiten Sie ihnen etwas Neues und weisen Sie auf ein Nachfolgeangebot hin. Später schreiben Sie ihnen oder telefonieren erneut. Deuten Sie an, daß sie Ihr Geschäft an Freunde empfehlen könnten, die die Auswahl, den Service und die Qualität zu schätzen wissen und die ihr Vertrauen in Ihr Angebot erweckten. Später schreiben Sie ihnen oder rufen sie an und unterbreiten ein Sonderangebot – möglichst eines, das Sie nur ihnen machen, weil sie etwas Besonderes sind. Betreiben Sie Marketing bei Ihren Kunden nach dem Verkauf. Wir sprechen hier über wirklich existente *Kunden.* Sie sind ein seltener Menschenschlag. Vergegenwärtigen Sie sich, daß der größte Teil der Bewohner dieses Erdballs jetzt und auch künftig nicht zu Ihrem Kundenkreis gehören wird. Ich bedaure diese Aussage, aber wenn Sie dem nicht ins Auge sehen, laufen Sie Gefahr, Ihre Kunden zu vernachlässigen. Sie sind gefährdet, weil neue Konkurrenten tagtäglich versuchen, ihnen den Hof zu machen, wenn auch nur für einen einzigen Verkauf.

Guerilla Marketing ist ständige Aktion. Wenn Sie es einmal begonnen haben, hören Sie nie wieder damit auf. Sie können Ihre Instrumente ändern, einige hinzufügen, andere weglassen, einige ausfeilen. Sie mögen sich eine Menge Sünden zuschulden kommen lassen, aber niemals die des gleichgültigen Verhaltens gegenüber dem Kunden nach dem Verkauf.

»Engagement. Investition. Beständigkeit. Vertrauen. Geduld. Auswahl. Später.« Das ist Ihr Sieben-Worte-Credo. Prägen Sie es sich ein. Leben Sie nach ihm. Verdienen Sie daran.

Als eine Art Postskriptum zu dem Credo biete ich Ihnen noch ein Wort, das beschreibt, was Gewinn für Sie sein sollte: Ihr Anreiz.

Kapitel 8

Von der Kunst zur Wissenschaft

Die Frühzeit des Marketings begann wahrscheinlich, als ein Bauer den Marktschreier bat zu erwähnen, daß er einige Schweine zu verkaufen habe. Damals war Marketing vordergründig in erster Linie die Kunst – in Wahrheit war es jedoch ein Geschäft. Es schmerzte viele kreative Typen zuzugeben, daß sie Geschäftsmänner oder Geschäftsfrauen waren, statt Künstler, als die sie sich selbst betrachteten. Viele Kreative zucken noch immer zusammen, wenn sie sich zu dieser Binsenwahrheit bekennen müssen.

Zweifellos hat eine bedeutende Änderung stattgefunden. Marketing, diese alte Kunst, *wird in eine Wissenschaft verwandelt.* Weniger wird dem Zufall überlassen, weniger den Launen der Wort- und Bilderliebhaber. Es wird mehr dem realistisch denkenden Geschäftsmann übertragen, der jetzt den Doktorhut des Wissenschaftlers trägt.

Wenn Sie als Guerilla eine Aktion planen, sollten Sie die wachsende Rolle der »Wissenschaft Marketing« zu schätzen wissen. Sie und ich müssen den Psychologen der Welt dafür danken, daß sie das Rätselraten aus unserer Arbeit beseitigt haben. Psychologie ist heute so eng mit Marketing verflochten, daß viele Marketing-Firmen jetzt Psychologen einstellen. Ich spreche mehr über Psychologie als über Marktforschung. Psychologie ist das Studium menschlichen Verhaltens. Es leuchtet ein, daß Sie Kaufentscheidungen besser beeinflussen können, wenn Sie mehr darüber wissen, wie sich Menschen verhalten.

Als ich in der Zeit der frühen 50er Jahre Psychologie als Hauptfach studierte, sagte der Professor, daß es in der

Psychologie noch keine Regeln gäbe. Es sei alles noch Theorie. Er führte aus, daß man versuche, einige dieser Lehren zu beweisen, und daß dies eines Tages gelingen würde. Aber zu jener Zeit gab es in der Psychologie noch keine Gesetze.

Seit der Professor diesen deprimierenden Gedanken äußerte, ist sehr viel Zeit vergangen. Einige der Theorien des menschlichen Verhaltens, die wir studierten, wurden als falsch entlarvt. Glücklicherweise erwiesen sich einige andere als korrekt. In zunehmendem Maße sind Hypothesen Gesetze geworden. Die Psychologie hat heute feste Regeln. Marketing-Guerillas können aus dieser Tatsache tiefe Befriedigung ableiten.

Damit können Sie wieder aufatmen, weil Sie wissen, daß viele Ihrer Marketing-Anstrengungen sich auszahlen werden, statt sich nur auszahlen *könnten.* Kunst ist großartig. Aber die Wissenschaft ist präziser. Wir Marketing-Guerillas können unseren Hut vor den Psychologen ziehen, die die Früchte ihrer Erkenntnisse mit der Welt des Marketings geteilt haben. Guerillas laben sich an dieser Ernte. Sie wenden sie bereitwillig auf ihr Handwerk an. Sie sind alle für Kunst, aber wenn sie durch die Wissenschaft gestärkt wird, spüren sie Erleichterung. Die Psychologie breitet sich in viele Richtungen aus. Deshalb wollen wir uns auf wenige fundamentale Wahrheiten konzentrieren, die sich auf erwiesene psychologische Theorien gründen. Verinnerlichen Sie sich diese!

Wissenschaftliche Tatsache: Die meisten Kaufentscheidungen werden unbewußt getroffen

Viele Leute sehen einen Werbespot, aber sie stürzen am nächsten Tag nicht los, um das Produkt zu kaufen. Große Gruppen von Menschen stoßen auf eine Anzeige, aber sie handeln nicht so schnell, wie Sie es gern hätten. Wenn sie schließlich reagieren, wissen sie vielleicht nicht einmal warum.

Als ich bei einer Werbeagentur in Chicago arbeitete, flogen wir zu viert nach New York, um einen Klienten zu besuchen. Wir arbeiteten an einer großen Marketing-Kampagne für ein großes Unternehmen. Wir waren alle erregt und erpicht darauf, bei unserem Klienten einen guten Eindruck zu machen.

Auf der Taxifahrt vom Kennedy-Airport sprachen wir über das bevorstehende Treffen. Der Fahrer, der unsere Unterhaltung mithörte, lehnte sich nach hinten und fragte:»Ihr Burschen seid in der Werbung?«

»Ja«, gaben wir zurück.

»Glaubt ihr wirklich, daß der Quatsch funktioniert?« fragte er und wartete ernsthaft auf eine Antwort.

»Natürlich tun wir das«, sagte einer von uns.

»Wir hätten doch nicht dieses Treffen, wenn es nicht so wäre.«

Der Taxifahrer nahm kein Blatt vor den Mund:»Nun, ich glaube wirklich nicht, daß es funktioniert. Ich kann Ihnen etwas sagen – ich habe noch nie etwas wegen Werbung gekauft und werde das auch niemals tun.«

»Welche Zahnpasta verwenden Sie?« fragte einer von uns.

»Nun, ich putze mir die Zähne mit Gleem«, erwiderte er. »Aber das hat überhaupt nichts mit *Werbung* zu tun. Es ist einfach so, weil ich Taxi fahre und mir *wirklich* nicht die Zähne nach jeder Mahlzeit putzen kann.«

Das ist eine lustige Geschichte und eine wahre dazu, denn der Werbeslogan für Gleem war damals:»Für Leute, die sich nicht nach jeder Mahlzeit die Zähne putzen können.« Aber sie ist nicht mehr so amüsant, wenn Sie überlegen, wie viele Produkte Sie wegen irgendeines Aspektes des Marketings gekauft haben. Sie werden nicht viele identifizieren können. Aber wenn Sie Ihren Kühlschrank, Ihre Speisekammer, Kleiderschränke und Hausapotheke durchsehen und an Ihre Geräte, Ihren Wagen und ähnliches denken, werden Sie ein wenig schockiert sein, wie sehr Marketing Sie motiviert hat. Sie stehen in dieser Hinsicht nicht allein da. Es geht fast jedem so. Deshalb vergeht so viel Zeit, bis der größte Teil des Marketings funktioniert. Der Zugang zum Unbewußten in einem menschlichen Wesen ist nicht ganz einfach.

Wissenschaftliche Tatsache:
Wir kennen heute den Zugang zum Unbewußten
im Menschen. Wiederholung ist der Schlüssel

Die Wiederholung ist wirksam, sicher und zuverlässig, aber nicht schnell. Es stimmt, daß Großfirmen solvent genug sind, um ihre Information in einer Woche 50 mal zu wiederholen. Ich schrieb einmal einen Fernsehwerbespot für ein Jubiläum bei Sears, der *an einem Wochenende* 50 mal in den meisten der großen amerikanischen Sender gezeigt wurde. Sears war in der Lage, seine Informationen zu wiederholen und so in relativ kurzer Zeit in das Unterbewußtsein von Millionen zu gelangen.

Für Sie wird es eine solche sofortige Belohnung nicht geben. Für Sie mag es 150 Wochen dauern, um 50 mal in das Unterbewußtsein Ihrer Interessenten einzudringen. Oder es könnte 150 Telefonanrufe kosten, vielleicht auch 150 Briefe.

Ohne Frage ist der engste Kontakt im Marketing die persönliche Begegnung. Aber selbst auf diesem Niveau der Beziehung gibt es eine Faustregel, wie viele Verkaufsgespräche geführt werden müssen, bevor ein Verkauf abgeschlossen wird:

- 2 Prozent der abgeschlossenen Verkäufe: 1 Gespräch
- 3 Prozent der abgeschlossenen Verkäufe: 2 Gespräche
- 4 Prozent der abgeschlossenen Verkäufe: 3 Gespräche
- 10 Prozent der abgeschlossenen Verkäufe: 4 Gespräche
- 81 Prozent der abgeschlossenen Verkäufe: 5 oder mehr Gespräche.

Das sind die Zahlen für den persönlichen Verkauf. Sie erfordern nicht den Zugang zum Unterbewußtsein, obwohl dieser Prozeß mit Sicherheit während jedes Gespräches abläuft. In der Realität werden Sie sich wahrscheinlich nicht so viele Verkaufsgespräche leisten können. Untersuchungen der Industrie zeigen, daß jede Unterredung dieser Art 275 Dollar kostet, einschließlich der Zeit des Verkäufers und der Hilfsmittel. Sie weisen 5,5 Gespräche für den Abschluß eines Geschäftes aus. Das ist eine riesige Investition pro Verkauf – mehr als 1500 Dollar. Wenn Sie sich das nicht leisten können, obwohl es je nach Ihrem Gewinn pro Verkauf eine ausgezeichnete Idee sein könnte, müssen Sie über normale Vertriebswege verkaufen. Andernfalls wird Direktwerbung Ihr Hauptmarketingmittel sein. (Direktmarketing für Guerillas wird im Kapitel 13 im Detail besprochen.)

Je mehr Sie Ihre Interessenten mit anderem Marketing vorbereitet haben, desto wahrscheinlicher werden sie sich für Ihr Produkt entscheiden. Selbst wenn die Interessenten überhaupt nichts kaufen, beeinflußt sie diese Vorbereitung zum Kauf. Und das geschieht in Ihrem Unterbewußtsein.

Wiederholung ist für Sie in vielen Fällen eine wertvolle Hilfe:

• Wiederholen Sie Ihr Angebot in jeder Marketing-Information.
• Wiederholen Sie Ihr Marketing bei Ihren Interessenten.
• Wiederholen Sie Ihr Verkaufstraining bei Ihren Verkäufern.
• Wiederholen Sie Ihre Marketing-Ziele vor Ihren Angestellten.
• Wiederholen Sie Ihr Geschäftsziel für sich selbst.

Wissenschaftliche Tatsache:
Ihr Marketing kann doppelt so wirksam sein,
wenn Sie es sowohl an Leute mit rechtsseitiger wie
auch mit linksseitiger Gehirnaktivität richten

Während meiner Zeit bei einer Werbeagentur, als meine gut betuchten Kunden mehr Geld als Wissenschaft im Marketing einsetzten, wäre ich unter lautem Gelächter aus vielen Konferenzzimmern verbannt worden, wenn ich über rechtsseitige und linksseitige Gehirnaktivität gesprochen hätte. Die Psychologen haben uns seither bewiesen, daß die Hälfte der Amerikaner linksseitig gehirnaktiv ist und sich von logischen, folgerichtigen Argumenten beeinflussen läßt. Die andere Hälfte ist rechtsseitig gehirnaktiv und läßt sich von emotionalen und ästhetischen Reizen beeinflussen. Die richtigen Zahlen sind 45 Prozent linksseitig, 45 rechtsseitig und 10 Prozent ausgeglichen. Als gute Guerillas werden wir uns auf die 90 Prozent links- und rechtsseitig gehirnaktive Mehrheit konzentrieren.

Die Hälfte des Marketings in unserem Land verfehlt sein Ziel. Marketing in Amerika, das an Leute mit linksseitiger Gehirnaktivität gerichtet ist – mit starken Argumenten, die logisch aufgebaut sind und folgerichtig begründet werden –, geht an der Hälfte Amerikas vorbei, das sich um diese Anreize überhaupt nicht kümmert. Wenn es keine Emotion, keine Stimmung, keine künstlerische Großtuerei gibt, erzielt Marketing *bei der Hälfte seines Publikums* nichts!

Marketing, das sich an Leute mit rechtsseitiger Gehirnaktivität wendet – mit einem optimalen Aufwand an Kommunikation und emotionell geladenen Anreizen –, segelt an der Hälfte der Amerikaner vorbei, die auf diese Art der Ansprache überhaupt nicht reagieren.

Bedeutet das, daß etwa 50 Prozent des in Amerika für Marketing ausgegebenen Geldes verschwendet ist? Sie können Ihr Bankkonto verwetten, es ist so!

Marketing, das die Gehirnaktivität seines Publikums nicht zur Kenntnis nimmt, ist unverantwortlich, nicht auf dem aktuellen Stand, verschwenderisch und nutzlos. Guerilla Marketing geht immer auf die Gehirnaktivität seiner Interessenten ein. Guerilla Marketing, das diese wissenschaftliche Erkenntnis mit der Präzision eines Chirurgen wahrnimmt, umfaßt bei allen Marketing-Informationen logische, folgerichtige Argumentation *plus* emotionale, ästhetische Anreize. Guerillas wollen ihr Geld nicht vergeuden und ihren Markt nicht verfehlen. Guerillas setzen die Wissenschaft ein, um Kunden zu gewinnen. Ihr Marketing richtet sich an *alle* ihre Interessenten.

Selbst einige der Giganten wenden die Taktik der Guerillas an. Sie können Beispiele dieses Marketings in der Werbung von Apple Computer, Rolls-Royce und Mobil Oil erkennen.

Wissenschaftliche Tatsache:
Kinder beeinflussen die Käufe der Familie heute mehr als je zuvor

Etwa 60 Prozent der Kinder zwischen sechs und 14 Jahren beeinflussen Familienkäufe, etwa Fernsehgeräte, Stereo-Anlagen, Video-Recorder und Mikrowellen. Sie helfen sogar bei der Entscheidung, wohin die Familie in Urlaub fährt. Mütter schätzen den durchschnittlichen Wert der von Kindern beeinflußten Käufe auf 300 Dollar pro Jahr. Da 70 Prozent der heutigen Mütter halb- oder ganztags arbeiten, sind sie nachsichtiger gegenüber ihren Kindern und beziehen sie in Kaufentscheidungen der Familie ein. Die Tage des Mottos: »Kinder sollten zu sehen, aber nicht zu hören sein«, sind in Amerika fast Geschichte.

Wissenschaftliche Tatsache:
Es ist heute möglich, das Verhalten vieler Verbraucher vorherzusagen, aber Sie können sich nicht darauf verlassen, daß Ihnen die Verbraucher genaue Informationen geben

Sie können das Verbraucherverhalten voraussehen, wenn Sie die Haltung der Menschen kennen – ihre ehrliche und tatsächliche. Überlegen Sie: 96 Prozent aller Erwachsenen würden gern etwas an ihrer Erscheinung ändern, aber sie tun nicht wirklich viel dafür. Und 76 Prozent behaupten, daß sie regelmäßig Sport treiben, aber 59 Prozent haben dennoch Übergewicht. Mehr als 50 Prozent sagen, daß sie versuchen, sich gesund zu ernähren, aber 38 Prozent, die außer Haus essen, bestellen ein Fleischgericht. 37 Prozent gestehen, sie würden gern mehr Restaurants sehen, in denen es heißt: »Essen Sie, soviel Sie können.« Das liegt nicht daran, daß die Menschen unehrlich sind. Es ist einfach so, daß sie im Augenblick einer Kaufentscheidung nicht immer das tun, was Sie ursprünglich beabsichtigt haben.

Wissenschaftliche Tatsache:
Die Wertvorstellungen der Menschen werden heute
gemessen und eingestuft. Ihre Kenntnis kann
Ihrem Marketing drastisch helfen. Aber Vorsicht:
Diese Wertvorstellungen ändern sich ständig

1974 waren die sieben höchsten Werte in dieser Reihenfolge: Freiheit, Glück, Weisheit, Selbstachtung, Reife, Liebe, ein Gefühl der Leistung und wahre Freundschaft. 1988 gehörten dazu: ein zufriedenstellendes Familienleben, gute Gesundheit, angenehme Arbeit, Seelenruhe, gute Freunde, Wohlstand und Freizeit. Richten Sie Ihr Marketing auf diese Werte aus und halten Sie Schritt mit ihnen.

Wissenschaftliche Tatsache:
Es müssen zwei Bindungen vollzogen werden,
um den Abschluß eines Verkaufs zu beschleunigen –
die menschliche und die geschäftliche Bindung

Die Menschen würden *viel lieber* Geschäfte mit einem Freund als mit einer anderen Person machen. Sie können ihr Freund werden, wenn Sie eine menschliche Bindung mit ihnen eingehen, bevor es zu einer geschäftlichen kommt. Die menschliche Bindung kann aus ein oder zwei Sätzen von Ihnen und einer Erwiderung Ihres Interessenten bestehen.

Die menschliche Bindung kann sich auf alles beziehen – außer auf das Geschäft. Geeignete Themen sind das Wetter, der Tag, die Familie, Sport, die Nachrichten, Gerüchte, Tatsachen, fast alles außer Geschäftlichem. Wenden Sie einen Augenblick auf, um diese Bindung herzustellen, entweder durch persönliche Gespräche, Telefon-Marketing oder ein Verkaufsgespräch. Ein Lächeln und Augenkontakt tun Wunder für diese Beziehung. Den Interessenten mit seinem Namen anzusprechen, ist ein weiterer Pluspunkt.

Schwieriger wird es, diese menschliche Bindung herzustellen, wenn der Interessent nicht anwesend ist, um sie zu erwidern. Dennoch, wenn Sie den Versuch unternehmen, werden Sie viel schneller an ihn herankommen, als wenn Sie es ganz ignorieren. Heucheln Sie nicht, seien Sie ehrlich.

Wenn Sie die menschliche Bindung hergestellt haben, wird es viel leichter sein, die geschäftliche Beziehung und dann den Verkauf auszulösen. Die menschliche Bindung kann leicht intensiviert werden, wenn Sie sich das nächste Mal treffen, schreiben oder telefonieren. Zum Beispiel könnten Sie es mit einem Brief oder einem Telefonanruf versuchen, der so beginnt:

Lieber Hans,

ich hoffe, Dir hat die Angelreise gefallen, und Du hast jeden Tag Dein Soll erfüllt. Ich versuche, Dir dieselbe Freude mit diesem Sonderangebot zu machen, das ...

Sie können die menschliche Bindung nicht immer herstellen, aber je mehr Sie sich ihrer Bedeutung bewußt sind, desto mehr Kontakte – und Umsatz – werden Sie erzielen. Ist es zeitraubend, genügend Informationen zu sammeln, um die menschliche Bindung herzustellen? Sicher ist es das, aber es lohnt sich.

Wissenschaftliche Tatsache:
Eines der wichtigsten menschlichen Bedürfnisse
ist das einer Identität. Erkennen Sie die
Identität Ihrer Interessenten

Behandeln Sie die Leute nicht als Interessenten und als Mitglieder einer demografischen Gruppe. Erkennen Sie ihre Besonderheit und sehen Sie sie als die besonderen Personen, die sie sind. Betrachten Sie zum Beispiel ihren Kunden nicht nur als Mitmenschen, sondern als Nicole Denise Pope, die als Hobby tropische Fische züchtet. Erwähnen Sie Nicoles Interessen, wann immer Sie können. Finden Sie mehr darüber heraus. Wenn Nicole entdeckt, daß Sie sie als besondere Person behandeln, wird sie wissen, daß Sie ihr beim Verkauf dieselbe Sorgfalt und ebensolches Feingefühl entgegenbringen. Harvey Mackay, der Präsident der Mackay Envelope Company in Minneapolis, achtet darauf, daß sein Unternehmen 66 Dinge über jeden Kunden erfährt. Er nennt dieses Verfahren »The Mackay 66«. Es funktioniert so gut, daß seine Firma jeden Tag zehn Millionen Umschläge produziert und sie verkauft.

Wissenschaftliche Tatsache:
Die Menschen haben ein Grundbedürfnis der Zugehörigkeit. Lassen Sie sie Ihrem »Club« angehören

Können Sie ein Club-Gefühl für Ihre Interessenten und Kunden schaffen? Natürlich können Sie das. Hier sind einige Wege:

* Setzen Sie sie auf die Adressenliste Ihres Informationsbriefes.
* Geben Sie ihnen ein Mitgliedszertifikat oder eine Mitgliedskarte.
* Laden Sie sie zu Privatverkäufen ein.
* Geben Sie ihnen vorherige und interne Informationen.
* Begrüßen Sie sie mit dem Namen, und gebrauchen Sie ihn häufig.
* Senden Sie ihnen ein Geschenk mit ihrem und außerdem mit dem Namen ihrer Firma.
* Schicken Sie ihnen häufig Werbebriefe.
* Gebrauchen Sie in Ihrer Kommunikation warmherzige und freundliche Worte.
* Denken Sie darüber nach, was Sie ihnen überreichen können, ohne es zu verkaufen.

Öffnen Sie Ihr Herz und überlegen Sie, was Sie tun können, um bei Ihren Kunden das Gefühl der Zugehörigkeit zu verstärken. Ihre Kunden werden die Aufmerksamkeit schätzen, Sie dafür die Gewinne.

Wissenschaftliche Tatsache:
Die Menschen werden gern als Experten anerkannt

Das bedeutet, daß Sie die Fachkenntnisse Ihrer Kunden und Interessenten abklopfen sollten. Geben Sie ihnen Fragebogen, in denen Sie sie um ihre Meinung bitten. Wenn Sie versuchen, mit ihnen ins Geschäft zu kommen, fragen Sie nach ihrem Rat, bevor Sie verkaufen. Man wird Sie schätzen, weil Sie erkannt haben, daß sie in der Tat Experten sind. Und sie werden Ihnen freimütig ihre Weisheit vermitteln. Damit haben Sie nicht nur einen Freund gewonnen, sondern können gleichzeitig verkaufen. Außerdem ist der Kunde bereit, künftig noch mehr Mundpropaganda für Sie zu betreiben.

Fragen Sie sich selbst, wie viele Firmen Sie als Experten behandelt haben. Wie würden Sie über Unternehmen denken, die es täten? Wären Sie vielleicht nicht motiviert, Geschäfte mit Firmen zu machen, die gezeigt haben, daß sie Ihre Meinung respektieren? Sie können sicher sein, daß Ihre Kunden nicht anders darauf antworten würden als Sie selbst. In vielen Fällen werden sie ihre Dankbarkeit zeigen, indem sie bei Ihnen kaufen und Ihre Produkte weiterempfehlen.

Wissenschaftliche Tatsache:
Jemanden von einem Kauf zu überzeugen, klappt am besten, wenn Sie zunächst kleinere Fragen stellen, die leicht mit »Ja« zu beantworten sind und Schwung in das Gespräch bringen

Anstatt auf Anhieb auf das große »Ja« loszugehen, nähern Sie sich ihm in kleinen Schritten mit kürzeren »Ja's«, die den Weg ebnen. Wenn Sie einen Kunden fragen: »Wollen

Sie diesen Computer von mir kaufen?«, besteht geringe Wahrscheinlichkeit, daß Sie auf Anhieb eine positive Antwort bekommen. Aber wenn Sie fragen: »Suchen Sie nach einem Computer?«, antwortet er wahrscheinlich mit »Ja«. Darauf fragen Sie: »Wissen Sie, was ein Computer alles für Sie tun kann?« Und Sie werden den Schwung des »Ja« erhöhen. Wenn Sie bei Ihrem Interessenten eine unbewußte Gewohnheit zum Ja-Sagen bewirkt haben, wird das große »Ja« leichter ausgesprochen.

So wie Marketing aus einem Prozeß und keinem Einzelereignis besteht, ist auch das Erreichen eines »Ja« ein Vorgang. Ich habe einen Klienten, der auf den Gelben Seiten fragt: »Wollen Sie mehr Fernsehkanäle?« Sie können sicher sein, daß fast jeder, der diese Seiten nach einem Fernseher durchsieht, unbewußt auf diese Frage mit »Ja« antwortet. Harmlos? Vielleicht. Aber der Schwung hat eingesetzt.

Wissenschaftliche Tatsache:
Ihre Kunden werden viel mehr kaufen als nur
Ihr Produkt oder Ihre Dienstleistung

Folgendes kaufen Ihre Kunden in Wirklichkeit, wenn sie sich für Ihr Produkt oder Ihre Dienstleistung entscheiden:

• Sie kaufen Ihre Persönlichkeit.
• Sie kaufen Ihren Ruf.
• Sie kaufen Ihre Kleidung.
• Sie kaufen Ihre Laden- und Büroausstattung.
• Sie kaufen Ihren Service.
• Sie kaufen das Aroma Ihres Geschäftes.
• Sie kaufen Ihre Verpackung.
• Sie kaufen den Status Ihres Angebotes.
• Sie kaufen die Ordnung Ihres Geschäftes.
• Sie kaufen Ihre Akzeptanz beim Publikum.

Dieser letzte Punkt verdient ein wenig Klarstellung. Anders als Sie es vielleicht gehört haben, wollen die Menschen *nicht* die ersten in ihrem Wohnblock sein, *die etwas* kaufen. Sie verabscheuen die Idee, zum Pionier gestempelt zu werden; wohlwissend, daß oftmals Pfeile in ihrem Rücken landen. Schließlich könnten sie einen Fehler machen, wenn sie Ihr Geschäft besuchen. Kein Kunde möchte diese Schmach oder falsche Geldausgaben riskieren.

Ihre Aufgabe ist es, sie von Ihrer Akzeptanz beim Publikum oder in Ihrer Branche zu überzeugen. Lassen Sie sie wissen, daß sie keine Pioniere sind.

Verwenden Sie Sprüche wie: »Bekannt in Stadt und Land«, oder: »Sie sind garantiert zufrieden, so wie andere vor Ihnen auch.« Wählen Sie Wendungen, die sicherstellen, daß der Kunde glaubt, nichts zu riskieren.

Nur ein winziger Prozentsatz Ihrer Interessenten wird der erste sein wollen, der Ihre Produkte versucht. Die riesige Mehrheit nimmt eine abwartende Haltung ein. Sie mögen sich nach dem, was Sie verkaufen, sehnen. Aber sie wollen sich nicht als Versuchskaninchen in eine gefährliche Lage bringen.

Wissenschaftliche Tatsache:
Die Leute werden sich an den faszinierenden Teil Ihres Marketings und nicht unbedingt an das Produkt oder die Dienstleistung, die Sie anbieten, erinnern

Deshalb müssen Sie bei jedem Schritt vorsichtig sein. Wenn Sie einen prominenten Sprecher haben, werden sich die Leute an den Prominenten und nicht an Ihr Angebot erinnern. Wenn Sie Humor besitzen, gilt dasselbe. Zeigen Sie ein großartiges Kunstwerk und Ihr Produkt. Was glauben Sie, was für Ihre Kunden faszinierender ist? Erwarten Sie nicht, daß die Leute sich für Sie interessieren. Denken Sie daran, daß sie an sich selbst interessiert sind. Wenn Sie den Verbraucher also auf sich aufmerksam machen wollen, dann lenken Sie Ihr Angebot direkt auf ihn. Erwecken Sie den Eindruck, als ob Ihr Produkt oder Ihre Dienstleistung der faszinierendste Teil Ihrer Information wäre. Ihr Marketing braucht nicht fesselnd zu sein. Aber Ihr Angebot sollte in jedem Fall starke Anziehungskraft auslösen.

Gute Guerillas wissen, daß es zwei Marketing-Schulen gibt. Die Freud'sche, bei der die Haltung des Interessenten verändert werden soll, und die Skinner'sche, die das Verhalten des Kunden zu ändern versucht. Welche Schule ist besser? Keine von beiden. Guerillas beginnen, die Haltung des Interessenten mit dem Freud'schen Marketing zu ändern und gehen am Schluß mit dem Skinner'schen Modell vor. Die Kombination beider ist unglaublich stark. Sie sollten die eine wie auch die andere kennen, beide praktizieren und von beiden profitieren.

Es gibt einen weiteren Schwerpunkt, den man beachten sollte. *Sie brauchen einen geistigen Anteil, bevor Sie einen Marktanteil erzielen können.* Zwischen den beiden besteht ein enormer Unterschied. Ein geistiger Anteil ist ein Stück im Unterbewußtsein eines Interessenten, das an Ihren Firmennamen und die Vorteile erinnert. Ein Marktanteil ist Ihr Anteil an den Gesamtumsätzen in Ihrer Branche. Es ist leicht zu erkennen, daß der geistige Anteil vor dem Marktanteil rangieren muß. Das zu erreichen erfordert ziemlich viel Psychologie – und Geduld.

Ein genauso wichtiger Punkt ist, daß *Sie sich verkaufen müssen, bevor Sie Ihr Produkt oder Ihre Dienstleistung verkaufen können.* Sie wissen das wahrscheinlich bereits. Aber ich habe zu viele Fälle gesehen, in denen patente Verkäufer zeigten, daß sie es nicht wußten. Deshalb erinnere ich Sie noch einmal daran.

Es gibt eine Unmenge von Wettbewerbern. Sie können genau dieselben Produkte verkaufen wie Sie, vielleicht sogar billiger. Aber es gibt etwas, das sie nicht verkaufen und auch nicht verkaufen können: *Ihre Persönlichkeit.* Es ist zur wissenschaftlichen Tatsache geworden, daß die Leute Persönlichkeit vor dem Produkt kaufen. Andernfalls würde jeder das billigste Auto fahren und die billigsten Kleider tragen. Schließlich erfüllen auch sie ihre Aufgabe. Sie bieten Bewegung, bedecken den Körper und schützen vor dem Wetter. Aber die Menschen kaufen mehr als das Produkt – die nicht genannten Vorteile, den Status, der mit dem Kauf verbunden ist.

Wußten Sie, daß der normale Studienabgänger von heute besser informiert ist als der durchschnittlich 50jährige? Dies stimmt, weil letztere ihre Ausbildung bereits vor mehreren Jahrzehnten abschlossen. Wenn sie sich seit dieser Zeit nicht ständig auf dem laufenden gehalten haben, gingen ihnen entscheidende Informationen verloren.

Wenn Sie erfahren möchten, wie sich Marketing in eine Wissenschaft verwandelt, rate ich Ihnen, psychologische Fachzeitschriften zu lesen. Sie sind den Marketing-Publikationen um mehrere Monate, wenn nicht Jahre, voraus. Diese Literatur informiert Sie umfassend über unterschiedlichste Erkenntnisse auf dem Gebiet menschlichen Verhaltens und öffnet Ihnen damit auch neue Wege für Ihre Marketing-Strategie.

Je mehr wissenschaftliche Forschung Sie nutzen, desto besser für Sie. Aber ich hoffe, Sie werden das Verhältnis zwischen Ihren eigenen Geschäftsinstinkten und der wissenschaftlichen Forschung respektieren.

Die Wissenschaft ist da, um Ihnen als Leitfaden zu dienen. Sie ist nur ein Werkzeug, kein Meister. Ich habe Sie in diese wissenschaftlichen Erkenntnisse eingeführt, um Ihnen modernste Werkzeuge für Ihre Guerilla-Marketing-Aktion zu geben. Wenn Sie als Guerilla Erfolg haben wollen, sollten Sie sich über die wissenschaftlichen Tatsachen im klaren sein, unabhängig davon, ob Sie ihnen folgen oder sie ignorieren wollen.

Kapitel 9

Warum eine Großaktion?

Beim offensiven Vorgehen haben Sie mehr Steuerungs-
möglichkeiten als in der Defensive. Wenn Sie angreifen,
müssen Ihre Konkurrenten auf Sie reagieren, statt ihren
eigenen Plan fortzusetzen. Jetzt werden sie durch *Ihren*
Plan gelenkt. Häufig antworten sie in der Form, daß sie
ihre Preise zurücknehmen, um sich Ihnen anzupassen,
und dabei ihre Gewinne beeinträchtigen. Oder sie werden mitten im Fluß kreative Strategien ändern. Manchmal richten sie ihr Marketing auch darauf aus, Sie zu
bekämpfen – was nur die Aufmerksamkeit auf Ihr Angebot lenkt, ohne unbedingt Ihre Marketing-Kosten zu erhöhen.

Ein noch ungenanntes Ziel der Guerilla-Marketing-Aktion ist Kostenwirksamkeit. Das Ziel ist erreicht, wenn Ihr
Marketing nach allen Seiten aktiv und engagiert ist. Preisen Sie Ihre Konkurrenten, weil sie unbeständig und un-
wissenschaftlich vorgehen und zu wenige Instrumente
zur Verfügung haben. Dann werden sie wahrscheinlich
keine Aktion starten. Das ist Ihr großer Vorteil – und ein
Grund, offensiv zu sein.

Firmen, die Guerilla-Marketing-Aktionen in Angriff
nehmen, zwingen die Konkurrenz oft, taktische Fehler zu
begehen. Und wenn Sie eine Großaktion beginnen, übernehmen Sie natürlich die Stellung eines Führers – und gewinnen damit entscheidendes Vertrauen der Verbraucher.

Ihre Interessenten werden beobachten, daß Sie aufs
Ganze gehen. Sie stellen sich vor, daß Sie alle Ihre Möglichkeiten voll ausschöpfen. Unbewußt spinnt sich ihr Gedanke fort, daß Sie dafür sicherlich einen guten Grund
haben: den Stolz auf Ihr Angebot wie auch die Tatsache,

daß Sie es mit jedem Mitbewerber aufnehmen können. Nur Sie haben den Triumph in der Hand – glaubt man.

Erinnern Sie sich daran, daß Ihr Produkt oder Ihre Dienstleistung gut sein sollten, weil der Start einer Guerilla-Marketing-Aktion schlechte Qualität schneller entlarvt, als wenn überhaupt keine Aktion stattfindet. Aber wenn Ihr Angebot den Aussagen Ihres Marketings gerecht wird, kann die Kampagne Ihren Marktanteil erhöhen und nicht zuletzt Ihre Bilanz positiv verändern.

Was braucht man, um die Aktion zu starten?

Wenn auch eine Guerilla-Marketing-Aktion nur vier Komponenten hat, lassen Sie sich nicht dazu verleiten zu glauben, es sei ein Kinderspiel. Sie müssen *permanent* Kraft und Aggressivität aufwenden. Aber sorgen Sie sich nicht: Nur wenige Ihrer Konkurrenten sind Guerillas. Sie mögen wissen, wie man viel Geld ausgibt, aber sie haben keine Ahnung von einer groß angelegten, langfristigen Guerilla-Marketing-Aktion.

Die vier Komponenten einer Guerilla-Marketing-Aktion sind:

Die Auswahl Ihrer Instrumente

In Kapitel 5 erfuhren Sie von der Vielfalt der verfügbaren Instrumente. Je mehr sie auswählen, desto wirksamer wird Ihre Aktion. Denken Sie daran, daß Sie nur Hilfsmittel auswählen sollten, die für Ihr Geschäft geeignet sind, und die Sie richtig gebrauchen können. Setzen Sie jedes Instrument klug und überlegt ein, ohne dabei übervorsichtig zu sein.

Die Planung Ihrer Strategie

Jede Guerilla-Marketing-Aktion beginnt mit einer klaren, verständlichen Strategie. Ich werde die Elemente kurz aufführen.

Das »Buchlädchen« ist eine typische Buchhandlung in einer netten Vorortstraße. Sie gehört einer Frau mit Erfahrung im Buchhandel, nicht aber im Marketing. Um diesen Mangel wettzumachen, las sie *Guerilla Marketing* und entwickelte ihre eigene Marketing-Strategie. In zwei Jahren vervierfachte sich ihr Umsatz. Deshalb stelle ich ihre Strategie hier dar, um die Schlichtheit eines Gewinnplans zu zeigen. Wie alle Guerilla-Marketing-Strategien besteht ihre aus sieben Punkten:

A. Eine Aussage über das Ziel ihres Marketings: »Das Ziel des ›Buchlädchens‹ ist es, eine zunehmende Basis von Stammkunden aufzubauen.«

B. Eine Aussage darüber, wie sie ihr Ziel durch Marketing erreichen will, konzentriert auf ihre Wettbewerbsvorteile: »Dies wird erreicht, indem die große Auswahl an Büchern und anderen Artikeln im Laden hervorgehoben wird.«

C. Eine Aussage, die ihr Zielpublikum beschreibt: »Unser Zielpublikum sind kauflustige und erwachsene Frauen, die innerhalb eines Umkreises von zwei Kilometern um das Buchlädchen herum wohnen.«

D. Eine Aussage über die Marketing-Mittel, die sie einsetzen will: »Zum Spektrum der Auswahl gehören: wöchentliche Anzeigen in drei Zeitungen, monatlich vier wechselnde Schaufensterdekorationen und eine Anzeige in den Gelben Seiten. Pro Quartal werden eine Autogrammstunde, eine Autorenlesung sowie Seminare im Laden durchgeführt, Rundfunkwerbung in den Spitzenverkaufszeiten, alle zwei Monate ein Postkartenversand sowie Broschüren kommen hinzu. Ein Katalog, eine einmalige Zeitschriftenanzeige mit vielen Nachdrucken, ein Buchverkaufsstand auf allen örtlichen Konferenzen, und die Nutzung aller gemeinsamen Werbefonds, sind ebenfalls geplant. Verwendet werden außerdem Reklameständer, ein Buchposter und Aufdrucke unseres Marketing-Slogans auf Türen, Lesezeichen, Werbegeschenken und Quittungsformularen.«

E. Eine Aussage, die sie im Markt positioniert: »Die Marktnische des ›Buchlädchens‹ liegt in der sorgfältigen, für die Anwohner maßgeschneiderten Auswahl.«

F. Eine Aussage, die ihre Identität beschreibt: »Unsere Identität wird als warmherzig, ehrlich, sachkundig, aktuell und überaus freundlich dargestellt. Sie ist positiv, weil wir die Leute mit dem Namen begrüßen, Telefonbestellungen annehmen, auf Rechnung verkaufen, weltweit versenden und kostenlose Geschenkverpackungen bieten.«

G. Eine Aussage, die ihr Marketing-Budget als Prozentsatz ihrer geplanten Bruttoumsätze ausdrückt: »Zehn Prozent der geplanten Bruttoumsätze werden dem Marketing gewidmet.«

Der Marketing-Kalender

Dieser Kalender für 12 Monate führt die Marketing-Aktivitäten auf, die Sie in *jeder Woche des Jahres* durchführen wollen. Das bedeutet, daß Ihr Kalender 52 Zeilen haben wird, eine für jede Woche. Außerdem hat er fünf Spalten. Die erste ist die Nummer der Woche. Die zweite gibt den Schwerpunkt Ihres Marketings für diese Woche an (Verkauf, Sonderangebot, neue Bücher, Konzentration auf Service, was immer Sie wählen). Die dritte sagt aus, welche Instrumente Sie in dieser Woche einsetzen wollen. Die vierte zeigt an, wieviel Geld Sie in dieser Woche in Marketing investieren wollen. Die fünfte Zeile, d*ie Sie am Ende der Woche nach dem Gefühl und dann erneut am Ende des Jahres mit Zahlen ausfüllen,* verdeutlicht in einer 10-Punkte-Skala Publikumsverkehr, Umsatz und Gewinn. Weil Sie die Gewinne im Marketing nicht genau zuordnen können, ist nur eine Schätzung erforderlich. Am Ende des Jahres, wenn alle Kalkulationen vorliegen, läßt sich mit Gefühl und Arithmetik der Kalender des folgenden Jahres genauer planen. Sie können die Taktik aufgeben, die zu schlechten Wochen führt, und die der besten Zeiten öfter einsetzen. Nach drei Jahren dieser Art der

Analyse und Aktion sollten Sie dazu fähig sein, das Nirwana des Marketings zu betreten – den göttlichen Endzustand erreicht zu haben, der nur Siegerwochen ausweist. Der Kalender kann folgendermaßen aussehen:

Woche	Schwerpunkt	Werkzeug	Kosten DM	Ergebnis
1	Sachbücher	Zeitung, Postkarten	200	7
2	Autorenlesung	Zeitung, Lesung	300	9
3	Sachbücher	Zeitung	300	8
4	Kinderbücher	Drei Zeitungen	350	8

Denken Sie an Ihr Sieben-Worte-Credo

Ihre Guerilla-Marketing-Aktion wird auf Kosten Ihres Bankkontos und vielleicht sogar Ihres Geschäfts mißglücken, wenn Sie sich nicht an die in Kapitel 7 beschriebenen Grundsätze halten. Ihre Strategie und Ihr Kalender sind das Gehirn Ihrer Aktion. Ihre Fähigkeit, nach dem Credo zu leben, ist die Kraft und Stärke, die Ihnen den Gewinn sichern wird.

Eine Guerilla-Marketing-Aktion – oder überhaupt irgendein Marketing – mit weniger als diesen vier Komponenten zu starten, ist sinnlos.

Es kostet nicht viel Zeit oder Anstrengung, so viele Marketing-Instrumente wie möglich aus den hundert verfügbaren auszusuchen. Der Entwurf der Guerilla-Marketing-Strategie wird sicher etwas länger dauern, weil Sie wahrscheinlich Informationen beschaffen müssen. Die Aufstellung des Marketing-Kalenders wird gewiß nicht mehr als einen Tag dauern – obwohl Sie zu Beginn 208 Positionen und ein Jahr später 52 Positionen – die Ergebnisse – ausfüllen müssen.

Die Versuchung, Änderungen vorzunehmen, besteht immer. Guerillas widerstehen dieser Versuchung. Sie wissen, daß ein Nachgeben ihre Beständigkeit trifft, und so eine Verminderung des Verbrauchervertrauens riskiert wird. Mein Mentor Leo Burnett, der Gründer und Spiritus rector der riesigen, hervorragenden Werbeagentur, die seinen Namen trägt, sagte einmal: »Ich habe gelernt, daß jeder Narr eine schlechte Anzeige schreiben kann, aber es ist ein wahres Genie erforderlich, um seine Hände von einer guten fernzuhalten.«

Manchmal wird es wahrscheinlich doch erforderlich sein, einiges zu ändern. Das ist in Ordnung. Flexibilität ist richtig, aber denken Sie daran, daß die Trennlinie zwischen Flexibilität und Engagement äußerst dünn ist. Wenn Sie glauben, Sie müßten Änderungen irgendeiner Art vornehmen, so hoffe ich, daß es sich bei diesen mehr um Feinheiten als um Überarbeitungen handelt. Fragen Sie sich, wo die Trennlinie zwischen Flexibilität und Engagement liegt: Sie befindet sich im *Grad* der Änderung. Leichte Korrekturen wirken sich nicht auf die Seele und den Geist einer Guerilla-Marketing-Aktion aus. Überarbeitungen dagegen untergraben das Engagement, das die Aktion trägt.

Ein Kennzeichen Ihres besonderen Einsatzes für Ihre Guerilla-Marketing-Aktion wird Ihre Geduld während der ersten Monate sein. Sie dürfen in den scheinbar endlosen Wochen auf keinen Fall von Ihrer Standhaftigkeit abrücken. Guerillas achten auf Trends, nicht auf einzelne Augenblicke. Ihr Kalender ist zwar präzise genug, um Ihnen einen wochenweisen Ausblick auf die Zukunft zu geben. Bringen Sie aber die Geduld auf, die Trends von Monat zu Monat zu überprüfen. Schlechte Wochen kümmern Sie nicht, schlechte Monate sehr wohl.

Nach den ersten drei bis sechs Monaten ihrer Aktion erwarten Guerillas, daß jeder folgende gewinnbringender als der vorhergehende ist. Die häufige Erfüllung dieser Erwartung gleicht die Frustration aus, die auftritt, wenn sie manchmal ausbleibt. Nach dem ersten Jahr ihrer Marketing-Aktion erwarten Guerillas, daß jeder Monat gewinnbringender als derselbe des Vorjahres wird. Wenn sie echte Guerillas gewesen sind, werden sie selten enttäuscht. Diese Leistung gibt ihnen den Schwung zum Weitermachen. Gelegentlich werden Guerillas von Wettbewerbern mit deren Aktionen bedrängt. Zum Glück sind wenige dieser Konkurrenten Guerillas.

Welches Marketing ist der Realität Ihres Budgets genau angepaßt?

Die Antwort lautet: Die Guerilla-Marketing-Aktion. Obwohl es nicht ratsam ist, ohne jede Investition Marketing zu betreiben, ermöglicht Ihnen die Guerilla-Marketing-Aktion eine Vielzahl von speziellen Hilfsmitteln, unabhängig von der Größe Ihres Budgets, einzusetzen. Manche Guerillas investieren 300 000 Dollar im Monat, andere lediglich 300 Dollar. Alle sind Guerillas, wenn sie wie solche denken und handeln.

Im Gegensatz zu den Standardmethoden des Marketings aus dem Lehrbuch, die ein Vermögen – abzüglich Rabatte – kosten, kann die Guerilla-Marketing-Aktion jedem Budget angepaßt werden. So liegt sie auch in der Reichweite neuer und kleiner Unternehmen. Mit der Zeit entwickeln sich diese zu älteren und größeren Firmen. Auf diese Weise auch ihr Kalender, der neue Medien, häufigeres Marketing und bewährte Verkaufsförderung enthält. Sie erzielen gesunde Gewinne, weil sie weiterhin im Marketing als Guerillas arbeiten – jetzt nur mit größeren Budgets und strengeren Vorgaben. Das Ausmaß des Budgets verbietet keiner Firma, sich an einem passionierten und aggressiven Guerilla Marketing zu beteiligen.

Welches Marketing läßt Sie in die Zukunft sehen?

Die Antwort lautet: Die Guerilla-Marketing-Aktion. Dadurch, daß Sie sich selbst einen Kalender erstellt haben, der ein ganzes Jahr im voraus geplant ist, haben Sie das Gegenstück zu einer Kristallkugel. Diese Voraussicht ermöglicht es Ihnen, Ihren Bestand, ihre Budgets, das Personal und den

Cash flow – die Summe aus Gewinn und Abschreibungen – zu planen, weil sie Ihnen die Zukunft klar zeigt.

Weil so viele Leute an augenblicklichen Erfolgen interessiert sind, können die Guerillas ihre Kalender nutzen und sicher sein, daß ihr Lagerbestand ausreicht, wenn sie eine bestimmte Marketing-Aufgabe durchführen. Es gibt wenige Dinge, die enttäuschender für einen Vollblut-Kapitalisten sind, als die richtigen Leute mit dem richtigen Marketing anzulocken und sie dann an die Konkurrenz zu verlieren, weil ihm im entscheidenden Moment die Ware ausgegangen ist. Mit ihrer beneidenswerten Fähigkeit, in die Zukunft zu sehen, tritt bei Guerillas diese Situation nur sehr selten auf.

Welches Marketing verhütet Marketing-Notfälle?

Die Antwort lautet: Die Guerilla-Marketing-Aktion. In vielen kleinen Firmen wird oft gefragt: »Was sollen wir diese Woche im Marketing machen?« Oder: »Wir haben den Platz in der Zeitung reserviert, aber die Anzeige ist nicht fertig! Was können wir tun?«

Diese Notfälle unterbleiben bei einer Guerilla-Marketing-Aktion. Sie wissen genau, was Sie im Marketing in jeder einzelnen Woche tun werden. Sie haben immer die Anzeige fertig und eliminieren die Hektik der letzten Minute, die den kreativen Prozeß behindert. Wenn viele Anzeigen, die Sie in der Zeitung sehen, den Eindruck erwecken, als ob sie im letzten Augenblick zusammengestellt worden sind, wird das wohl zutreffen.

Welches Marketing unterstützt die Entscheidungsfindung?

Die Antwort lautet: Die Guerilla-Marketing-Aktion. Da sie Ihnen zukünftige Erfordernisse aufzeigt, können Sie Entscheidungen selbstsicher treffen. Dabei kann es sich beispielsweise um Fragen des Service, des Personals und des Urlaubs ebenso handeln wie um Kauf- oder Expansionsentscheidungen. Diese gewöhnlich schwierigen Situationen werden leichter lösbar, wenn Sie wissen, was Sie in der nächsten Zeit erwartet.

Der Kalender, den Sie so klug vorbereitet haben, hat das Verdienst, diese Entscheidungen viel leichter zu machen, als sie normalerweise sind. Ohne Guerilla-Kalender oder Guerilla-Strategie hat eine Entscheidung viel mit dem Herumirren im Dunkeln gemein. Der Kalender und der Plan werfen genug Licht, um Ihnen eine klare Sicht für Ihr Marketing und andere Bereiche zu geben.

Welches Marketing gibt Ihnen eine einheitliche Identität und verleiht jedem Marketing-Element, das Sie einsetzen, zusätzliche Kraft?

Die Antwort lautet: Die Guerilla-Marketing-Aktion. In vielen Fällen wird eine Firma einen Berater mit dem Design eines Logos beauftragen. Sie engagiert darüber hinaus jemand für das Direkt-Mailing und für weitere Anzeigen.

Das reicht immer noch nicht aus; das Verkaufstraining wie auch die TV-Werbung müssen ja mit gleicher Intensität betreut werden. Und fast hätten wir denjenigen vergessen, der die Offerte für die Gelben Seiten entwarf.

Das Ergebnis ist ein Kuddelmuddel, weil jeder Mitarbeiter an einem unterschiedlichen Strang zieht, jeder andere Aussagen über die Firma macht, und letztendlich jeder eine andere Identität schafft.

Die Guerilla-Marketing-Aktion verlangt, daß alle Instrumente einer einzigen Quelle entstammen, so daß alle auf dasselbe Ziel ausgerichtet sind. Eine einheitliche Identität im gesamten Marketing hat einen zusammenwirkenden Effekt, so daß zwei plus zwei mehr als vier sind.

Wenn die Leute Ihre Mailings lesen, erinnern sie sich an Ihre Anzeigen. Wenn sie Ihr Plakat sehen, erinnern sie sich an Ihre Mailings. Wenn sie Ihren Anruf erhalten, erinnern sie sich an Ihr Plakat. Die Verkäufer erklären genau, was die Broschüren aussagen. Alles arbeitet zusammen. Alles zieht in dieselbe Richtung. Die Interessenten werden in ihrem Wunsch bestärkt, zuerst von Ihnen zu kaufen.

Gutes Marketing löst bei den Interessenten etwas aus. Das kann bei Produkten oder Dienstleistungen einer Firma etwa Schnelligkeit, Bequemlichkeit oder Schlichtheit sein, wie sie im Marketing hervorgehoben werden.

Guerillas achten darauf, daß ihre Verkäufer jedes Wort ihres Marketings beherrschen und dadurch etwas beim Interessenten auslösen können. Je zusammenhängender Ihr Marketing und Ihre Identität sind, desto mehr Vertrauen werden Ihre Interessenten in Ihr Angebot setzen.

Guerillas wissen, daß Marketing viele Aspekte hat, aber nicht sehr schwierig zu verstehen ist. Anstatt sich vor dem Prozeß zu drücken, genießen sie ihn tatsächlich – vor allem deshalb, weil sie ihn kontrolliert in der Hand haben. Sie sehen Marketing als Herausforderung, als eine Funktion, in der sie die Oberhand über die Konkurrenz haben – selbst wenn der Mitbewerber mehr Geld ausgeben kann als sie.

Weil sich Guerillas vom Marketing nicht einschüchtern lassen, verfolgen sie es aggressiver. Sie sind kühner im Einsatz der Medien, im kreativen Ausdruck ihrer Marketing-Strategie. Die Guerilla-Marketing-Aktion ist etwas, das sie geschickt lenken. Sie sind das Oberhaupt und steuern die Aktion. Wenn es Gewinn abwerfen soll, darf es keine Mystik geben, die das Terrain vernebelt. Sie wird auch keine Chance haben.

Wenn Sie Ihre Guerilla-Marketing-Aktion in Angriff nehmen, werden Sie vorher alle Alternativen überprüfen und die besten für Ihre Erfordernisse ausgesucht haben, um dann auf den Gewinn zuzusteuern. Gewappnet mit Ihrer Vielfalt von Instrumenten, Ihrer Guerilla-Strategie, Ihrem Guerilla-Kalender und Ihrer Guerilla-Geisteshaltung brauchen Sie nicht an Ihrem Erfolg zu zweifeln.

Gewiß würde es helfen, Millionenbeträge für die Investition in diesen Gewinn abrufen zu können. Aber Sie brauchen sie nicht. Statt dessen haben Sie den Strategieplan, der ein enormes Budget ersetzt. Und Sie sind in der Offensive mit einer gut geplanten, sorgfältig erdachten Aktion. Solange Sie diese Aktion durchführen, werden Sie Erfolg haben.

Kapitel 10

Grundausbildung für Guerillas

Bei unzähligen Kundengesprächen und Seminaren, an denen ich teilnahm bzw. die ich durchführte, äußerte ich mich enthusiastisch über Marketing.

Das Ergebnis war zutiefst enttäuschend. Nach meinen Ausführungen blickte ich in ratlose, starr wirkende Gesichter. Der Fehler lag auf meiner Seite. Ich war von völlig falschen Voraussetzungen ausgegangen; hatte geglaubt, die Grundlagen des Marketings wären längst bekannt. Das war jedoch nicht der Fall.

Selbst heute, wo ich den größten Teil der Marketing-Szene beobachte, stelle ich sogar in sonst lobenswerten Großunternehmen fest, daß nicht alle Titanen die Grundlagen gut beherrschen. Sie können Marketing nicht richtig definieren, wissen nicht, was es wirklich bedeutet, vermeiden Entscheidungen und neigen dazu, ihre Konkurrenten zu kopieren, statt selbst kreativ zu werden.

Wer kann sie tadeln? Für viele kluge Leute ist Marketing durch Geheimniskrämerei und Komplexität undurchsichtig. Sie können zwei Stunden über Quantenphysik oder japanische Massenproduktions-Verfahren sprechen – aber werden unsicher, wenn Sie den Begriff Marketing erwähnen.

Marketing soll den Wunsch auslösen, Produkte und Dienstleistungen zu kaufen. Aber Sie können unzählige Marketing-Beispiele anführen, die absolut keinen Wunsch wecken.

Marketing wird von vielen an sich intelligenten Menschen als schleierhafte und mysteriöse Hexerei verstanden. Wo liegt die Ursache?

Viele am Marketing-Prozeß beteiligte Leute gehen in

dieselben Fallen, die auch mir zum Verhängnis wurden: Sie nehmen an, daß die Menschen mehr wissen, als wirklich zutrifft. Viele sind gescheit, aber nur sehr wenige wissen viel über Marketing, insbesondere über die Grundlagen. Selbst die Veranstaltungen für Betriebswirtschaftsstudenten behandeln diese Themen nur ansatzweise, keinesfalls umfassend. Fortgeschrittene Marketing-Techniken werden jedoch im Schlaf beherrscht. Dennoch – ohne solide Basis ist nichts zu gewinnen.

Wahrscheinlich das eklatanteste Beispiel für Großfirmen, die in den Grundlagen versagen, findet man im Silicon Valley, wo kluge Fachleute Vermögen für die Jagd nach neuen Technologien ausgegeben haben. Aber weil einige Computer-Firmen eine Grundregel des Marketings übersahen – *klare Aussagen* –, wurde ihr Marketing nur von ihren Konkurrenten, ihren Angestellten und ihnen selbst verstanden – nicht aber von ihren potentiellen Kunden, die keine Computer-Experten sind und daher das Fachchinesisch, in dem das Marketing schwelgte, nicht verstanden.

Ich bin mit meinem Wagen über 450 000 Kilometer gefahren. Ich weiß nicht genau, was ihn antreibt. Und es interessiert mich auch nicht, solange er weiterfährt. Ein Marketing, das Kolben, Zylinderköpfe und Verdichtung zum Inhalt gehabt hätte, wäre mir gleichgültig gewesen. Bei meiner Suche nach einem Computer war klare Sprache eine Rarität. Ich bat 12 Computer-Firmen schriftlich um Prospekte. Von den 12 Zusendungen waren elf so technisch, daß sie mich einschüchterten, langweilten und mich nicht mehr als die ersten Absätze lesen ließen.

Zum Glück war der von Epson geschaffene 12. Prospekt in klarer Sprache verfaßt. Ich konnte die Worte, die Sätze, die Absätze, die Vorteile und die Eigenschaften des Computers verstehen. Natürlich kaufte ich diesen. Ich war in der Lage, das Handbuch zu verstehen, meine Arbeit mit dem Computer zu erledigen und ihn regelmäßig zu nutzen, ohne daß ich auch nur eine Stunde Unterricht genommen hatte. Achten Sie beim Kauf eines Computers vor allem darauf, daß das Marketing verständlich ist. Dann werden Sie auch das Handbuch problemlos benutzen können. Ohne diese Voraussetzungen sollten Sie die Anschaffung eines Computers besser vergessen.

Ich bin noch immer verblüfft, daß eine so große und hochentwickelte Branche so viel für unklares und unverständliches Marketing ausgeben konnte – das selbst die Leute, die sich schon damit beschäftigt hatten und kaufen wollten, nicht verstanden.

Einige Worte über Ihr Image: Werden Sie es los

Ein Image deutet etwas Falsches an. Es suggeriert eine Fassade. Es hat den Geist des Schwindels. Wenn eine Firma mit ihrem Image wirbt, und die Öffentlichkeit sieht, daß die Realität nicht der Darstellung entspricht, fühlt sie sich betrogen.

Dies ist anders, wenn Sie nicht Ihr Image, sondern Ihre *Identität* vermitteln. Eine Identität ist ehrlich. Sie ist kein Schwindel. Sie führt nicht irre. Wenn eine Firma beschließt, ihre ehrliche Identität in ihrem Marketing zu vermitteln, erkennt die Öffentlichkeit, daß Darstellung und Realität übereinstimmen. Das stärkt das Vertrauen. Und Vertrauen verleiht der Umsatzkurve Schwung.

Wenn Sie mit Ihrer Identität nicht zufrieden sind, ändern Sie sie. Betreiben Sie keine Schönfärberei. Und wenn Sie mit Ihrer Identität zufrieden sind, seien Sie stolz auf sie. Preisen Sie sie an. Das heißt nicht, daß ich dafür bin, nur Ihre Identität anzubieten. Aber es bedeutet, daß Sie Ihre Identität in Ihrem gesamten Marketing vermitteln können und sollten. Diese Identität ist Ihr Profil, und damit lassen sich Freunde gewinnen und Menschen beeinflussen, ganz zu schweigen von Umsätzen und Gewinnen. Ihr Profil hilft Ihnen, sich selbst zu verkaufen. Können Sie das jedoch nicht, wird es lange dauern, bis Sie Ihre Produkte wirklich absetzen.

Die Lösung ist nicht die Entscheidung, ob man sich im

Identitäts- oder traditionellen Marketing engagieren soll. Die Lösung ist, beide zu verbinden. Im Dezember 1987 schrieb das *Forbes*-Magazin:»Der Trend scheint sich jetzt dahingehend zu bewegen... starke Image-Anzeigen mit der traditionelleren Form zu verbinden.« Obwohl sie das falsche I-Wort gebrauchten – Image statt Identität – stimme ich mit ihrer Einschätzung zur heutigen Marketing-Szene überein.

So wie Firmen haben auch einzelne Produkte Identitäten. Procter & Gamble, wahrscheinlich die größte und erfahrenste Firma der Welt, was Marketing betrifft, pflegte für ihren Weichspüler Bounce mit dem Slogan zu werben: »Bounce ist für Kleider, bei denen Sie nicht abwarten können hineinzuspringen.« Raffiniert, aber nicht unbedingt seriös. Hier stand das Geld im Vordergrund. Einige Monate später war der Slogan etwas abgewandelt geworden: »Bounce verleiht Kleidern Weichheit ohne statische Ladung.« Der Text im Fernsehwerbespot vermittelte damit die Grundlagen für die Identität. Das ist die Kombination, die Gewinne bringt – logische Argumente, verbunden mit angenehmer Persönlichkeit. In diesem Fall vermittelte Bounce, das Produkt, die Identität, nicht aber der Hersteller Procter & Gamble.

Reines Identitätsmarketing oder Produktgruppenwerbung und Unternehmens-Imagewerbung wird es immer geben. Identitäts-Marketing ist z. B. auch notwendig für viele Autofirmen, die *irgend etwas* aussagen müssen, weil ihnen ihre Techniker oft sehr wenig Informationen in die Hand geben.

Betrachten Sie als Richtlinie Ihr Produkt oder Ihre Dienstleistung, Ihren Markt und folgende Tatsache: Nach der SRI International aus Menlo Park in Kalifornien sind 70 Prozent der amerikanischen Bevölkerung »äußerlich orientiert« – also Menschen, die auf Marketing ansprechen, das sie besser aussehen läßt. Nur 30 Prozent sind »innerlich orientiert« – Personen, die Kaufentscheidungen nach dem Nutzen des Produkts fällen, statt Äußerlichkeiten in Betracht zu ziehen. Innerlich orientierte Menschen kaufen Sachen wegen bestimmter im Marketing vermittelter Produktvorteile: Längere Garantie, besserer Preis, größere Flexibilität, bessere Leistung. Sicher, Sie könnten ihnen schöne Bilder zeigen und gute Musik vorspielen. Aber denken Sie auch daran, diese psychologische Beeinflussung durch konkrete Tatsachen zu ergänzen, die den Kaufwunsch wecken. Was ist *Ihr* Markt? Die Antwort gibt demjenigen, der den Text für Ihr Marketing schreibt, wirkungsvollen Stoff.

Wem biete ich an, und was sage ich ihm?

Es gibt eine leichte Antwort auf diese Frage, die Teil der Grundausbildung für jeden Guerilla ist. Sie lautet: Jemandem ein Produkt o. ä. anzubieten und etwas (darüber oder zu ihm) sagen.

Klingt fast zu simpel, nicht wahr? Sie wären verblüfft, wenn Sie wüßten, wie viele Firmen diese grundlegende Marketing-Wahrheit nicht kennen. Statt dessen versuchen einige, in ihrem Marketing *jedermann* anzusprechen oder ihnen *alles* zu sagen. Das Ergebnis ist natürlich, daß sie am Ende überhaupt nichts aussagen. Es geht darum, Ihren Markt – Ihre Zielgruppe – zu finden und zu ihm/ihr einen »Informationskanal« aufzubauen. *Jemandem* eine *begrenzte* Menge mitzuteilen ist realistisch erreichbar. *Vielen* (Interessenten) *viel* (Informationen) zu geben, kann Ihr Budget schwer angreifen.

Das vielleicht traurigste Beispiel hierfür stammt wieder aus Silicon Valley, wo die Computerbranche »jemandem« (dem Verbraucher) »etwas« (das Produkt o. ä.) schmackhaft machen wollte. Das Ziel wurde verfehlt – total. Sie wählte zwar das richtige »Etwas« – Computer –, aber den falschen »Jemand« – die Wirtschaftswelt im allgemeinen. Sie hätte ihre Zielgruppe eingrenzen oder ihre Informationen klarer vermitteln sollen. Dann wäre auch ich schon fünf Jahre früher im Besitz ihres Produktes.

Sprechen Sie mehr über Ihren Interessenten als über Ihr Produkt

Leo Burnett hämmerte allen ein, die in seiner Agentur Werbetexte schrieben: »Erzählen Sie den Leuten nicht, wie gut Sie die Produkte herstellen; erzählen Sie Ihnen, wie gut Ihre Produkte *sie* machen.« Denken Sie so, wie Ihr Leser oder Zuhörer denkt, nicht wie Sie selber denken. Wenn Sie erst einmal das Interesse Ihres Kunden für Ihr Produkt geweckt haben, *dann* können Sie über Ihr Produkt sprechen.

Traditionell vermarktet man Merkmale und Vorteile. Sie betreiben besser *Marketing* für Ihre Vorteile. Hat man Sie dazu gebracht zu glauben, daß es entscheidend ist, die Leute für Ihr Marketing zu interessieren? Das ist zwar wichtig, aber die Leute schenken Marketing kaum Aufmerksamkeit. Sie achten nur auf das, was sie interessiert, wirklich interessiert. Deshalb müssen Sie ihre Aufmerksamkeit wecken.

Aber wie? Alle Menschen interessieren sich für *sich selbst.* Sprechen Sie mit Ihren Interessenten oder Kunden über sie selbst, und Sie haben ihr Interesse geweckt. Erzählen Sie ihnen, was Ihr Produkt oder Ihre Dienstleistung zur Verbesserung ihres Lebens erreichen wird. Weisen Sie darauf hin, welche Vorteile damit für ihre Familie oder Freunde, für ihren Wohlstand, ihre Gesundheit, ihre Karriere u. ä. verknüpft sind. Dann werden Sie Ihren dankbaren Kunden etwas verkaufen können.

Die Guerilla-Marketing-Aktion konzentriert sich jeweils auf eine Person, nicht auf demografische Gruppen. Obwohl Sie Ihre Marketing-Aktion starten können, indem Sie Ihre Zielgruppe anpeilen, sollte die Kampagne auf Einzelpersonen gerichtet sein. Beweisen Sie mit jedem Wort und Bild in Ihrem Marketing, daß Sie an jeden einzelnen denken.

Laufen Sie nicht vor einer Investition davon

Wenn Ihre Firma früher einmal Marketing betrieben hat und Sie jetzt beschließen, Ihre Richtung zu ändern, so ist das gut. Stellen Sie aber sicher, daß Sie Ihr früheres Marketing nicht ignorieren, als hätte es nie existiert. *Es hat existiert.* Es war eine Investition, um bekannt, bemerkt, anerkannt und aus den Reihen völlig Fremder herausgehoben zu werden. Benutzen Sie Ihr altes Marketing bei Ihrem neuen als Sprungbrett, nicht als etwas, das Sie nicht anerkennen wollen.

Guerillas sind dafür bekannt, daß sie neue Marketing-Strategien, Werbesprüche, Vorstöße, Identitäten und Formate entwickeln. Aber kein Guerilla, der etwas auf sich hält, ist jemals vor einer früheren Investition davongelaufen.

Ihr altes Marketing kann Ihnen helfen, vorhandenen Schwung zu nutzen und neu auszurichten. Und sie kennen bereits die fundamentale Wahrheit, daß Schwung ein Teil des Marketing-Prozesses ist. Wenn Sie ihn haben, nutzen Sie ihn. Vergeuden Sie ihn nicht. Sie haben investiert und etwas in Schwung gebracht. Jetzt wollen Sie die Richtung Ihres Marketings ändern. Tun Sie es. Aber sparen Sie Zeit und Geld, indem Sie dort weitermachen, wo Sie aufhörten in der Wahrnehmung ihres potentiellen Kunden, nicht an irgendeinem neuen Punkt.

Ich kannte einen Geschäftsmann, der von Zeitungsanzeigen auf Beilagen umsteigen wollte. Wochenlang dachte er darüber nach, wie er den Übergang arrangieren könnte. Seine Lösung war, die besten seiner alten Anzeigen in einer vierseitigen Beilage neu abdrucken zu lassen. Gemessen an seinen Umsätzen und Gewinnen bewirkte die Idee Wunder und ermöglichte ihm einen schwungvollen Neubeginn.

Ein Guerilla hat drei Märkte und eine heilige Verpflichtung

Als Guerilla werden Sie stets mit drei Märkten konfrontiert – dem Universum, Ihren Interessenten und Ihren Kunden. Sie haben die heilige Verpflichtung, einen Prozeß einzuleiten und beizubehalten, der Mitglieder des Universums zu Interessenten, diese zu Kunden macht und mit Beständigkeit und Enthusiasmus bei ihnen wirbt.

Ihr erster Guerilla-Markt: Das Universum

Der erste Guerilla-Markt – und der größte der drei, jedoch gewinnschwächste für Sie – ist jede einzelne Person in Ihrem Marketing-Gebiet. Das könnte die Nachbarschaft, eine Branche, Stadt, Nation oder sogar das gesamte Universum bedeuten.

Faustregel für das Guerilla Marketing: Als Guerilla sollten sie 10 Prozent Ihres Marketing-Budgets dem Universum widmen – jeder einzelnen Person in Ihrem Marketing-Gebiet. Ihr Marketing-Ziel bei ihnen: sie in Ihren zweiten Guerilla-Markt zu bewegen.

Ihr zweiter Guerilla-Markt: Ihre Interessenten

Dieser Markt ist wesentlich kleiner als Ihr erster, doch potentiell weit gewinnbringender. Die Menschen dieses Marktes sind unterschiedlich neugierig auf Ihr Angebot. Einige sind leicht interessiert an den Produkten im allgemeinen bzw. Ihrem spezifischen Angebot. Andere Personen dieses Marktes interessieren sich sehr stark für Ihre Artikel an sich und sind zum Kauf bereit. Ihnen fehlt nur noch ein sanfter Anstoß, um zuzuschlagen.

Faustregel des Guerilla Marketings: Stoßen Sie die Leute Ihres zweiten Marktes an, indem sie 30 Prozent Ihres Marketings strikt ihnen widmen. Informieren, fesseln, faszinieren und locken Sie sie. Es lohnt sich, sie unter Einsatz aller Mittel in Ihren dritten Markt zu bewegen. Dort liegen der Spaß und die wahren Gewinne.

Ihr dritter Guerilla-Markt: Ihre Kunden

Genießen wir einen Augenblick dieses angenehme Gefühl der Befriedigung, das aufkommt, wenn wir uns dem lukrativsten Ihrer drei Märkte zuwenden – jenen Menschen, die sich in Ihrer Kundenliste befinden. Das sind die Personen, die Sie in Schwung halten. Jeder bedeutet für Sie mehrfache Verkäufe, wenn er sich von einem Interessenten in einen Kunden verwandelt. Es gleicht der Bekehrung vom Saulus zum Paulus. Jeder stellt auch einen potentiellen Wiederholungs- und Empfehlungskauf dar, der sich mehrfach fortsetzt.

Faustregel für Guerilla Marketing: Investieren Sie 60 Prozent Ihrer Marketing-Mittel in Ihre Kunden. Wenn Sie ein neues Geschäft eröffnen und keine Kundenliste haben, können Sie das natürlich nicht. In diesem Falle geben Sie 10 Prozent Ihres Budgets für Ihren ersten Markt und 90 Prozent für Ihren zweiten aus. Sie werden kurz darauf einen dritten Markt haben. Wenn Sie bereits den wertvollsten Teil der Gleichung, eine lange Kundenliste, besitzen, werden Ihre Marketing-Kosten viel geringer sein, als wenn Sie diese Kartei ausleihen müßten. Da alle diese registrierten Verbraucher bereits wissen, wie man bei Ihnen kauft, sei es im Laden, per Post oder per Telefon, ist fast gewiß, daß sie wieder bei Ihnen erscheinen. Da alle Kunden dieser Liste bei ihrer letzten geschäftlichen Begegnung mit Ihnen zufriedengestellt wurden, besteht große Wahrscheinlichkeit, daß sie erneut kaufen und Ihr Angebot anderen empfehlen werden.

Vergessen Sie niemals das Ziel, Mitglieder des Universums zuerst in den Markt Ihrer Interessenten und dann auf die Kundenliste zu bringen. Anschließend kümmern Sie sich mit größter Aufmerksamkeit um jeden einzelnen.

Wenn Sie ein Produkt oder eine Dienstleistung haben, die sich nicht für Wiederholungskäufe eignen, werden Sie diese Faustregeln für Guerillas aufgeben und einige eigene aufstellen müssen. Aber auch Sie sollten einen angemessenen Anteil Ihres Budgets wegen der möglichen Empfehlungsgeschäfte Ihren Kunden widmen.

Haben Sie schon von Mundpropaganda gehört? Nun, diese Leute sind die Münder. Ihr Marketing wird bei ihnen die richtigen Worte zur Sprache bringen.

Gleichgültigkeit gegenüber den Kunden oder – noch schlimmer – sie nicht auf dem laufenden zu halten, ist bei den meisten Firmen ein schwerwiegender Fehler. Ihr Vorteil, denn Ihnen offenbart sich ein noch unbebauter Acker. Warum unterbreiten diese Firmen ihren Kunden nicht regelmäßige Angebote per Telefon oder Post? Weil sie keine Guerillas sind. Nur wenige Geschäftsleute sind es. Deshalb läßt Sie Ihre Guerilla-Marketing-Aktion lächeln und bringt Schwung in Ihre Finanzen.

Guerillas pflegen und hätscheln ihre Kunden und bewachen sie mit Argusaugen. Sie erweitern Ihre Kartei. Sie schicken den Kunden Briefe. Sie bleiben in Kontakt. Manchmal geht es bei Ihren Briefen nicht um Umsatz. Statt dessen sind sie strikt darauf ausgerichtet, die Beziehung zu vertiefen. Dies könnte bei Geburtstags- oder Weihnachtskarten der Fall sein. Diese Guerillas wissen: Je intensiver die Beziehungen, desto mehr Wiederholungs- und Empfehlungskäufe wird es geben.

Ist es möglich, alle drei Guerilla-Märkte gleichzeitig zu bearbeiten?

Ja, es ist nicht nur möglich, sondern wünschenswert, Marketing zu betreiben, das Ihr Produkt oder Ihre Dienstleistung hervorhebt, während es gleichzeitig die Zielgruppen in Ihrem Markt vergrößert. Wenn Sie zum Beispiel ein Fernsehgerät haben, können Sie Empfangsschüsseln für das Satelliten-Fernsehen in Ihrem Laden verkaufen und gleichzeitig die Vorzüge des Satelliten-Fernsehens preisen. Diese eine Marketing-Maßnahme kann Ihren Guerilla-

Markt Nummer 2 – die Leute, die bereits vage daran interessiert sind – und den Guerilla-Markt Nummer 1 – fast jedermann in Ihrem Marketing-Gebiet – motivieren.

Tatsache für den Guerilla: Kunden pflegen Anzeigen von Geschäften, die sie regelmäßig aufsuchen, zu lesen. Sie tun dies, um ihre Käufe in dem Geschäft und ihre Beziehungen dazu zu rationalisieren. Deshalb können Sie sicher sein, Teilnehmer dieses begehrten Guerilla-Marktes Nummer 3 anzuziehen. Außerdem bewegen sich jedesmal, wenn Sie etwas über Ihr Geschäft sagen, zunehmend mehr Menschen aus dem Markt Nummer 1 in den Markt Nummer 2. Und das ist ein viel besserer Platz für sie – der zweitbeste mögliche Platz. Das Verständnis für und die Kenntnis über alle Ihre Märkte ist bei alledem zwingend erforderlich.

Kapitel 11

Ein Dutzend Taktiken zur Auswahl

Gerüstet mit Ihren Instrumenten, Ihren Einsichten, Ihrem Plan und Ihrem Kalender nähern Sie sich dem Zeitpunkt zum Starten Ihrer Aktion. Und Sie sind doch bereit zum Handeln, richtig?

Irrtum. Um das Endergebnis der Gewinne durch Guerilla Marketing zu erzielen, müssen Sie handeln wie ein Guerilla. Jedes nur denkbare Werkzeug aus Ihrer Werkstatt ist zu nutzen, mit Präzision und Kreativität. Wenn Sie dies tun, haben Sie die Macht, einen großen Teil der Menschheit vom Universum für Ihre Kundenliste zu gewinnen. Hierfür müssen Sie Ihre Guerilla-Strategie mit spezifischen Guerilla-Taktiken – wenig bekannten, hochwirksamen Marketing-Maßnahmen – würzen. Damit entwickelt sich Ihre Aktion zur Großaktion – und so müssen Guerillas die Sache angehen, wenn auch nicht unbedingt mit großen Geldausgaben. Statt dessen sind die Merkmale dieser Taktiken Geduld, Vorstellungskraft, Zeit und Energie.

Wenn Sie diese Taktiken erst einmal kennen, werden Sie sehen, daß Sie einige sofort für Ihr eigenes Geschäft einsetzen können. Am Ende dieses Kapitels werden Sie startbereit sein.

Es ist gut, daß Sie Guerilla sind und damit aggressiv. Sie haben die Flexibilität, schnell zu handeln. Sie sind nicht durch die Bürokratie behindert, die aufgrund ihrer bekannten Restriktionen lähmt. Wenn Sie daran denken, daß zu viele Köche den Brei verderben, so verderben zu viele Marketing-Meinungen sehr viel mehr als nur einen Topf Suppe. Sie bleiben nicht in der Tradition stecken. Sie sind in der Lage, mit einem langsamen, aber gesunden und wachsenden Umsatz, angenehm zu überleben. Es gibt

Taktiken, die Ihnen auf diesem Wege zu einem erfolgreichen Überleben verhelfen, während Sie Ihre Aktion ständig fortsetzen.

Wie viele Guerilla-Taktiken gibt es? Tausende. Wahrscheinlich Millionen. Während Ihre Firma mit dem Einsatz von Guerilla-Taktiken floriert, werden Sie neue entdecken und erfinden, wie auch von anderen inspiriert. Die Möglichkeiten sind endlos. Um Sie wie einen Guerilla denken zu lassen, lege ich Ihnen ein Dutzend Taktiken vor, die Sie vor dem Start Ihrer Aktion erwägen sollten.

Diese Taktiken werden nicht in einer bestimmten Anordnung präsentiert, denn in einer Guerilla-Marketing-Aktion gibt es keine Reihenfolge. Die Aktivitäten spielen sich an allen Fronten ab. Aber die Taktiken wurden ausgewählt, weil sie relativ neu sind und selten von kleinen Geschäften angewandt werden. Bei den Firmen, die sie versucht haben, erwiesen Sie sich als äußerst erfolgreich. Sie ähneln mehr der Guerilla-Taktik als vielen anderen, weil sie vor allem auf Vorstellungskraft als auf Geld gegründet sind. Überlegen Sie, welche Taktik Ihnen helfen kann, neue Kunden zu gewinnen.

Guerilla-Taktik Nr. 1: Vier Briefmarken

Heute erkennt jeder Geschäftsmann den Vorteil einer wirksamen Direktwerbemaßnahme. Deshalb werden Berge von Werbematerialien versandt. Wie kommen Sie durch dieses Dickicht von Umschlägen, Karten, Katalogen und Päckchen? Mit Geduld, Vorstellungskraft, Zeit und Energie.

Sie können das Wirrwarr des Marketings mit einem Umschlag durchbrechen, auf dem acht Marken geklebt sind. Statt auf einen Schlag 10 000 Umschläge zu verschicken, tun Sie das nur mit 500. Statt eine freigestempelte Massendrucksache zu versenden, investieren Sie eine erstklassige Briefmarke – die zur Zeit eine Mark kostet. Eine Briefmarke, besonders eine Sondermarke, zieht viel mehr Aufmerksamkeit als jeder Freiumschlag auf sich. Aber vier Briefmarken sind noch wirksamer. Kleben Sie eine Marke für 50 Pfennig, zwei für 10 und eine für 30 Pfennig auf den Umschlag. Sie haben den Wert einer Mark, derselben Menge, die eine normale Briefmarke oder ähnliche Sendung kostet. Wer würde einen Brief mit vier Briefmarken nicht öffnen?

Der Trick mit den vier Briefmarken ist ein perfektes Beispiel für eine Guerilla-Marketing-Taktik:

- Er kostet nicht mehr als eine normale Briefmarke.
- Er erfordert zusätzliche Zeit, Energie und Vorstellungskraft.
- Er verlangt Geduld. Sie versenden langsamer als üblich.
- Er erhöht Ihre Antwortquote und verringert damit die Kosten Ihres Marketings, während er Ihr Marketing wirksamer macht.

Warum nutzen nicht mehr Firmen diese Methode, um durch den Dschungel der Direktwerbung zu kommen? Weil nicht genügend Unternehmen von Guerillas geleitet werden.

Guerilla-Taktik Nr. 2: Der teure Werbegrafiker

Wenn Sie grafisches Material einsetzen, z. B. Visitenkarten, Briefbögen, Schilder, Broschüren, Anzeigen, eine Annonce in den Gelben Seiten und Unmengen anderer Möglichkeiten, werden Sie unbewußt nach der qualitativen Ausführung dieser Materialien beurteilt. Wenn sie billig aussehen, kann Ihr Geschäft ein wahres Prunkschloß sein, aber von den Millionen Menschen, die es nicht gesehen haben, wird es als billig empfunden. Sie wollen Ihr Geschäft durch fragwürdiges Sparen an der falschen Stelle – schlechte Grafik, langatmige Texte, unsauberen Druck o. ä. – sicher nicht gefährden. Aber Sie sind auch nicht bereit, sich von einem verdientermaßen hochbezahlten Werbegrafiker in den Konkurs treiben zu lassen.

Frage: Wie bekommen Sie den Professionalismus, den Sie brauchen, ohne auf Sparsamkeit zu verzichten? Indem Sie den Top-Werbegrafiker beauftragen, der Ihnen das Corporate Design für Ihre Werbematerialien entwirft. Sie bezahlen diesem Profi die stolze, aber gerechtfertigte Rechnung. Anschließend beanspruchen Sie die Dienste eines nebenberuflichen Grafikers mit zivilen Preisen auf Stundenbasis, der den vorgegebenen Stil ausführen kann.

Damit haben Sie zweierlei erreicht – die visuelle Identität, die ausdrucksvoll den Eindruck von Qualität vermittelt und Vertrauen inspiriert – und die unterm Strich günstigen Kosten. Jedoch wird auch dieser Free-Lancer seine Preise innerhalb weniger Jahre bedeutend erhöhen; halten Sie deshalb zeitig genug Ausschau nach einem adäquaten Ersatz.

Wenn Sie diese Taktik richtig angewandt haben, können Sie mit dem einmal entwickelten Design einige Jahre immer wieder über wirtschaftliche und ästhetische Werbemittel verfügen.

Guerilla-Taktik Nr. 3: Media-Agenturen

Falls Sie in den Medien werben, was kein Muß ist, können Sie auf unterschiedliche Art Sendezeit bzw. Raum kaufen. Sie werden die Vorteile in den folgenden Kapiteln deutlich erkennen.

Diese Wege können in zwei Kategorien zusammengefaßt werden:

1. Falsche Wege: Durch Sie selbst oder durch eine Werbeagentur.
2. Richtiger Weg: Durch eine Media-Agentur.

Die Schaltkosten in den Medien betragen für Sie als Firma 100 Prozent, aber nur 100 Prozent minus 15 Prozent für eine Werbeagentur – denn so erzielt diese einen Teil ihres Einkommens. Wenn Sie über eine Werbeagentur kaufen, werden Sie mehr ausgeben als absolut notwendig, und Sie zahlen wahrscheinlich für Werbeleistungen und Gemeinkosten, die Ihrer Firma nicht zugutekommen.

Wenn Sie Medien ohne Werbe-Agentur kaufen, werden Sie wahrscheinlich mehr Geld ausgeben als nötig. Sie verlieren sicher mehr Zeit als üblich, und Sie werden mehrere falsche Medienentscheidungen treffen. Wenn Sie eine eigene Agentur gründen, können Sie die 15 Prozent der Werbeagentur sparen, aber Sie werden im Papierkrieg ersticken und nicht zu allen Ihnen verfügbaren Möglichkeiten Zugang haben.

Lassen Sie Ihre Medien von einer professionellen Media-Agentur auswählen. Diese Spezialfirmen nehmen Ihr Budget und Ihre Zielgruppen unter die Lupe. Dann helfen sie Ihnen, die besten Medien genau zu bestimmen und sogar günstigste Preise auszuhandeln. Noch besser ist es, wenn sie den komplizierten Papierkrieg mit den Medien erledigen und überprüfen, was Sie für Ihr Geld bekommen. Sowohl winzige als auch gigantische Guerillas entdecken schnellstens die Vorteile der Zusammenarbeit mit Media-Agenturen. Probieren Sie eine aus. Heute kaufen viele Werbeagenturen nicht mehr Medien für Kunden, sondern sie übertragen alles einer Media-Agentur. Nicht ohne Grund.

Die Firmen dieser relativ neuen Branche erhalten dieselben 15 Prozent Rabatt wie Werbeagenturen, aber sie erstatten Ihnen im allgemeinen 10 Prozent und behalten fünf Prozent für ihre Bemühungen. Einige erstatten auch nur sieben und behalten acht Prozent. Aber auf lange Sicht ersparen sie Ihnen Geld.

Fragen Sie irgendeinen Guerilla, den Sie treffen: Medien-Agenturen sind das Geld wert, das sie für ihre Beratung, ihre Verhandlungen und ihre Verwaltungsarbeit berechnen. Sie sind in den Gelben Seiten zu finden.

Guerilla-Taktik Nr. 4: Beilagen

Beilagen sind besondere Werbeprospekte, die Sie in Ihrer Zeitung oder Ihrem Briefkasten finden. Etwa ein Drittel der Leute, die sie bekommen, werfen sie sofort weg. Ein anderes Drittel wirft kurz eine Blick darauf. Das letzte Drittel verbringt ziemlich viel Zeit mit dem Studium dieser Beilagen und hebt sie in vielen Fällen auf.

Mit Beilagen können Sie geografische Gebiete von der Größe eines Postleitzahlenbereiches bis zum gesamten Bundesgebiet erreichen. Wenn Sie zum Beispiel einen Laden haben und bei jeder einzelnen Familie in Ihrem Postleitzahlenbereich werben wollen, werden Anzeigenblätter die Arbeit für Sie erledigen. Die Familien in diesem Bereich, die keine Zeitung abonniert haben, erhalten Ihren Prospekt mit der Post. Das reicht völlig aus.

Einer meiner Kunden, der während seiner mehr als 20 Jahre als Guerilla-Einzelhändler fast alle der 100 Guerilla-Marketing-Instrumente eingesetzt hat, sagte mir, daß Prospektbeilagen die wirksamste Einzelmaßnahme waren, die er je nutzte. Das ist ein großes Lob eines so aggressiven und experimentierfreudigen Geschäftsmannes.

Es gibt fünf Gründe, Prospektbeilagen einzusetzen, wenn Sie es können:

1. Sie erlauben Ihnen, einen Markt genau zu bestimmen und dann völlig abzudecken. Versuchen Sie fünf Postleitzahlen, oder versuchen sie zwei. Schießen Sie sich ein auf den richtigen Markt.
2. Sie entsprechen dem Platz von vier oder mehr Zeitungsseiten. So können Sie Ihren Interessenten alle Informationen geben, die sie haben wollen. Und es gibt in der Beilage keine anderen Anzeigen, die die Aufmerksamkeit Ihres Lesers ablenken.
3. Sie können Ihre Beilagen monatsweise einsetzen, da sie für diesen Zeitraum ausreichen, jedoch die Wirkung von vier Wochen-Anzeigen erzielen.
4. Testen Sie die Wirksamkeit der Prospekte mit Coupons. Prospektbeilagen erzielen eine hohe Antwortquote.
5. Auch zeitlich begrenzte Angebote wirken gut. Locken Sie mit Sondernachlässen oder -diensten, Verpackungen oder Geschenken.

Guerilla-Taktik Nr. 5: Muster für die Flüsterpropaganda

Stellen Sie die richtige Frage: »Welche Geschäfte suchen meine Kunden auf?« Anschließend sollten Sie Muster Ihres Erzeugnisses oder Dienstes zur Verfügung stellen, um diese Frage zu beantworten. Wie immer beim Guerilla Marketing muß Ihre Qualität untadelig sein, damit diese Taktik klappt. Aber wenn Sie Qualität anbieten, dann werden Sie diesen preiswerten Weg liebenlernen, der Scharen zufriedener Kunden auf Ihre Kartei bringt.

Wahrscheinlich besitzen Sie kein Restaurant. Falls doch, so sind Sie angesichts des folgenden Beispiels ein glücklicher Guerilla. Aber selbst wenn Sie kein Restaurantbesitzer sind, können Sie die Prinzipien dieser Taktik einsetzen, um Kunden in Ihr Geschäft zu locken.

Im Zentrum einer Großstadt wurde ein Restaurant eröffnet. Der Besitzer verteilte in allen Friseurgeschäften im Radius von zwei Kilometern um das Restaurant Gutscheine für ein oder zwei freie Essen. Natürlich besuchten die Friseure das Restaurant. Weil es wirklich so gut war, sprachen Sie darüber in ihren Salons. In diesen Geschäften können natürlich Unmengen von Informationen verbreitet werden. Wenn ein Restaurant schlecht ist, finden es viele Leute sehr schnell heraus. Ist es fabelhaft, tritt dasselbe Phänomen auf.

Dieses spezielle Restaurant entfaltete den reinen Guerilla-Geist mit diesem Schachzug: Eine winzige Investition, eine riesige Vorstellungskraft, ein ertragreicher Lohn. Genau das, was Guerillas tun sollten. Auch Sie können es tun, wenn Sie wissen, wo der Informationsaustausch in Ihrer Branche stattfindet, wo Ihre Kunden Daten aufnehmen, wo es am wahrscheinlichsten Mundpropaganda gibt. Wenn Sie es können, bieten Sie den Leuten, die dort sprechen, Beweise Ihrer vorzüglichen Leistung – und Sie haben Flüsterpropaganda.

Guerilla-Taktik Nr. 6: Ihr Club

Lassen Sie mich Ihnen noch eine wahre Geschichte eines Guerillas in einer Branche erzählen, die sich wahrscheinlich von Ihrer unterscheidet, aber genauso viel Konkurrenz kennt. Dieser Mann setzte seine Guerilla-Taktik ein, um innerhalb von drei Jahren einen unglaublichen Marktanteil von 80 Prozent zu erlangen. Sie können das Konzept branchenunabhängig nutzen. Als Marketing-Guerilla mit einer äußerst erfolgreichen Kette von Video-Verleihen lud er Interessenten ein, seinem Videoclub beizutreten, natürlich ohne jeden Mitgliedsbeitrag. Was erhalten die Leute für ihre Mitgliedschaft? Sie bekommen eine schöne goldverzierte Mitgliedskarte und können sechs Videokassetten kostenlos ausleihen. »Danach«, sagt der Besitzer der Kette, »gehören sie mir.« Es überrascht nicht, daß dieser Guerilla von der Zeitschrift *People* den Preis »Videohändler des Jahres« erhielt. Und es überrascht nicht, daß seine »Clubmitglieder« auf seine große Auswahl von Marketing-Trägern reagieren: Schilder, Direktwerbung, Anzeigen, Fernsehwerbung und Prospektbeilagen. Es klingt oberflächlich betrachtet einfach, aber fragen Sie sich selbst, wie oft Sie etwas kostenlos erhalten, wofür Sie gern bezahlen würden. Selten, vielleicht niemals.

Wer wird Interessenten dafür tadeln, daß sie einem Club beitreten, der ihnen Wertgegenstände ohne Berechnung gibt? Natürlich fühlen sie sich verpflichtet, aber sie fühlen auch eine Art Verwandtschaft mit dem Laden. Dieser besondere Guerilla hat ein spezielles Credo, das erklärt, wie er auf die Idee mit dem Club kam. Sein Motto ist: »Wenn Sie ein Geschäft eröffnen, um Geld zu machen, werden Sie erfolglos bleiben. Wenn Sie ein Geschäft aufmachen, um Kunden zu dienen, werden Sie Geld verdienen.«

Wenden Sie dieses Motto auf Ihr Geschäft an. Prüfen Sie, ob Sie die Voraussetzung für einen Club oder etwas Ähnliches haben, eine Methode, durch die sich Ihre Interessenten und Kunden mit Ihnen identifizieren können. Schenken Sie ihnen Produkte oder Leistungen, die keine Haken haben.

Dann ernten Sie die Vorteile, die aus dieser menschlichen und echten Guerilla-Taktik erwachsen. Wenn Sie diese Taktik anwenden, haben Sie die richtige Vorstellung.

Guerilla-Taktik Nr. 7: Marketing-Trends

Dies ist eine sich ständig ändernde Taktik, die sich nie wiederholt, immer wirksam und den meisten Ihrer Konkurrenten unbekannt ist. Halten Sie mit den heutigen Marketing-Trends Schritt, indem Sie eine oder zwei Marketing-Fachzeitschriften abonnieren. Es gibt eine Reihe zur Auswahl. Überprüfen Sie die Titel und wählen Sie eine aus. Noch besser, gehen Sie zur Bibliothek und sehen Sie sie sich persönlich an. Sie werden schnell eine gut lesbare, womöglich wöchentlich erscheinende Zeitschrift finden.

Wenn Sie diese Taktik richtig einsetzen, werden Sie mindestens ein Jahr Vorsprung vor der Konkurrenz erzielen. Hier ist der richtige Weg: Wenden Sie wöchentlich bzw. monatlich ein *Maximum* von 15 Minuten für das Durchsehen des Marketing- oder Werbemagazins auf. Übergehen Sie den Branchenklatsch, die Informationen über Firmen, die Personalnachrichten und die Artikel über Konferenzen und Treffen. Konzentrieren Sie sich auf den Abschnitt über die neuen Trends im Marketing. Von jeweils vier Ausgaben werden vielleicht drei über Trends und Marketing-Verfahren berichten, die für Ihr Geschäft ungeeignet sind. Aber etwa jede vierte Ausgabe wird einen Trend oder ein Verfahren beschreiben, das *für Ihr Geschäft genau richtig ist.*

Dieses Heft wird das Vorgehen, die Ergebnisse und alle Einzelheiten beschreiben, die Sie brauchen, um sie für Ihr Geschäft zu nutzen. Warten Sie nicht! Großartige Marketing-Ideen werden kopiert, bis buchstäblich jeder auf der Welle mitschwimmt. Sie sollten dann abspringen.

Entdecken und nutzen Sie neue Marketing-Trends und Verfahren, bevor die Welle auch nur entsteht. Eine Warnung: Vieles aus den Marketing-Publikationen ist ganz einfach langweilig. Das meiste ist für ihre Firma nicht erschwinglich oder vernünftig. Aber diese eine Goldidee pro Monat – und das sind zwölf im Jahr! – ist es, die Sie diese Taktik schätzen läßt. Sie wird zum Teil zu Ihrer Geschäftsroutine werden, eine äußerst brauchbare Routine. Wie Sie sehen können, muß ein Guerilla in der Lage sein, mit dem aktuellen Wissen Schritt zu halten – im Marketing, in der Psychologie und in Ihrer eigenen Branche.

Guerilla-Taktik Nr. 8: Texte testen

Die Macht der Schlagzeilen ist nie umstritten gewesen. Albert Lasker, ein früherer Werbetitan mit eigener Agentur, der sehr viel über Werbung schrieb, sagte: »Am Ende macht die Schlagzeile wie vor 25 Jahren 90 Prozent einer Anzeige aus. Warum sage ich 90 Prozent? Nun, wenn Sie die Leute nicht mit der Schlagzeile fangen, werden sie auch den Rest nicht lesen.«

Sie können deshalb einen Batzen sparen, wenn Sie Schlagzeilen testen. Tun Sie das in der Lokalzeitung und bieten Sie kleine Geschenke für die Antwort per Telefon oder Post oder für Besuche an. Testen Sie Schlagzeilen auch durch Direktwerbung, indem Sie nur wenige hundert Briefe versenden, um Ihre beste Schlagzeile herauszufinden.

Sie werden schnell wissen, welche Schlagzeile am besten für Sie wirkt. Testen Sie dieses Ergebnis, indem Sie die starke Schlagzeile in der schwachen Zeitung oder mit der unvollständigen Adressenliste überprüfen. Wenn die Schlagzeile noch immer das Geschäft vorantreibt, seien Sie dankbar. Das letzte, was Sie wollen, ist Geld in eine schlechte Schlagzeile zu investieren, das erste, das Maximum in eine bewährte gute Schlagzeile zu investieren.

Ein Fallbeispiel: Ein Geschäftsmann testete eine Schlagzeile mit einem Angebot »Zwei für eins«: »Nehmen Sie zwei für den Preis von einem.« Der Slogan brachte 850

Antworten. Er verglich die Reaktion mit einer Schlagzeile für eine Ein-Pfennig-Aktion: »Bezahlen Sie einen Artikel. Nehmen Sie den zweiten für einen Pfennig.« Diese Schlagzeile brachte 1300 Antworten.

Wenn er Sie nicht getestet hätte, wäre er nie darauf gekommen. Wenn Sie nicht testen, werden Sie es nicht erfahren. Guerillas wissen, warum sie testen. Das gibt ihnen den Glauben für ihr festes Engagement, für ihre Marketing-Kampagne.

Guerilla-Taktik Nr. 9: Reißnagel und Heftklammer

In buchstäblich jedem bewohnten Teil der Vereinigten Staaten, ja in den meisten zivilisierten Gebieten der Welt gibt es Anschlagtafeln, mit denen für Unternehmer, Geschäfte, Produkte und Dienstleistungen aller Art geworben wird.

Im Gebiet von San Francisco, wo ich wohne, existieren über 800 öffentliche Anschlagtafeln. Viele kleine Geschäfte bringen ihre Plakate und Rundschreiben regelmäßig auf diesen Tafeln an. Sie können nicht zu allen 800 Tafeln hingehen, aber sie können viele belebte Orte aufsuchen. Und die Geschäfte, die sie durch ihre Anschläge machen, sind beträchtlich, besonders wenn man sieht, wie wenig Geld sie für ihr Marketing einsetzen. Wie alle Guerillas investieren sie Geduld, Zeit, Energie und Vorstellungskraft. Und wie alle Guerillas erhalten sie einen gesunden Ertrag für Ihre Anstrengungen.

Anschlagtafeln finden sich in Waschsalons, Supermärkten, Buchläden, in Universitäten, Schulen, Kantinen, Wartehallen und dort, wo sich die Menschen zufällig versammeln.

Dieses Marketing-Medium ist in Amerika so beliebt, daß es in San Francisco eine Firma gibt, die nichts weiter tut, als den Leuten zu helfen, ihre Plakate an den Anschlagtafeln anzubringen. Die Firma heißt Thumbtack Bugle, Reißnagel-Horn. Kitschig? Nun, ihr Konkurrent heißt Daily

Staple, Tägliche Heftklammer. Diese Firmen bringen nicht nur für sehr viel weniger Geld, als Sie denken, Ihre Notiz oder Ihr Rundschreiben auf irgendeiner oder allen 800 Anschlagtafeln an, sondern sie verteilen Ihre Flugblätter auch in Läden und Geschäften. Sie kleben sie an Fenster und verteilen sie bei Konzerten und Veranstaltungen, selbst im Berufsverkehr. Wenn Sie erst einmal wissen, wer Ihre Zielgruppe ist, wissen Sie auch, wie Sie sie mit Ihrem Rundschreiben erreichen.

Heute hilft Thumbtack Bugle auch Firmen, ihre Werbeaussage zu planen, versendet Broschüren und Postkarten, entwirft diese und bekommt ihre Information sogar als kostenlose Publizität in die Medien: Sie schreibt Pressemitteilungen und schickt sie an mehr als 150 Redakteure.

Selbst wenn es in Ihrem Gebiet keinen vergleichbaren Dienst gibt, können Sie die Idee für sich arbeiten lassen. Die Kosten sind niedrig. Die Investition besteht nur aus Zeit und Energie. Die Ergebnisse haben sich als wirksam für alle Arten von Geschäften erwiesen. Könnte Ihres eines davon sein? Ein wahrer Guerilla findet einen Weg, die Frage mit »Ja« zu beantworten.

Guerilla-Taktik Nr. 10: Probleme lösen

Das Leben scheint für Firmen leichter zu sein, die sich als Problemlöser positionieren. Es ist ein Axiom des amerikanischen Marketings, daß sich vorbeugende Maßnahmen am schlechtesten und Lösungen am leichtesten verkaufen. Versuchen Sie deshalb, Ihr Produkt oder Ihre Dienstleistung als Lösung eines Problems zu präsentieren. Es ist nicht schwierig, die Aufmerksamkeit von Interessenten auf das Problem zu lenken. Benennen Sie es einfach klar. Dann bieten Sie die Erleichterung und Freude über Ihr Produkt oder Ihre Dienstleistung jenen an, die das Problem haben.

Der frühere Werbe-Star Alwin Eicoff erklärte: »Stellen Sie das Problem heraus. Erklären Sie die Lösung. Und dann demonstrieren Sie, warum Ihr spezielles Produkt oder Ihre Dienstleistung diese Lösung am besten bieten.« Er sagte auch:»Die ersten visuellen und akustischen Elemente eines Werbespots sollten das Problem klar und prägnant benennen. Der potentielle Kunde sollte sich mit dem dargestellten Problem stark identifizieren und Zustimmung signalisieren.«

Sie können diesen Rat auf viele andere Formen des Marketings wie Ihre Broschüren, Tele-Marketing, Skripte, Direktwerbung, Plakate und Produktpräsentationen anwenden. Ihre Interessenten werden mit höherer Wahrscheinlichkeit kaufen, wenn Ihr Angebot sie anspricht. Sie sind schnell und leicht ansprechbar, wenn Ihr Angebot ihr Problem löst. Sie können auch sicher sein, daß Anteilnahme Schwung auslöst – jenen wichtigen Schwung, der den Marketing-Prozeß antreibt.

Jede Menge Probleme. Zu dick, zu dünn, zu klein, zu groß, zu arm, zu gelangweilt, zu langsam, zu beschäftigt, zu gestreßt. Die Liste läßt sich deprimierend weit fortsetzen. Gewiß gibt es mindestens ein Problem, für dessen sichere Lösung Ihr Geschäft positioniert werden kann. Ein Guerilla würde eines finden. Auch Sie können es.

Guerilla-Taktik Nr. 11: Bestechung wirkt

Wenn Sie eine drastisch erhöhte Reaktion auf eines Ihrer Angebote anstreben, versuchen Sie es mit einem kostenlosen Geschenk für jeden, der antwortet. Es darf nicht irgendein Kitsch sein, der billig aussieht und sich auch so anfühlt. Statt dessen sollte es einen bestimmten Wert haben. Bei den heutigen Preisen für elektronische Kinkerlitzchen wie Rechner, Armband- und Schreibtischuhren, Kugelschreiber mit Uhr und anderes mehr, die für 5 Mark und in großen Mengen zu haben sind, sollten Sie sich ernsthaft überlegen, Ihre Interessenten mit Geschenken zu bestechen. Sagen Sie ihnen, daß sie ein kostenloses Präsent erhalten, wenn sie Ihre Broschüre oder weitere Einzelheiten anfordern oder in Ihr Geschäft kommen.

Jedermann liebt Geschenke. Ich war einmal an einem Projekt bei einer riesigen Bank beteiligt, die versuchte, Kunden mit Nettovermögen von mehr als einer Million Dollar zu gewinnen. Eine Werbesendung mit dem Angebot einer kostenlosen Broschüre brachte genau ein Sechstel der Reaktion im Vergleich zu einer Sendung mit dem Angebot der kostenlosen Broschüre plus einem Notizblock in Kunstlederhülle. (Im Wert von 1,19 Dollar).

Der erfolgreichste mir bekannte Direktwerber behauptet, daß sich die Rückläufe um mehr als 100 Prozent erhöht haben, seit man jedem, der eine Broschüre anfordert, eine Bestechung in Form eines Geschenks mitliefert. Die Antwortquote steigt noch einmal nach oben, wenn Sie ein *Farbfoto des Geschenks* auf dem Werbeumschlag zeigen. Sie bekommen die allerbeste Antwortquote, wenn Sie dasselbe Bild auf einer Postkarte zeigen – was die Wirksamkeit sowohl von Bestechungen wie von Postkartensendungen beweist. Direktsendungen mit Postkarten werden im Kapitel 13 detailliert besprochen.

Guerilla-Taktik Nr. 12: Mehrfache Nutzung

Wenn Sie in ein schönes Foto oder sonst eine Abbildung für ein Marketing-Instrument wie eine Anzeige oder Broschüre investieren wollen, geben Sie das erforderliche Geld aus, um die Qualität zu bekommen, die Sie sich vorstellen. Dann amortisieren Sie diese Kosten, indem Sie das Foto oder die Abbildung an so vielen Stellen wie möglich verwenden.

Sie mögen das Foto oder die Abbildung für eine Anzeige benötigen. Aber kein waschechter Guerilla würde dort aufhören. Der Guerilla würde die Grafik in einer Broschüre, vielleicht auf dem Deckel, verwenden. Er oder sie würde die Grafik vergrößern – ich meine wirklich vergrößern, um sie als Poster einzusetzen. Sie wäre auch wertvoll als Plakat, entweder als Wand- oder Fensterplakat oder beides – sogar als Reklamefläche einsetzbar.

Einige meiner Kunden haben ihre Grafiken auf Größen von 1 x 1,50 Meter vergrößert und verwenden sie in und vor ihrem Geschäft. Andere haben sie auf Visitenkarten, Katalogseiten, als kleinere Teile künftiger Anzeigen, in Kalendern, auf Ausstellungen, in Prospektbeilagen und als Teil einer Pressemappe verwendet. Wie Sie sehen, sind die Gelegenheiten überreichlich, und je mehr Sie sie nutzen, desto geringer werden die Kosten für das Foto oder die Abbildung. Mit jedem Jahr, in dem Sie die Grafik weiterverwenden, gehen die Kosten zurück. Bald wird das teure Foto oder die Abbildung zu einem der besten Marketing-Werte, in die Sie je investiert haben. So funktioniert das bei Guerillas. Es sollte auch bei Ihnen möglich sein. Sparen Sie nicht töricht Geld bei einem billigen Fotografen oder Illustrator. Nehmen Sie den besten. Dann finden Sie vielfältige Verwendung für die Früchte ihres Talents.

Dies ist durch und durch eine Guerilla-Taktik. Die finanzielle Investition ist nicht so groß wie die Investition an Vorstellungskraft. Mit ausreichender Vorstellungskraft erscheint der finanzielle Aufwand winzig und unbedeutend, während die Ergebnisse der Investition reich und lohnend sind.

Viele dieser Taktiken sind für den heutigen Markt ideal, aber sie mögen in wenigen Jahren überholt oder verbessert sein. Deshalb verbleibt keine Zeit zum Trödeln. Bestimmen Sie sofort – bevor Sie Ihre Aktion starten –, welche dieser Taktiken Sie einsetzen können. Als Guerilla sollten Sie sie alle in Erwägung ziehen, und dann so viele einsetzen wie möglich, um Ihre Gewinne zu erhöhen, während Sie mit einem weiteren Dutzend eigener Taktiken aufwarten.

Kapitel 12

Der Weg zur wirksamen Media-Unterstützung

Viele Guerillas setzen Instrumente ein, die die Macht der Medien nicht erfordern. Eine Mehrheit wird aber die Hilfe der Medien nutzen wollen für ihr Marketing. Sie können eines oder mehrere Medien nutzen, um die Vorzüge Ihres Angebotes vor Hunderten, Tausenden, ja sogar Millionen Ihrer Interessenten zu preisen. Da jedoch nicht alle Medien große Gruppen von Lesern oder Zuschauern erreichen, werden viele Guerillas aus mehreren anderen Gründen Medien nutzen:

1. *Glaubwürdigkeit:* Viele Leser vertrauen den Inserenten in einer Publikation genausosehr wie der Publikation selbst.
2. *Treffsicherheit:* Wenn Ihr Angebot nicht der breiten Öffentlichkeit gilt, besteht eine gute Chance, daß ein spezifisches Medium Ihnen für einen bestimmen Zielmarkt bessere Treffsicherheit bietet.
3. *Politik:* Oft ist es sinnvoll, die Medien zu nutzen, weil sie zum Ansehen Ihrer Firma in der Branche und der gesamten Öffentlichkeit beitragen.

Wahrscheinlich besteht der größte Fehler im Umgang mit den Medien darin, sie völlig zu übersehen, weil man glaubt, daß sie zu teuer seien. Schon mancher Guerilla hat aus dieser naiven Haltung Vorteile gezogen, indem er in einem größeren Medium Furore und dann enorme Gewinne machte, weil seine Wettbewerber von den Medien – ja von der ganzen Idee des Marketings – eingeschüchtert waren.

Zum Beispiel sollte aufgrund der wachsenden Zahl regionaler Fernsehsender und der dann auch sinkenden Werbezeitkosten die Idee der Fernsehwerbung auch kleinere Firmen nicht mehr abschrecken. Wegen der niedrigen Tarife und der allgemein akzeptierten Binsenweisheit, daß die Fernsehwerbung der Platzhirsch unter den Massenmedien ist, sollte sie sie anlocken.

Ein anderer schwerwiegender Fehler ist, zur Beute eines typischen Verkäufers zu werden, der jedem alles verkaufen kann; auch das ist ein ungeeignetes Marketing-Medium. Wenn Sie Karten für ein Rockkonzert verkaufen, ist ein Opernhaus kaum der geeignete Ort für die Werbung. Wenn Sie Computer absetzen wollen, werden Sie in einer Zeitung für ältere Mitbürger wahrscheinlich Ihre Zielgruppe verfehlen.

Schlimmer, als die Medien überhaupt nicht zu nutzen, ist nur, die falschen einzusetzen. Ich hatte einmal eine Klientin, die vom Fernsehen gefesselt war. Sie liebte es so sehr, daß sie darin warb, obwohl sie sich nur einen Werbespot pro Woche leisten konnte. Nun, ein Werbespot pro Woche verkauft überhaupt nichts. Sie können diesen Betrag besser einem Wohlfahrtsverein spenden, als in einem Medium zu werben, das viel häufigere Sendungen erfordert, als eine in der Woche.

Natürlich, wenn dieser eine Werbespot auf eine Show folgt, die von 200 Millionen Menschen gesehen wird, ist das etwas anderes. Aber dann ergeben sich auch andere Kosten. Statt über 25 Mark pro Minute, könnten wir dann über 250 000 Mark für 30 Sekunden sprechen. Für viele Werbende mag das verblüffend preiswert sein – nur acht Mark pro tausend Zuschauer. Und dennoch, eine Werbewirkung von 30 Sekunden wird nicht allzuviele der 200 Millionen Menschen dazu verlocken, das zu kaufen, was Sie anbieten.

Die Frage, ob ein Medium teuer oder preiswert ist, hat wenig mit dem Preis zu tun. Wenn Sie 25 Mark für eine Anzeige ausgeben, die niemand anspricht, haben Sie für nichts teuer bezahlt. Wenn Sie 10 000 Mark für eine Anzeige ausgeben und dann 50 000 Mark verdienen, sieht das schon anders aus.

Ein Guerilla, der die Medien in Betracht zieht, wird den Wert eines Mediums an seiner potentiellen Wirksamkeit und nicht an dem Geldbetrag messen. Guerillas wissen, daß es nur zwei Arten von Marketing gibt: Teures und preiswertes. Sie wissen, daß teures Marketing die Art ist, die, unabhängig vom Preis, nicht wirkt. Lassen Sie sich nicht mit einem niedrigen Preis übers Ohr hauen. Fragen Sie nach Ergebnissen, die das Medium für andere Firmen in vergleichbaren Branchen erzielt hat. Wenn Sie von dem Verkäufer keine direkte Antwort bekommen, rufen Sie einige Werbeleute an. Sie werden Ihnen ehrlich antworten – es sei denn, sie sehen Ihre Firma als Konkurrenten ihrer eigenen an.

Noch ein anderer erheblicher Medienfehler ist, zu viele einzusetzen. Viele Medien sind ausgezeichnet, wenn Sie McDonald's sind. Da das wahrscheinlich – noch nicht – zutrifft, halten Sie Ihre Medienliste klein, und begrenzen Sie sie auf diejenigen, die Sie richtig nutzen können, und die sich bei vergleichbaren Werbenden als wirkungsvoll erwiesen haben.

Wie wirksam ein Medium ist, können Sie leicht an der Länge der Zeit feststellen, über die ein Inserent Anzeigen schaltete. Wenn Sie gesehen haben, daß eine Firma wie Ihre drei Jahre jede Woche eine Anzeige veröffentlicht, können Sie davon ausgehen, daß das Medium eine todsichere Sache ist. Aber es wird für Sie nur dann todsicher sein, wenn Sie es lange genug einsetzen und Ihre Anzeigen interessant und anregend genug sind. Damit schaffen Sie Vertrauen bei den Lesern oder Zuschauern des Mediums. Außerdem müssen Sie das richtige Angebot machen und die richtigen Dinge verkünden. Das klingt so, als ob mit diesen Kriterien viel verlangt wurde, und das trifft auch zu. Aber Marketing ist bekanntlich nicht einfach.

Viele Firmen aller Größen machen den Fehler, das Medium nicht lange genug zu nutzen. Sie mögen das perfekte Medium entdeckt haben. Es hat den richtigen Preis. Es erreicht genau die Leute, an die Sie verkaufen wollen. Es hat für vergleichbare Werbende etwas gebracht. Aber Sie schalten Ihre Anzeige, und nichts geschieht. Richtig ist, sie weiterhin dort laufen zu lassen. Bedenken Sie, selbst brillantes Marketing klappt selten auf Anhieb. Falsch ist, das Medium aufzugeben. Wir sind an augenblickliche Belohnung gewöhnt. Wir wollen unsere Anzeige am Montag schalten und bereits am Mittwoch das große Geld bei der Bank einzahlen, das wir bei den Verkäufen am Dienstag eingenommen haben.

Der zweite klassische Fehler besteht in der Auswahl des optimalen Mediums, in das dann mehr Geld für eine riesige Anzeige gepumpt wird als notwendig. Damit verfehlen Sie das Ziel, Ihren Namen und Ihr Angebot regelmäßig vor dem Auge der Öffentlichkeit erscheinen zu lassen. Wenn Sie es sich leisten können, eine riesige Anzeige zu schalten, so tun Sie das unbedingt – aber nicht, wenn es bedeutet, daß Sie dafür in den Folgemonaten unsichtbar sein werden. Beständigkeit wird sich als wertvollerer Gefährte als Wucht erweisen. Die Kombination der beiden ist ideal. Aber wenn Sie wählen müssen, wählen Sie jedesmal Beständigkeit vor Wucht. Das wird ganz einfach, wenn Sie erkennen, daß sie eine Wahl zwischen Wucht und Rentabilität ist.

Zu bestimmen, wie groß Ihre Anzeigen sein sollten, ist kein Problem. Wenn Sie die Medien wirksam nutzen wollen, sollten die Anzeigen groß genug sein, um Ihre Geschichte zu erzählen und/oder Ihre Attraktion zu zeigen. Investieren Sie genug, um diese Ziele zu erreichen. Zu kleine Anzeigen enthalten den Interessenten wichtige Tatsachen vor und geben ihnen nicht genug Informationen, um intelligent zu entscheiden. Eine zu große Anzeige könnte Ihr kostbares Marketing-Budget verschwenden.

Wie rechne ich mir aus, wieviel ich in die Medien investieren soll?

Sie haben sechs Alternativen zur Verfügung. Vor allem sollten Sie sicher sein, daß Sie genug von Ihrem Budget für Marketing außerhalb der Medien eingeplant haben, bevor Sie dort einsteigen. Gefragt sind erstklassige Briefbögen, Visitenkarten, Plakate, Verhalten am Telefon, Broschüren, Verkaufsschulung, Marktforschung und alle anderen Elemente, die Guerillas so entscheidend für Ihr Instrumentarium finden. Die Auswahl der Instrumente ist groß. Viele von ihnen sind kostenlos. Seien Sie sicher, daß Sie sich mit diesen Details befaßt haben, bevor Sie Geld für Medien ausgeben. Der Sturm von Anrufen nach einer gelungenen Anzeige nutzt Ihnen nichts, wenn Sie einen taktlosen, unwissenden Griesgram in der Telefonzentrale sitzen haben.

Dann wählen Sie eine der folgenden sechs Methoden, um die Höhe Ihrer Ausgaben zu bestimmen. Wie Sie sehen werden, lassen die ersten fünf schon Probleme erkennen. Deshalb habe ich die beste für zuletzt aufgehoben. Ich führe die anderen in absteigender Reihenfolge nach ihrer Beliebtheit bei kleinen amerikanischen Firmen auf.

1. *Geben Sie soviel aus, wie Sie sich leisten können:* Diese schon immer beliebte Methode führt kleine und neue Geschäftsinhaber in Versuchung, weil sie so vernünftig, erschwinglich und einfach zu sein scheint. Aber hinsichtlich des Marketings und der Medien ist sie Unsinn. Der sporadische Einsatz der Medien hält die Leute von Ihnen fern, die statt dessen regelmäßig werbende Geschäfte aufsuchen in der Zeit, in der Sie nicht in den Medien präsent sind. Er begünstigt impulsive Medieneinkäufe nach guten Monaten und hält nach schlechten Monaten ganz vom Medienkauf ab. Er steht der Beständigkeit, dem Guerilla-Marketing-Kalender und dem Verbraucher-Vertrauen im Wege.

2. *Mit der Konkurrenz Schritt halten:* Diese Methode zwingt Sie zu reagieren, nicht zu führen. Das Gegenteil ist die bessere Methode: Seien Sie der Konkurrenz voraus. Und solange Sie es sind, seien Sie unberechenbar. Bauen Sie diese Unberechenbarkeit in Ihren Marketing-Kalender ein, so daß Ihre Konkurrenten nicht mit Ihnen Schritt halten können, selbst wenn sie es wollen. Guerillas sind nicht damit zufrieden, nur ein gemäßigtes Tempo beizubehalten.

3. *Einen Prozentsatz Ihres erzielten Umsatzes bestimmen:* Einen Prozentsatz für die Investition ins Marketing zu bestimmen und ihn auf die Vergangenheit statt auf die Gegenwart und Zukunft auszurichten, kann das Wachstum hemmen. Sicher ist es einfach, sich für einen Prozentsatz zu entscheiden und dabei zu bleiben, aber wenn Sie zurückblicken, um diesen Betrag zu bestimmen, sehen Sie in die falsche Richtung. Guerillas schauen in die entgegengesetzte Richtung.

4. *Die Kosten-Nutzen-Methode anwenden:* Hierzu müssen Sie Ihren Media-Bedarf und die Ziele abstecken, die Kosten dafür berechnen und dann Ihr Geld ausgeben, wo es erforderlich ist und Ihren Umsatz am besten positiv beeinflussen kann. Aber wenn der Plan für die verfügbaren Mittel zu hoch angesetzt ist, können Sie in ernsthafte Liquiditätsschwierigkeiten kommen. Wenn Sie Ihren Plan kürzen, kann er Sie zwingen, ein gewähltes Medium falsch einzusetzen. Guerillas geben gern Geld aus, wo es arbeiten wird, fürchten aber das Risiko zu hoher Ausgaben.

5. *Die Pro-Artikel-Methode:* Hier behandeln Sie jedes ihrer Produkte oder jede Ihrer Dienstleistungen als separates Geschäft mit einem separaten Budget. Aus jedem dieser beiden bestimmen Sie einen festgelegten Betrag für die Medien. Dies gibt Ihnen ein genaues Bild ihrer Medienwirksamkeit, kann aber sehr kompliziert und zeitraubend sein. Guerillas wenden diese Methode nur an, wenn sie ein einfaches Angebot mit nur wenigen Artikeln haben.

6. *Einen Prozentsatz auf der Basis des geplanten Umsatzes investieren:* Aufgrund meiner langen Erfahrung bei großen, kleinen, neuen und alten Unternehmen empfehle ich diese Methode. Sie zwingt einen, in die Zukunft zu sehen, zu handeln statt nur zu reagieren, ein Engagement einzugehen und zu halten, beständig zu sein und das Vertrauen Ihrer Interessenten zu verdienen. Wie hoch sollte der investierte Prozentsatz sein? 1987 setzte die durchschnittliche amerikanische Firma etwa 3 Prozent ein. Marketing-Experten sind sich einig, daß das Minimum 5 Prozent betragen sollte. Guerillas haben bewiesen, daß es zwischen 10 und 15 Prozent liegen sollte.

Für neugegründete Firmen kann es schwierig sein, den Umsatz genau einzuschätzen, deshalb sollte in den ersten sechs Monaten die Kosten-Nutzen-Methode angewandt werden. Entscheiden Sie, welche Medien Sie in dieser Zeit brauchen. Deren Kosten machen dann Ihr Medienbudget aus. Nach sechs Monaten können Sie wissenschaftlicher vorgehen.

Als Faustregel – und auch als Herzens- und Verstandesregel – müssen neue Geschäfte zunächst mehr ausgeben als später, wenn sie etabliert sind. Aber fassen Sie sich ein Herz: Alle bestehenden Geschäfte waren einmal neu und mußten viel berappen. Frohlocken Sie noch mehr, wenn sie *nicht* viel ausgegeben haben. Das mag Ihnen die Tür offenhalten, ihre Märkte schnell zu beherrschen – ein berauschendes Gefühl für jeden Geschäftsmann, Guerilla oder nicht.

Welche Medien wähle ich für meine Aktion?

Jeden Tag tauchen weitere neue Medien auf: Neue Fernsehkanäle, neue Zeitungen, neue Zeitschriften, neue Medienformen, wie Schilder an Parkuhren. Welche wählt man? Keine leichte Frage. Aber es gibt Richtlinien:

Sehen Sie, wo die Konkurrenz wirbt: Das gibt Ihnen gewöhnlich einen guten Anhaltspunkt, wo auch Sie werben könnten. Die Interessenten wissen bereits, daß Werbung für Angebote Ihrer Art in diesem Medium erscheinen, und so ist der Weg für Sie bereitet.

Sprechen Sie mit anderen in der Branche; ihre Ideen können Ihnen helfen. Auf Fachmessen, Konferenzen und in Branchenpublikationen können Sie eine gute Vorstellung davon bekommen, welche Medien für Ihr Angebot wirken. Schon auf einer einzigen Fachverbandstagung lernen Sie einige besondere Mediengeheimnisse kennen, die Ihr Betriebsergebnis jahrelang sichern. Vorausgesetzt, Sie setzen sie richtig ein.

Testen Sie, bis Sie überzeugt sind, die richtigen Medien gewählt zu haben. Natürlich, dadurch werden Sie auch einige falsche Medien prüfen, aber es ist eine kluge Investition, weil die Informationen für Sie ein Vermögen wert sein können.

Übersehen Sie kein Medium. Je mehr Sie testen, desto mehr können Sie richtig einsetzen, wenn sie für Sie wirken. Vielleicht haben Ihre Konkurrenten noch nicht mit Telefon-Marketing experimentiert, mit Postkartenversand und Satelliten-Fernsehwerbung. Sicher, werben Sie, wo die Konkurrenz wirbt. Aber stellen Sie auch sicher, daß Sie etwas riskieren, wo noch kein Konkurrent zuvor etwas riskiert hat – solche Guerilla-Streifzüge sind sinnvoll, wenn sie mit Zurückhaltung ausgeführt werden.

Setzen Sie auf Treffsicherheit, nicht auf Masse. Sie werden Ihr wertvolles Media-Budget nicht damit verschwenden wollen, daß Sie Menschen ansprechen, die für Sie niemals wirkliche Interessenten werden. Deshalb streichen Sie Ihre Media-Liste so zusammen, daß Sie nur Interessenten erreichen. Wenden Sie sich nur ihnen zu. Sie sollten sich nicht fragen, wie viele *Menschen* Ihre Information erhalten, sondern wie viele *Interessenten*.

Sorgen Sie sich nicht um die K/T, achten Sie auf die K/I. Einige Marketing-Leute stehen auf K/T, die Abkürzung für »Kosten pro Tausend« – die Kosten, Ihre Information an tausend Personen weiterzugeben. Guerillas bleiben von K/T völlig unbeeindruckt. Statt dessen konzentrieren Sie sich auf K/I, nämlich die »Kosten pro Interessent«.

Diese Erkenntnis hilft Ihnen, Geld zu sparen und es nicht zu verschwenden.

Achten Sie mit wachem Auge auf günstige Geschäfte mit den Medien. Es gibt mehr davon, als Sie glauben. Einige Medien könnten bereit sein, ein Tauschgeschäft mit Ihnen, ja vielleicht sogar ein Dreiecksgeschäft mit Dritten zu machen. Andere mögen eine leere Seite haben, die sie nicht verkaufen konnten. Vielleicht überläßt man Sie Ihnen für – wie man sagt – ein Butterbrot und zu einem Preis, der weit unter dem üblichen liegt. Wieder andere sind vielleicht bereit, ein Arrangement »per Anfrage« oder »per Auftrag« zu treffen. Dadurch bekommen Sie Anzeigenraum ohne Vorauskosten. (Dazu sind allerdings hierzulande i. d. R. allenfalls Anzeigenblätter bereit, Anm. d. Ü.) Sie müssen der Publikation jedoch einen vorher vereinbarten Betrag für jede Anfrage oder jeden Auftrag bezahlen, den die Anzeige auslöst. Hunderte von Publikationen und elektronischen Medien sind hierfür offen, aber nur wenige haben eine klare Politik, und deshalb treffen Sie Ihre Entscheidung von Fall zu Fall. Wenn Medien das Gefühl haben, daß sie mehr verdienen können, indem sie an Ihrer Aktion beteiligt sind, geben sie Ihnen den Platz oder die Zeit. Sie treffen diese Entscheidung anhand Ihres Produktes oder Ihrer Dienstleistung, Preise, Anzeige oder Ihres Werbespots und ihrer früheren Erfahrung mit solchen Arrangements.

Guerillas stehen viele Medien zur Verfügung. Aber das Medienbild ändert sich ständig; in erster Linie so, daß es Guerillas hilft. Deshalb ist es ein guter Gedanke, die derzeitigen Media-Möglichkeiten für Ihre Firma zu untersuchen. Hier sind die neuen Einsichten und Fortschritte, die eingetreten sind, seit Sie zum letzten Mal die Medien erforscht haben.

Erkennen Sie, daß jedes Medium einzigartige Stärken und Vorteile hat. Aber jedes hat auch Nachteile. Wenn Sie die Ihnen verfügbaren Media-Optionen erforschen, fragen Sie sich ständig: »Kann ich das Medium richtig einsetzen?« Der Gedanke ist, wie jeder Guerilla weiß, *alle Medien zu nutzen, die Sie richtig einsetzen können und die für Ihre Branche geeignet sind.*

Da es heutzutage so viele Medien gibt, habe ich sie in drei Kategorien – Mini-Medien, Maxi-Medien und Non-Media – eingeteilt. Ein auf Erfolg bedachter Guerilla wird Instrumente aus allen drei Kategorien nutzen. Sehen wir nun, welche für Sie in Frage kommen.

Die Mini-Medien

Man assoziiert das kleine Unternehmen mit den Mini-Medien. Zu ihnen gehören persönliche Werbung, persönliche Briefe, Anrufe, Rundschreiben, Prospekte, Kleinanzeigen, die Gelben Seiten und Plakate. Einige dieser Marketing-Mittel werden von vielen Großfirmen gewöhnlich nicht einmal in Betracht gezogen. Es ist schwer vorstellbar, daß der Chef eines Großunternehmens mit Multimilliarden-Umsatz eine Kleinanzeige aufgibt.

Aber einige Führungskräfte in Großunternehmen, Guerillas in dreiteiligen Anzügen, entdecken die ungeheure Macht eines einzigen persönlichen Briefes an einen Kunden. Viele kennen die Vorzüge eines Telefonats. Guerillas aller Größen können ihre Aktion mit den Mini-Medien verstärken. Lassen Sie sich von der Vorsilbe »mini« nicht irreführen. Das einzige, was an den Mini-Medien wirklich »mini« ist, sind ihre Kosten. Die Gewinne, die sie erbringen, können ein beeindruckendes »Maxi« werden, wie schon oft bewiesen wurde.

Persönliche Werbung

Persönliche Werbung kann von Tür zu Tür, Laden zu Laden, Messestand zu Messestand, Autofahrer zu Autofahrer, Bootsbesitzer zu Bootsbesitzer betrieben werden.

Für eine schöpferische Vorstellungskraft gibt es keine Grenzen. Die größte Stärke der persönlichen Werbung ist der Augenkontakt. Die ersten Sekunden einer Begegnung geben den Ausschlag. Sie sollten aus Augenkontakt und einem Lächeln bestehen. Wenn Sie Ihren Interessenten außerdem mit Namen ansprechen, um so besser. Die besten Kontakte haben nichts mit Geschäft, Kauf oder Verkauf zu tun. Sie stellen die menschliche Bindung her. Persönliche Werbung wird noch erfolgreicher, wenn visuelle Verkaufshilfen eingesetzt werden. Verkaufsargumente für das Auge sind um 68 Prozent wirksamer als dieselben für das Ohr. Die Kleidung des Werbenden ist fast genauso wichtig wie das Produkt. Der Interessent muß den Werbenden kaufen, bevor er das Angebot kauft. Die Kosten der persönlichen Werbung sind die Kosten Ihrer Zeit, wenn Sie es selbst tun, oder die Kosten der Provision, wenn Sie andere persönlich für sich werben lassen. Es ist ein kostengünstiges Instrument in der Marketing-Aktion eines Guerillas.

Persönliche Briefe

Persönliche Briefe sind keine Massenbriefe mit persönlicher Anrede, sondern Briefe von einer Person zur anderen. Die größte Stärke persönlicher Briefe ist ihre Fähigkeit, viele persönliche Bezugspunkte herzustellen. Sie können über die Person und ihr Leben sprechen – wahrscheinlich das Lieblingsthema der Person. Stellen Sie sicher, daß Ihre Briefe wie persönliche Briefe aussehen, wirken und sich auch so anfühlen.

Telefongespräche

Persönliche Gespräche über das Telefon sind warmherzig, menschlich und mit persönlichen Bezugspunkten angefüllt. Telefongespräche stellen Verbindungen her. Telefonate sind viel wirksamer, wenn die angerufene Person einen Brief von Ihnen erhalten oder von Ihnen über die

Medien oder auf andere Weise gehört hat. Im Telefongespräch können Verkäufer auch zu weit entfernten Interessenten Kontakt herstellen, etwas anbieten und einen Verkauf abschließen. Deshalb kann das Telefon von unschätzbarem Wert für einen Guerilla sein.

Rundschreiben

Rundschreiben unterscheiden sich von Broschüren dadurch, daß sie weniger Informationen vermitteln und weniger ausgeschmückt sind. Die größte Stärke von Rundschreiben ist ihre Wirtschaftlichkeit. Sie können an Straßenecken, Haltestellen, auf Veranstaltungen, an Schwarzen Brettern und anderswo verteilt werden. Sie sind am wirksamsten, wenn sie etwas ankündigen, einen Sonderpreis, ein zeitlich begrenztes Angebot vorstellen oder in eine bestehende Promotion eingebunden sind.

Broschüren

Broschüren bieten sehr viele Details Ihres Angebotes und sollten ein Bestellformular und eine Telefonnummer, unter der man bestellen kann, enthalten. Der größte Vorteil von Broschüren besteht darin, einem Interessenten genügend Informationen zum Kauf zu vermitteln. Guerillas können Kleinanzeigen in vielen Publikationen aufgeben, in denen sie die Hauptvorteile ihres Produktes oder ihres Dienstes herausstellen und dann eine *kostenlose* Broschüre anbieten. Dieser Prozeß heißt im Guerilla Marketing der »Doppelschritt«. Jeder, der eine Broschüre anfordert, kommt auf die Adressenliste des Guerillas. Zwischen 25 und 33 Prozent der Leute, die eine Broschüre anfordern, werden schließlich aufgrund dessen kaufen, vorausgesetzt, daß sie nicht schlecht gemacht ist. In einem Einzelhandelsgeschäft sollten keine Broschüren kostenlos verteilt werden, weil sie einem Interessenten die Ausrede bieten, nicht sofort zu kaufen: »Ich nehme diese Broschüre erst einmal mit und sehe sie durch.«

Kleinanzeigen

Kleinanzeigen bringen Guerillas, die sie in Zeitungen, Zeitschriften und Informationsbriefen schalten, dynamische Ergebnisse. In Kalifornien hatte vor kurzem eine Fernsehstation, die nur Kleinanzeigen sendet, ihr Debüt. Die meisten Menschen, die einen Teil der Kleinanzeigen lesen, sind ernsthaft am Kauf interessiert. Kleinanzeigen erreichen Interessenten mit solcher Treffsicherheit, daß sie oft viel teurere Großanzeigen ausstechen. Dies gilt besonders für neue Rubriken der Kleinanzeigen, wie für Antiquitäten, Reisen, Computer + Zubehör und ähnliches. Kleinanzeigen können Teil einer teuren, aber äußerst gewinnbringenden Direktwerbekampagne sein, wenn Sie die hohe Auflage einiger großer Zeitungen und Zeitschriften mit Kleinanzeigen nutzen.

Die Gelben Seiten

Die größte Stärke der Gelben Seiten ist, daß Sie damit Ihre Konkurrenz frontal treffen können. Eine kleine, neue Firma kann den Eindruck eines großen, etablierten Geschäftes erwecken, indem sie eine Anzeige in gleicher Größe veröffentlicht. Geben Sie kein Geld für die Gelben Seiten aus, wenn die Konkurrenz nicht dort präsent ist. Das bedeutet, daß niemand in den Gelben Seiten ein Angebot Ihrer Art sucht. Die Farbe Rot, die zwar die Kosten einer Anzeige in den Gelben Seiten beträchtlich erhöht, zahlt sich, nach allem, was ich gehört habe, in den meisten Fällen aus. Wenn Sie viel Umsatz durch Ihre Anzeige auf den Gelben Seiten machen, werden Sie weitere Annoncen in anderen Abschnitten des Verzeichnisses und anderen Publikationen schalten wollen. Geben Sie im Rahmen eines attraktiven Designs in den Gelben Seiten so viele Informationen wie möglich, denn das wünschen die Leser. Ihre Anzeige sollte die Gesamtstrategie Ihres Marketings widerspiegeln. Geben Sie außerdem die Kreditkarten an, die Sie akzeptieren, auch Hinweise darüber, wie man Sie erreicht. Erwähnen Sie Markennamen, um Ihre

Glaubwürdigkeit zu erhöhen. Auf den Gelben Seiten, die eine Arena des Wettbewerbs sind, steigen Guerillas an die Spitze.

Plakate

Mini-Medien-Plakate sieht man auf Wänden, in Fenstern, in den Gängen im Kaufhaus, auf Schwarzen Brettern, auf Einkaufswagen, innen und außen, in vielen Größen. Die größte Stärke von Plakaten ist ihre Fähigkeit, Impulskäufe auszulösen. Ich erwähnte schon das amerikanische Bedürfnis sofortiger Belohnung. 1986 wurden immerhin 64,8 Prozent der Kaufentscheidungen am Ort selbst getroffen. Plakate können genutzt werden, um Interessenten zu Ihrem Standort zu führen, zu informieren, Sonderpreise anzukündigen, oder um den Verkäufern bei ihren Produkt-Präsentationen zu helfen. Vielbeschäftigte Guerillas entwerfen Plakate mit so vielen Informationen, daß sie die meisten der von den Kunden gestellten Fragen beantworten. Diese »stillen Verkäufer« werden oft attraktiv eingerahmt. Sie sind gleichzeitig Teil der Ladenausstattung und Marketing-Mittel. Plakate sind so wirksam, daß ein neues Unternehmen, das über die USA verteilt für werbende Firmen Plakate auf Einkaufswagen in Supermärkten anbrachte, in den ersten zwei Jahren 50 Millionen Dollar Nettoumsatz machte. Kein Wunder. Plakate wirken.

Die Maxi-Medien

Mit Maxi-Medien meine ich Zeitungen, Zeitschriften, Rundfunk, Fernsehen, Reklameflächen, Telefon-Werbung und Direktwerbung. Lassen Sie sich von den Maxi-Medien nicht einschüchtern. Sie haben sich geändert und können deshalb Ihrer Firma helfen. Sie sind heute erschwinglicher, doch so gewaltig wie eh und je – mit erhöhter Durchschlagskraft, die durch mehr Wissenschaft und weniger bloßes Gerede wuchs. Die folgenden Informationen geben ein relativ neues Bild der amerikanischen Maxi-Medien-Szene.

Zeitungen

Zeitungen umfassen bundesweite und großstädtische Zeitungen, Lokalblätter, Universitäts-Zeitungen, Volksgruppen- oder Branchenzeitungen. Sie erscheinen täglich, wöchentlich oder monatlich. Manche bringen nur Kleinanzeigen, andere sind regelrechte Geschäftszeitungen. Alle sollten in Betracht gezogen werden. Die größte Stärke der Zeitungen sind Nachrichten – Sie präsentieren ihre Informationen als Neuigkeiten, um die Erwartungshaltung des Lesers zu nutzen. Vielen Guerillas hilft die Einführung von Stadtteil-Ausgaben. Es sind reguläre Zeitungen mit Sonderteilen für kleine geografische Gebiete. 1989 kostete eine reguläre 25 mm hohe Spalte Anzeigenplatz im *San Francisco Chronicle* 97,17 Dollar. Ein Inserent hätte 971,70 Dollar ausgeben müssen, um eine zweispaltige, 12,5 cm hohe Anzeige zu schalten. Es kommt noch schlimmer: Die überwältigende Mehrheit der Leser dieser Offerte würde zu weit vom Inserenten entfernt wohnen, um in diesem Geschäft Kunde zu werden. In Großstädten hat dies dazu geführt, daß Zeitungen für kleine Geschäfte kein erschwingliches Marketing-Medium mehr sind.

Die Rettung: Stadtteil-Ausgaben. Der *San Francisco Chronicle* publiziert fünf davon. Die Kosten einer Spalte Anzeigenplatz in einer dieser Zonen betrug 1989 nur 10,21 Dollar. Also mußte ein Inserent nur noch 102,10 Dollar für dieselbe zweispaltige, 12,5 cm hohe Anzeige ausgeben. Und fast jeder, der sie liest, wohnt oder arbeitet in der Nähe des Geschäftes. Die Anzeigen erscheinen in Sonderteilen, die einen normalen redaktionellen Teil und lokale Zeitungsanzeigen beinhalten. Prüfen Sie, ob es in Ihrem Gebiet diese Ausgaben gibt. (Auch in Deutschland ist dieses Verfahren üblich, Anm. d. Ü.) Sie helfen, Waren zu bewegen und den Guerillas Gewinne zu bringen.

Guerillas berichten, daß Farbdruck eine kluge Investition ist und sich auszahlt. Aber denken Sie daran, daß Sie vielleicht eine große Anzeige schalten müssen, um Ihren Farbwunsch zu erreichen. Die Kosten der Anzeige und die Farbe könnten für Sie als allwöchentliche Investition zu hoch werden. Verbringen Sie ein oder zwei Stunden mit dem Verkäufer der Zeitung, an der Sie interessiert sind. Bitten Sie ihn, Ihnen Erfolg mit Zeitungswerbung zu ermöglichen und bleiben Sie im Rahmen Ihres Budgets.

Zeitschriften

Für Sie kommen zwei Kategorien von Zeitschriften in Betracht: Verbraucher-Zeitschriften und Fachzeitschriften. Die an erster Stelle genannten erscheinen bundesweit, andere lokal. Die größte Stärke aller Zeitschriften ist die überdurchschnittliche Anteilnahme ihrer Leser an dem, was sie lesen. Ein weiterer bedeutender Vorteil, den Zeitschriften bieten – und das vielleicht mehr als bei jedem anderen Medium – ist Glaubwürdigkeit. Die Glaubwürdigkeit, die die Leser der Zeitschrift unterstellen, wird auf Sie übertragen. Jeder, der denkt, daß man Glaubwürdigkeit nicht kaufen kann, sollte sich einmal Anzeigen in angesehenen Zeitschriften ansehen, die sich an seine Interessenten wenden.

Noch ein weiterer Grund, Zeitschriften als potentielles Werkzeug zu betrachten, ist der Wert von Nachdrucken. Sie können 1989 eine ganzseitige Anzeige geschaltet haben und bis 2089 Nachdrucke versenden, worauf steht: »Nachdruck aus ›Time‹-Magazin« – oder welche Publikation Sie auch immer gewählt haben.

Heutzutage ermöglichen Zeitschriften, klare Ziele anzuvisieren. Statt sich auf das kaum greifbare Publikum festzulegen, das Zeitungen liest, können Sie Ihre Information gezielt an Interessenten für Ihr Angebot richten. Fotografen, Gärtner, Köche, Skifahrer, Hunderte von Gruppen mit Spezial-Interessen. Sie können die Zahl der Zeitschriftenleser, die Broschüren anfordern, drastisch erhöhen, wenn Sie Ihre Anzeigen in den Zeitschriften schalten, die Leserdienst-Karten enthalten. Das sind eingeheftete Postkarten mit vielen aufgedruckten Nummern. Die Leser werden gebeten, ihren Namen und Adresse einzutragen und die Nummer jedes Inserenten anzukreuzen, von dem sie weitere Informationen wünschen. Ich habe erlebt, daß eine viertelseitige Anzeige in der Zeitschrift einer Fluglinie 1247 Anfragen nach Broschüren brachte. Sie können die Glaubwürdigkeit von Magazinen zu einem Bruchteil des Preises bekommen, den Sie schätzen, wenn Sie Ihre Anzeige in einer regionalen statt nationalen Ausgabe der Zeitschrift schalten.

Wir müssen Seth Godin und Chip Conley, den Verfassern von *Business Rules of Thumb* (Faustregeln für das Geschäft), dafür danken, daß sie neue Erkenntnisse über Werbung in Zeitschriften veröffentlicht haben. Sie wandten sich an das von Daniel Starch gegründete berühmte Forschungsinstitut, um uns zehn Regeln in die Hand zu geben, die durch wissenschaftliche Forschung entdeckt wurden.

1. Eine zweiseitige Anzeige fällt etwa 25 Prozent mehr Lesern auf als eine einseitige.

2. Eine halbseitige Anzeige ist etwa zwei Drittel so wirksam wie eine ganzseitige Anzeige.

3. Eine Anzeige im Vierfarbdruck fällt etwa 40 Prozent mehr Lesern auf als eine Schwarzweiß-Anzeige.

4. Mehrseitige Anzeigen wecken mehr Leserinteresse als einzelne Seiten oder Doppelseiten, nicht aber im direkten Verhältnis zur Anzahl der entsprechenden Seiten.

5. Die Position im vorderen oder hinteren Teil der Zeitschrift ist belanglos, außer bei der Titel- und der Rückseite.

6. Das Leserinteresse fällt nicht ab, wenn eine Anzeige in einer Zeitschrift mehrmals erscheint.

7. Fotografien sind wirksamer als Zeichnungen. Ich wünschte, ich hätte das während meiner Tage in den

Mega-Agenturen gewußt, als meine Kollegen und Klienten diese Information brauchten.

8. Abbildungen der Produkte während des Gebrauchs sind besser als statische Darstellungen.
9. Anzeigen, die Personen zeigen, werden in Leserschaftsstudien höher bewertet.
10. Anzeigen in Schwarzweiß sind etwa 20 Prozent wirksamer als Anzeigen mit Schwarz und einer Farbe.

Rundfunk

Im Zusammenhang mit einer soliden Guerilla-Marketing-Aktion sollten Sie über Rundfunk in zwei Kategorien denken: Vordergrund und Hintergrund. Vordergrund-Funkwerbung umfaßt neue Unterhaltungsprogramme, öffentlichen Rundfunk, Sportsendungen und religiöse Sendungen. Weil gesprochen wird, erfordert Vordergrund-Radio aktives Zuhören, und die Werbung ist oft in die Sendungen integriert. Hintergrund-Rundfunk besteht aus Musiksendungen, die weniger aktives Zuhören verlangen. Die Werbung wird hier mehr als Störung als beim Vordergrund-Radio empfunden – wenn sie nicht dem musikalischen Gefühl der Zuhörer angepaßt ist. Versuchen Sie mit Fragebogen zu ergründen, welche Art von Rundfunk Ihre Kunden hören.

Die Hauptstärke der Rundfunkwerbung ist ihre Intimität. Gewöhnlich wird das Radio nur von einer Person, dem Zuhörer, verfolgt, der im allgemeinen Auto fährt oder vielleicht zu Hause arbeitet. Diese Intimität fördert ein persönlicheres Verhältnis, als es bedruckte Seiten bieten können. Viele Werbende melden positive Ergebnisse bei Rundfunkaufnahmen in ihrem Geschäft. Durch die Ausstrahlung wird eine aufregende Atmosphäre erzeugt. Menschen schauen dadurch angezogen herein, und lassen sich zum Kauf verleiten.

Ein weiterer Vorteil des Rundfunks ist, daß Sie sich auf Senioren, Frauen, Kinder, Männer, Köche, Büroarbeiter, Fans von Rock and Roll, Country-Musik, Oldies, Jazz,

Blasmusik, Volksmusik und Middle-of-the-Road konzentrieren können. Noch ein weiterer Vorteil ist, daß es in jedem Haushalt mehrere Rundfunkgeräte und eines fast in jedem Auto gibt. Ein wirklich allgegenwärtiges Medium, das außerdem sehr flexibel ist.

Sollten Sie Musik in Ihrer Werbung haben? Wenn Sie viele Hörer erreichen wollen, dann ja. Ein äußerst erfolgreicher Rundfunkexperte behauptet, daß Musik Rundfunkwerbung um 33 Prozent wirksamer macht. Und ich sage es Ihnen nicht gern, aber Studien der Columbia-Universität haben ergeben: Je schneller der Sprecher spricht, desto mehr Aufmerksamkeit bringen die Zuhörer auf, und desto mehr erfassen sie vom Inhalt.

Fernsehen

Es ist keine Frage, daß das Fernsehen der unumstrittene Schwergewichts-Champion des Marketings ist, obwohl einige Direktwerber bei dem Wort »unumstritten« säuerlich reagieren werden. Was jedoch nie bezweifelt wird, ist die Fähigkeit des Fernsehens, das Auge und das Ohr gleichzeitig anzusprechen und mit Worten und/oder Musik sowohl die Menschen mit Schwerpunkt linke Gehirnhälfte als auch die mit rechter zu erreichen und ihre Aufmerksamkeit im Nu einzufangen. Ich sage nicht, daß das Fernsehen das tut. Ich sage nur, es kann es. Die größte Stärke des Fernsehens ist die Fähigkeit, die Wirksamkeit Ihres Produktes oder Ihrer Dienstleistung zu demonstrieren. Die Printmedien können Ihr Angebot in Aktion zeigen, aber nicht mit dem Schwung und dem Reiz des Fernsehens. Das Fernsehen kann das Vorher, das Nachher und das Währenddessen zeigen.

1989 umfaßte die Fernsehwerbung in den USA, in der Reihenfolge der Kostspieligkeit: Netzfernsehen, Lokalfernsehen, Kabelfernsehen und Satellitenfernsehen. Kabelfernsehen war das kostengünstigste; drei Dollar für eine Sendung von 30 Sekunden bei einem gewissen System. Sie dachten vermutlich, daß Fernsehen für große Tiere sei; an diesen Zahlen erkennen Sie, daß Sie sich wahrscheinlich Fernsehwerbung leisten können, um selbst eins der großen Tiere zu werden. In Amerika sind die Kosten für Fernsehwerbung gefallen. Sie können durch fünf Faktoren weiter reduziert werden:

1. Pauschalpreise
2. Agenturprovisionen
3. Mehrmonatige Verträge
4. Hartes Verhandeln
5. Verzweiflung des Anbieters, Werbezeit zu verkaufen, wenn die Zeit näherrückt.

Um beim Fernseh-Einsatz die größten Vorteile zu erhalten, sehen Sie es als visuelles Medium mit akustischer Verstärkung an. Sie müssen Ihre Geschichte mit visuellen Mitteln erzählen und die Akustik zur Hilfe und Unterstützung einsetzen. Wenn Sie das Fernsehen als Radio mit Bildern ansehen, sind Sie ein Todeskandidat. Heutzutage ist es sinnvoller als je zuvor, den Namen Ihrer Firma am Anfang, in der Mitte und am Ende Ihres Werbespots zu zeigen. Die Gründe:

a) Etwa 65 Prozent der Leute besitzen Videorecorder, und 80 Prozent jagen mit der Vorlauftaste ihrer Fernbedienung durch die Werbespots. Die Zuschauer sehen dabei die Bilder, hören aber nichts.

b) Die große Mehrheit der Fernsehzuschauer hat heute eine Fernbedienung, mit der sie während der Werbesendungen den Apparat leiserstellen.

Deshalb ist es für einen Guerilla sinnvoll, immer den Namen auf dem Bildschirm zu zeigen.

Obwohl 1986 die Produktion eines 30 Sekunden langen Fernsehwerbespots im Durchschnitt 93 000 Dollar kostete, kann man einen ebenso wirkungsvollen für weniger als 500 Dollar produzieren, wenn man ein klares Angebot, einen klaren Vorteil für den Zuschauer und ein Skript hat. Auch Proben für alle Beteiligten, ein kurzes Vorgespräch und Aufnahmen ohne Ton auf der Kamera sollten eingeplant werden. Wenn man einen Stummfilm dreht und ihn mit einem vorher aufgezeichneten Tonstreifen kombiniert, bzw. den Ton später aufnimmt, spart man eine Menge Geld. Wir sprechen hier über eine Ersparnis von 92 500 Dollar. Mit dem Wachstum des Satelliten-Fernsehens – in den Vereinigten Staaten waren 1989 zwei Millionen Empfangsschüsseln installiert – gibt es für Guerillas immer mehr kostengünstige Gelegenheiten, die Überzeugungskraft des Fernsehens einzusetzen. Und verschließen Sie sich auch nicht dem Direktantwort-Fernsehen – zweiminütige Werbespots, die das Angebot unterbreiten und eine Telefonnummer für kostenlosen Rückruf angeben, mit dem Kreditkarten-Inhaber bestellen können. Im amerikanischen Durchschnittshaushalt läuft der Fernseher sieben Stunden und sieben Minuten pro Tag. 97 Prozent der Haushalte haben einen Fernseher und die große Mehrheit davon sind Farbfernseher. 12 Prozent der Bevölkerung sieht zwei oder mehr Heimeinkaufs-Programme. Mehr als die Hälfte der amerikanischen Haushalte hat zwei oder mehr Geräte. Kein Wunder, daß das Fernsehen ein so starkes Werkzeug ist.

Reklameflächen

Reklameflächen sind am wirksamsten, wenn Sie etwa auf einer Autobahn die beiden magischen Worte sagen können: »Nächste Ausfahrt.« Ist das nicht der Fall, wirken Reklameflächen am besten als Erinnerung an Ihr übriges Marketing. In den meisten Fällen werden Sie, wenn Sie eine Reklamefläche an einem bestimmten Standort haben wollen, mehrere andere an weniger wünschenswerten Plätzen mitmieten müssen. Schreiben Sie nicht mehr als sechs Worte auf eine Reklamefläche, wenn Sie wollen, daß Ihre Information in das Bewußtsein der vorbeifahrenden Autofahrer eindringt.

Telefon-Marketing

Wenn Ihr Angebot für andere Firmen von Interesse ist, könnte Telefon-Marketing das kostengünstigste Marketing-Instrument in Ihrer Schatztruhe sein. Die Hauptstärke des Telefon-Marketings ist seine Fähigkeit, Vorsprung zu erzielen und Geschäfte abzuschließen. Die Leute, die die Anrufe für Sie erledigen, sollten ihr Skript tatsächlich im Kopf haben, aber so gekonnt beherrschen, daß es nicht wie aufgesagt klingt, sondern natürlich und spontan wirkt. Telefon-Marketing-Experten berichten, daß eine Antwortrate auf Ihre Direktwerbung von 2 Prozent, bei Erweiterung durch Telefon-Marketing, auf 6 bis 22 Prozent steigt.

Für das Telefon-Marketing wurden technische Ausrüstungen – zum Beispiel in Form von Anrufbeantwortern – entwickelt. Mit ihrer Hilfe läßt sich feststellen, ob der Anrufer sich gemeldet oder gleich wieder eingehängt hat.

Betätigt der Besitzer des Gerätes die Wiedergabetaste, kann er das aufgezeichnete Gespräch abhören. Möchte der Kunde (Anrufer) etwas bestellen, nimmt das Gerät den Wunsch auf, der dann wiederum abgehört werden kann. Während diese Geräte sehr wirksam sind, gibt es Gerüchte, daß sie wegen der Verletzung der Privatsphäre verboten werden sollen.

Auch ohne diese sehr wirksamen Geräte ist Telefon-Marketing ein vielseitiges Instrument und eine wichtige Ergänzung der Werkzeugkiste eines Guerillas. Sie erfahren mehr darüber im nächsten Kapitel.

Mailings

Mailings nehmen an Bedeutung zu und sind so wirksam für jeden Guerilla, daß ich im nächsten Kapitel, das auch Telefon-Marketing und viele andere Formen des Direkt-Marketings behandelt, sehr ausführlich darauf eingehen werde. Richtig durchgeführt – und Sie werden lernen wie – können Mailings die preiswerteste Methode aller Marketing-Instrumente eines Guerillas sein, wenn man nach Kosten pro Verkauf rechnet.

Non-Media

Andere wichtige Marketing-Instrumente für Guerillas sind
Non-Media, zu denen Public Relations, Werbegeschenke,
kostenlose Muster, Vorführungen, Beratungen und Seminare gehören. Die meisten klugen Anbieter setzen mehrere solcher Marketing-Methoden ein, um ihre normale
Media-Aktion zu unterstützen, während andere *nur* die
Non-Media nutzen, weil sie gelernt haben, daß sie mit
ihnen den Erfolg erzielen. Daraus ersehen Sie, daß die
Non-Media beste Ergebnisse, oft sogar zu Mini-Kosten,
bringen können.

Public Relations

Diese Methode nutzt die Medien oft in der Form kostenloser Publizität in Zeitungen, dem Fernsehen, ja buchstäblich überall. Neben der Wirtschaftlichkeit ist die
grundlegende Stärke der Public Relations die Glaubwürdigkeit, die sie eher mit einem redaktionellen Artikel als
mit einer Anzeige erzielen. Denken Sie daran, daß die
Menschen mißtrauisch sind, wenn es um Marketing geht.
Public Relations löst den Alarm dafür jedoch nicht aus.
Das Schlüsselelement bei Public Relations sind Nachrichten. Die Medien reißen sich um Nachrichten. Wenn Ihre
Firma also eine Nachrichtenquelle hat, haben Sie eine
gute Chance, die freie Publizität zu bekommen, die Sie suchen.

Ein weiteres Grunderfordernis bei der kostenlosen Publizität ist ein Kontakt bei den Medien, von denen Sie die
Publizität bekommen wollen, und die Entschlossenheit,
mit dieser Stelle in Verbindung zu bleiben. Tun Sie das so
lange, bis Sie Ihr Ziel erreicht haben. Das Fehlen einer
solchen Kontaktperson und der Mangel an Zeit motiviert
die meisten Geschäftsleute, einen PR-Agenten zu beauftragen. Diese Leute berechnen bis zu mehreren tausend
Dollar pro Monat oder pro Stadt, um Berichte über Sie in
die Nachrichten zu lancieren. Wenn sie Ihnen, sagen wir,

5000 Dollar berechnen und dann einen Artikel auf der Titelseite des *Wall Street Journal* erscheinen lassen, der Ihrer Firma 50 000 Dollar Gewinn bringt, sind sie natürlich von enormem Wert. Ein schwerwiegender, doch verbreiteter Fehler ist, kostenlos Publizität zu erlangen, aber das Produkt oder die Dienstleistung noch nicht anbieten zu können. Halten Sie jede Publizität zurück, bis alles vorbereitet ist – oder Sie werden die Publizität nicht noch einmal erhalten.

Die allerbesten PR-Aktionen sind Teil eines Marketing-Planes, der auch Werbung umfaßt. Ein rentables Geschäft allein mit PR zu betreiben, ist eine harte, fast unmögliche Aufgabe. Versuchen Sie es gar nicht erst. Einer der leichtesten Wege, Publizität zu erlangen, besteht darin, an einer Gesprächsrunde im Rundfunk oder als Gast einer Talkshow im Fernsehen teilzunehmen. Wenn Sie für die Leute in Ihrer Region etwas völlig Neues, Interessantes oder Faszinierendes haben, sind Ihre Chancen gut, eine Einladung zu bekommen. Allein in meiner Region waren in nur einem Monat ein Tierarzt, ein Handwerker, ein Schwimmbad-Besitzer, ein Buchhalter und ein Klempner Gäste einer Gesprächsrunde im Rundfunk. Zu den Teilnehmern gehörten außerdem ein Restaurantbesitzer, ein Baumschulenbesitzer, ein Kochlehrer, ein Investmentberater, ein Kunsttherapeut, eine Hebamme und ein Tankstellenbesitzer.

Werbegeschenke

Werbegeschenke sind die bedruckten Gegenstände, die Anbieter Interessenten und Kunden überreichen. In der Vergangenheit handelte es sich im allgemeinen nur um Kalender und Kugelschreiber. Heutzutage füllen diese Artikel tausendseitige Kataloge. Rufen Sie eine oder mehrere der Spezialfirmen für Werbegeschenke an, die Sie in Ihren Gelben Seiten finden, und bitten Sie sie, einen Katalog bei ihrem Besuch mitzubringen. Sie werden verblüfft sein. Eine der drei Hauptstärken von Werbegeschenken ist, daß sie den Namen Ihrer Firma in Ihrem Zielmarkt verbreiten; ein lohnendes Unternehmen. Eine weitere Stärke ist, daß Werbegeschenke Ihnen die Möglichkeit geben, zu annoncieren und/oder an Ihre Zielgruppe Briefe zu schicken und Ihnen ein *Geschenk* anzubieten, wenn sie auf Ihr Angebot reagieren. Ein großer Teil der Geschenke stellt nützliche Gaben dar, die so manchen Interessenten in einen zahlenden Kunden verwandeln. Eine dritte Stärke ist, daß sich mit Werbegeschenken Freunde für Ihr Geschäft gewinnen lassen, während Sie diese im Unterbewußtsein verpflichten, Kunden zu werden. Im Augenblick gehören zu den ganz neuen Werbegeschenken elektronische Kinkerlitzchen, T-Shirts, Baseballmützen, Rahmen für Nummernschilder, Schlüsselketten und Videobänder. Neben dem Angebot von Werbegeschenken in Anzeigen und der Direktwerbung sollten Sie erwägen, diese bei größeren Veranstaltungen, Sonderverkäufen, Jubiläen und anderen erwähnenswerten Ereignissen zu verteilen. Es ist zweifelhaft, ob selbst das beste Werbegeschenk die Marketing-Kraft bieten kann, die Ihre Firma braucht, aber als Guerilla werden Sie den Beitrag erkennen, den es leisten kann.

Kostenlose Muster, Vorführungen, Beratungen und Seminare

Die im Marketing erfahrenste Firma der Welt ist Procter & Gamble. Sie hat sich stark dem Vertrieb kostenloser Muster ihrer Produkte verschrieben. Dies beweist Qualität, schafft Verständigung und gewinnt Vertrauen. Kluge Guerillas praktizieren das Prinzip wann immer sie können. Wenn sie kein Muster herstellen, veranstalten sie eine Vorführung. Wenn das nicht machbar ist, bieten sie eine kurze, aber kostenlose Beratung. Ist auch das nicht möglich, entscheiden sie sich für ein kostenloses Seminar. Bei richtiger Anwendung bringt dieses Vorhaben reiche Dividenden. Die Hauptstärke dieser kleinen Geschenke ist, daß sie Ihren Interessenten die unmittelbare Kenntnis darüber vermitteln, was sie davon haben, wenn sie Ihr Produkt besitzen oder Ihren Dienst in Anspruch nehmen. Wenn Sie also gute Qualität anbieten, wird eine kostenlose Probe dieser Qualität Ihr Argument wirksamer beweisen als jedes andere Marketing-Instrument. Die üblicherweise in Mini-Größen angebotenen kostenlosen Muster sollten nur an Interessenten, und dann an möglichst viele, verteilt werden. Ein Beispiel: Mir ist eine Frau bekannt, die auf Flohmärkten Schokoladenplätzchen für einen Dollar das Stück verkauft. Abends ist davon kein Krümel mehr übrig. Ihr Verkaufstalent liegt darin, daß sie kostenlose Plätzchen zum Probieren verteilt. Ein Biß – und der Kunde ist am Haken.

Kostenlose Vorführungen beweisen gnadenlos, ob es stimmt, was Sie behaupten. Wenn es eine Möglichkeit gibt, die Vorteile Ihres Angebotes zu demonstrieren, sind Sie auf dem besten Weg, einen Verkauf abzuschließen. Fragen Sie irgendeinen Staubsaugerverkäufer. Sorgen Sie sich nicht, Gratis-Informationen während einer kostenlosen Beratung zu geben. Begrenzen Sie die Zeit auf 30 Minuten oder maximal eine Stunde, und setzen Sie alles auf eine Karte; lösen Sie Erstaunen und »Aha«-Effekte bei den Anwesenden aus. Versuchen Sie keine Verkaufspräsentation. Geben Sie dem Interessenten statt dessen ehrliche und hilfreiche Informationen. Je höher der Wert ist, desto wahrscheinlicher wird der Interessent auch Ihr Kunde. Der Gedanke ist, die Spitze Ihres unternehmerischen Eisbergs zu zeigen und den Interessenten erkennen zu lassen, daß sich unter dieser Spitze noch viel mehr verbirgt, was den angegebenen Preis durchaus rechtfertigt.

Kostenlose Seminare können mit Plakaten, Rundschreiben und Zeitungsanzeigen angeboten werden. Bedenken Sie auch die folgenden Hinweise: Seminare sollten etwa 30 Minuten dauern, eine Stunde jedoch nicht übersteigen. Demgegenüber stehen allerdings auch Beispiele, wo gerade mit längeren Seminaren ausgezeichnete Ergebnisse erzielt wurden. Aber das sind wirklich Ausnahmen.

Vermitteln Sie in den ersten drei Vierteln Ihre wichtigsten Informationen. Geschieht das unter besten Voraussetzungen, können Sie im letzten Viertel Ihr Angebot direkt verkaufen. Es wird gelingen. Damit ist eindeutig, daß der Erfolg für Sie vom ersten Teil Ihres Seminars abhängt.

Wie viele der Teilnehmer werden das kaufen, was Sie anbieten? Ich habe von Abschlußraten bis zu 67 Prozent bei Angeboten (in diesem Fall Kapitalanlagekurse) für 595 Dollar gehört, von Raten für Lesekurse von 35 Prozent, die 395 Dollar kosten. Stellen Sie sich auf eine Norm von etwa zehn Prozent ein.

Es ist verständlich, warum heute so viele Leute kostenlose Seminare anbieten – weil sie in Wirklichkeit detaillierte, lebendige Werbespots mit hoher Wirksamkeit sind. Versuchen Sie es auch. Wenn das in Ihrem Geschäft realisierbar ist, sind Sie ein Glückspilz. Den Menschen zu sagen, wo Sie sind und ihnen das Erlebnis zu vermitteln, durch Ihre Türen zu schreiten, ist ein Bonus für Sie.

Bevor Sie eines der kostenlosen Marketing-Instrumente ergreifen, die ich beschrieben habe, sollten Sie die Idee erst testen. Dann, und nur dann, sollten Sie sich engagieren, diese Formen des Marketings anzuwenden. Um Ihretwillen hoffe ich, daß Sie sie wegen ihrer Guerilla-typischen Art einsetzen können: Sie sind preiswert, wirksam und fordern Ihre Zeit, Energie und Vorstellungskraft. Sie können sie über Ihre Firma oder im Rahmen einer örtlichen Bildungsinstitution, wie einer Volkshochschule oder anderen Weiterbildungsinstituten für Erwachsene, anbieten. Diese Institute werden Sie vielleicht dafür bezahlen. Sprechen Sie vor Clubs, die Ihre Darstellung begrüßen. Auf diesen Foren werden Sie zwar nicht verkaufen, sondern nur beeindrucken dürfen, um später zu verkaufen. Denken Sie über die Dinge nach, die Sie verschenken bzw. vorführen oder über die Sie informieren können.

Fachmessen, Ausstellungen und Messen

In einem Buch voller Marketing-Instrumente bin ich gezwungen zuzugeben, daß einige meiner Klienten nur eines der hundert Marketing-Mittel eingesetzt haben, und das zu ihrem Entzücken mit Gewinn. Das Instrument: auf Fachmessen ausstellen. Die Hauptstärke der Fachmessen ist die Kaufstimmung der meisten Anwesenden. Wenn die Leute Ihre Mailings lesen, Ihre Fernsehwerbung sehen oder Ihr Muster erhalten, werden sie das eben nicht sein. Aber wenn sie eine Fachmesse besuchen, sind sie dort, um zu entscheiden, was sie kaufen wollen. Aktivieren Sie noch mehr Leute dazu, Ihr Exponat zu sehen, indem Sie Rundschreiben dazu verteilen – auf der Messe, in der Lobby, in Hotels, in denen Teilnehmer übernachten, ja sogar im Umkreis des Austellungsgebäudes. Wenn diese Rundschreiben von Hostessen in speziell entworfener Kleidung verteilt werden, die auf Ihr Angebot abgestimmt ist, werden Sie damit noch mehr Leute anziehen. (Wobei das Hauptanliegen der Messeaussteller nicht die Präsentation ihres Exponats ist, sondern neue Geschäftsabschlüsse.) Das verblüffendste Exponat der Welt ist wertlos, wenn niemand anwesend ist, um es den Leuten zu verkaufen, die davon beeindruckt sind.

Die Teilnahme an einer Messe ist anstrengend, aufregend, schwierig und strapaziös. Deshalb sollten Sie mindestens vier oder fünf Leute an Ihrem Stand einsetzen. Erwägen Sie eine Party in Ihrer Hotelsuite. Laden Sie Ihre bedeutendsten Interessenten ein. Behandeln Sie sie wie Könige, als die sie sich oft gern ausgeben. Obwohl ein großer Anteil des Geschäfts auf der Messe selbst abgeschlossen wird, sollten Sie den Umsatz in den Party-Suiten nicht unterschätzen. Fachmessen sind ideale Treffpunkte, um Namen zu sammeln und Muster, Prospekte und Werbegeschenke zu verteilen. Aber sie sind noch idealer für Geschäftsabschlüsse. Erwägen Sie eine Verlosung auf Ihrem Messestand. Bieten Sie einen wertvollen Preis für eine Ziehung, an der jeder teilnehmen kann, der seine Visitenkarte in eine an Ihrem Stand placierte Glasschüssel wirft. Auf diese Weise ziehen Sie das Publikum an, und was nicht unterschätzt werden darf, Sie sammeln dabei neue Namen für Ihre Adressenliste.

Informationsbriefe, Artikel, Bücher und Kurse

Wir leben inmitten des Informationszeitalters. Werbebriefe, Artikel, Bücher und Kurse sind ebensolche Bestandteile dieses Zeitalters, wie sie Teil der gut ausgestatteten Werkzeugkiste des Marketing-Guerillas sind. Der Hauptvorteil dieser Werkzeuge ist, daß sie Ihre Glaubwürdigkeit begründen – und Glaubwürdigkeit führt zu Vertrauen. Diese Hilfsmittel machen Sie nicht minder zu einer Autorität auf Ihrem Gebiet – und auch das löst Vertrauen aus.

Mit Desktop Publishing, Computer-Anwendung, Laserdrucker und besonderen Softwareprogrammen ist es heute leichter und preiswerter, Ihre eigenen Informationsbriefe zu drucken als je zuvor; außerdem geschieht das viel schneller. Für den Informationsbrief reichen zwei Seiten. Sie können ihn vierteljährlich versenden, monatlich ist jedoch effizienter. Es ist ein Weg, um in Kontakt zu bleiben, Ihre Sachkenntnis zu beweisen, vorteilhaft zu informieren und um Vertrauen zu gewinnen. Artikel für eine Zeitschrift oder ein Buch über ein Fachgebiet zu schreiben, war für manchen Guerilla der Schlüssel zum Erfolg. Es muß natürlich ein gutes Buch sein, klar und sachlich verfaßt, aber es braucht nicht von einem Verlagshaus mit großem Namen publiziert zu werden. Sie können das Buch selbst verlegen und fast genausoviel Wertschätzung erreichen, als ob es ein Großverlag publiziert hätte. Verwenden Sie es dann als Teil Ihres Marketing-Arsenals. Glauben Sie jemandem, dessen Marketing-Firma Bücher herausgegeben hat und erheblich davon profitierte: Ein Buch ist ein potentes Instrument; einen Kursus abzuhalten ebenfalls. Neben diesen naheliegenden Wegen, Ihre Autorität zu stärken, können Sie Reden halten, eine Audiokassette herstellen, ein Videoband produzieren, einen Artikel für eine lokale oder bundesweite Publikation schreiben und als Spezialist in einem Fernseh- oder Rundfunkprogramm auftreten. Diese Non-Media-Bereiche sind Teil einer Guerilla-Marketing-Aktion, die vielen Spaß bereitet.

Die Öffentlichkeit

Eine der effektivsten, aber oft übersehenen Chancen des Marketings liegt in Ihrer eigenen Öffentlichkeit. Die Gelegenheiten sind zahllos und die Kosten gering. Die größte Stärke dieser Einsätze in der Öffentlichkeit bestehen in der allgemeinen Beteiligung wie auch in Ihrer öffentlichen Präsenz. Für einen Guerilla ist das sehr wünschenswert. Die Leute wollen bei Freunden kaufen. Marketing mit Ihrer Öffentlichkeit bietet Ihnen vielfältige Gelegenheiten, um neue Beziehungen zu knüpfen. Zum Beispiel können Sie sich mit Geschäften in Ihrer Gemeinde zusammentun. Firmen sind im allgemeinen sehr empfänglich für solche Kontakte, aber ein Guerilla muß die Zusammenkunft veranlassen. Verbinden Sie sich mit ihrer Öffentlichkeit, indem Sie den Angestellten eines großen Geschäftes in Ihrer Nähe Sonderrabatte anbieten und diese Gutscheine an alle Angestellten verteilen. Schulen in Ihrer Gemeinde bieten ausgezeichnete Möglichkeiten für Beziehungen. Vielleicht können Sie eine Vorführung in der Schule ermöglichen, evtl. auch Waren oder Dienstleistungen spenden. Zu Schulen gehören Tagesstätten, Kindergärten, Gymnasien, Mittel-, Hoch- und Privatschulen, konfessionelle Ausbildungsstätten und sogar eine nahegelegene Universität.

Suchen Sie in Ihrer Gemeinde nach Wohlfahrtseinrichtungen und helfen Sie dort mit Waren, Produkten, Zeit und Energie. Tragen Sie dazu bei, Geld für ihr soziales Werk zu sammeln. Dabei gewinnt jeder. Betreiben Sie Marketing über Kirchen und helfen Sie auch ihnen, Spenden aufzutreiben. Inserieren Sie in ihrem Gemeindeblatt, werben Sie Abonnenten dafür, kleben Sie Plakate auf ihre Schwarzen Bretter. Heutzutage gibt es eine Fülle von Clubs, die Sie einbeziehen können. Bringen Sie Ihre Rundschreiben auf den Anschlagtafeln von Gesundheits-, Bridge- und Erholungsclubs, in Sportvereinen unterschiedlichster Disziplinen an, zu denen Ihre Interessenten gehören könnten. Fahren Sie regelmäßig durch Ihre Stadt und suchen Sie nach Gelegenheiten, ihr zu helfen, sich mit bestehenden Organisationen zu verbünden und sich in sie zu integrieren. Sehen Sie diese Fahrten als Streifenfahrten eines Guerillas an.

Verschiedene Mini-Medien

Jeden Tag wird ein neues Marketing-Medium entwickelt. Guerillas prüfen sie alle, weil einige von ihnen die Bank sprengen können. Zu neueren Marketing-Medien gehören:

- Aushänge in WC's von Firmen
- Anzeigen auf Parkuhren
- Aktive Plakatträger, die vor Ihrem Geschäft Plakate tragen, die verkünden, wie gut Ihr Geschäft ist. Wenn Sie diese Taktik anwenden, rufen Sie die Zeitung an; vielleicht wird sie es veröffentlichen. Verfahren Sie ebenso mit der regionalen Fernsehstation.
- Aufblasbare heliumgefüllte Objekte aller Art
- Werbung auf Videokassetten-Schachteln
- Werbung auf Lastwagen
- Werbung an Bushaltestellen
- Werbung auf Einkaufswagen
- Postkartenwerbung
- Großwerbung an Flugzeugen

Eine umfassende Kenntnis der Media-Möglichkeiten ist eine wichtige Geheiminformation für jede Guerilla-Marketing-Aktion. Die heutige Zeit bevorzugt Guerillas, weil sie ihnen so viele Medien anbietet, z. B.: Stadtteilausgaben, Regionalblätter von Zeitschriften, Kabelfernsehen, Satellitenfernsehen, Antwortkarten in Zeitschriften, Informationsbriefe und Beilagen. Die vielen (noch ungenutzten) Schwarzen Bretter sollten erfolgsorientierte Guerillas anstacheln, auch diese Möglichkeit auszureizen. Warten wir, bis wir das Wachstum des Videoband-Marketings sehen, bei dem ein kurzes Videoband wie ein Prospekt verteilt wird. Es steckt heute noch in den Kinderschuhen, aber Firmen, die es damit versuchen, melden Reaktionen von 17 bis 20 Prozent für jedes dieser Bänder, die sie verschenken. Sie sollten kostenlos abgegeben, statt ausgeliehen werden, damit sie mehr als einmal betrachtet und anderen gezeigt werden können.

Sie kennen jetzt die Basis der Psychologie, die Ihnen als Guerilla nützen kann. Und Sie wissen, welche Medien am wirksamsten für Sie sind, wenn Sie Ihre neuen Erkenntnisse über das menschliche Verhalten in die Tat umsetzen wollen. Aber bevor Sie Ihre Aktion starten, betrachten wir das Direkt-Marketing noch einmal genauer.

Kapitel 13

Direkt-Marketing im Guerilla-Stil

In den 70er Jahren kauften 50 Prozent der Amerikaner niemals irgend etwas aufgrund von Direkt-Marketing; 1987 dagegen erwarben mehr als 90 Prozent der Amerikaner mindestens einen Artikel ausschließlich wegen des Direkt-Marketings. Die Amerikaner haben gelernt, den Direktanbietern zu vertrauen. Sie lieben die Bequemlichkeit, die Garantien und die riesige Zahl von Angeboten per Telefon oder Post. Während wir uns dem Jahr 2000 nähern, wird Direkt-Marketing noch bedeutender werden, insbesondere mit dem steigenden Wachstum des interaktiven Fernsehens. Das läßt sich heute bereits an Einkaufssendungen im Fernsehen erkennen.

Obwohl Telefon-Marketing augenblicklich die Hauptmethode des Direkt-Marketings ist, und sich das Fernsehen ständig weiterentwickelt, werden Mailings immer ein bedeutendes Marketing-Instrument für kleine und mittlere Firmen bleiben, weil sie so preiswert und leicht zu testen sind.

Als praktizierender Guerilla sollten Sie erkennen, daß Direkt-Marketing aus folgenden Komponenten besteht:

- Mailings
- Coupons in Zeitungen und Zeitschriften
- Postkartendecks
- Fernsehen mit Direktantwort
- Rundfunk mit Direktantwort
- Telefon-Marketing
- Streichholzbriefe
- Elektronische Anschlagtafeln
- Prospektbeilagen
- Werbebeilagen
- Kataloge

Wie Sie sehen, ist Direkt-Marketing jenes Marketing, das Gewinne ohne eine persönliche Begegnung garantieren soll. Heutzutage richten sich zwei Drittel des gesamten Direkt-Marketings an Einzelpersonen, während ein Drittel auf Firmen oder Institutionen abzielt. Allein in den USA erreichen Mailings ein Volumen von 50 Milliarden Stück pro Jahr.

1987 wurde durch eine Studie festgestellt, welche Marketing-Methode für Einzelhändler am wirkungsvollsten ist. Die Mehrheit von 46,6 Prozent sagte, daß Direkt-Werbung per Post den größten Erfolg brächte. 32,4 Prozent hielten Zeitungsanzeigen für das beste Medium; 9,1 Prozent gaben das Fernsehen an, 4 Prozent stimmten für den Rundfunk, und 7,9 Prozent hatten keine Vorstellung.

Die Explosion der Mailings ist seit den 70er Jahren zu spüren, und sie hat nach wie vor Zuwachsraten von mehr als 10 Prozent pro Jahr. 1982 überholten die Ausgaben für Telefon-Marketing die Kosten für Mailings. Doch das am schnellsten wachsende Segment des Direkt-Marketings sind heute Postkartendecks. Bleiben Sie also am Ball.

Direkt-Marketing ist keineswegs neu. Seit 1891 ist es mit großem Erfolg von den internationalen Fernlehrinstituten angewendet worden. Heute wird es noch immer von ihnen eingesetzt, denn sie erhalten etwa 800 000 Anfragen pro Jahr, davon viele als Coupons aus Streichholzbriefen.

Wo liegen die Gründe für die zunehmende Konzentration auf Direkt-Marketing?

1. Es schafft ein Gefühl der Dringlichkeit. Wenn Guerillas Direkt-Marketing einsetzen, machen sie den Empfänger auf das Datum, an dem das Angebot abläuft, aufmerksam. Die Kenntnis von einem Stichtag motiviert viele Leute zu handeln, statt erst lange darüber nachzudenken.

2. Es ist meßbar. Machen Sie ein Angebot mit irgendeinem Direkt-Marketing-Instrument, und nennen Sie als letzten Tag, sagen wir, den 15. März. Am 16. März wissen Sie, ob Ihre Maßnahme einen Erfolg oder ein Fiasko

brachte. Das normale Medienmarketing bringt nicht so schnelle und zuverlässige Rückmeldungen.

3. Es ist wirtschaftlich. Immer mehr kleine Firmen erkennen, daß sie Direkt-Marketing, unabhängig von den Gesamtkosten, in die Lage versetzt, ihr Angebot mit den geringsten Kosten pro Verkauf bekanntzumachen. Ihnen leuchtet ein, daß es viel sparsamer ist als persönliche Verkaufsbesuche, die auf etwa 275 Dollar pro Besuch geschätzt werden. Unabhängig vom Porto, Prospekt, Brief oder Inhalt des Päckchens: Die Ausgaben werden in jedem Fall weit unter 275 Dollar liegen.

4. Sie können die genauen Kosten für jeden Verkauf und jeden Dollar Gewinn bestimmen. Ein echter Guerilla versteht die Mathematik des Direkt-Marketings. Jeder, der sich im Direkt-Marketing betätigt, ohne den Aufwand für das Gewinnen eines neuen Kunden und seinen lebenslangen Wert im voraus bestimmen zu können, spielt nur mit dem Marketing. Er nimmt es nicht ernst. Marketing ist für Kapriolen zu teuer.

5. Es ist eine sehr bequeme Methode, Waren zu bestellen. Umgeben von der Bequemlichkeit der eigenen Wohnung oder des Büros können die Menschen Angebote betrachten und sie dann annehmen oder verwerfen. Wenn sie sie akzeptieren, erhalten sie das Bestellte innerhalb von Tagen, obwohl die meisten Menschen auch nicht von längeren Wartezeiten abgeschreckt werden. Guerillas geben ihren Interessenten die Alternative zwischen der normalen Lieferzeit oder einer Schnellsendung gegen Aufpreis.

6. Firmen aller Größen entdecken, daß Direkt-Marketing das wirksamste unter allen Marketing-Instrumenten ist, wenn sie keinen festen Vertriebsweg, bzw. Standortnachteile haben.

7. Direkt-Marketing bietet das Äußerste an Selektion: Sie können die Leute, bei denen Sie direkt anbieten wollen, auf der Grundlage ihres Geschlechts, Alters, Berufs, Ausbildung, besonderen Interessen, Religion, Ehestand, Standort und früherer Erfahrung mit anderen Direkt-

Marketing-Angeboten auswählen. Sie können aber auch Firmen nach dem Prinzip der Wahrscheinlichkeit aussuchen. Dabei ist es jedoch nicht sicher, ob diese zu Ihrem späteren Kundenkreis gehören. Vielleicht machen Sie auch nur Ihren früheren Kunden entsprechende Angebote. Wenn Sie ein Guerilla sind, werden Sie es tun – immer wieder.

8. Sie können das Marketing-Instrument persönlich gestalten, um jeden Interessenten zu beteiligen und zu beweisen, daß Sie seine besondere Art anerkennen. Geben Sie dem Interessenten auch genügend Informationen, um ihm eine Kaufentscheidung zu erleichtern.

9. Sie können Ihre Direkt-Marketing-Mittel und Angebote mit relativ geringen Kosten testen. Wenn Sie bewährte Mittel und Angebote geschaffen haben, können Sie sie einsetzen, um enorme Gewinne zu erreichen. Dieser Test ermöglicht ihnen, umfangreich zu experimentieren: Adressenlisten, Telefonskripte und Angebote aller Art zu verwenden. Die Antwortquote nach Abschluß der Untersuchung mag bei 0,00001 Prozent (oder sogar weniger) beginnen und bis zu etwa 87 Prozent (oder mehr) ausschlagen. Sie können die Elemente der besten Quoten testen und sie unabhängig von der Größe Ihres Marketing-Gebietes in Ihrem gesamten Gebiet anwenden. Auf diese Weise können Sie Ihre Gewinne mit Sicherheit multiplizieren.

Neben diesen Vorteilen kann Direkt-Marketing Ihnen helfen, Händler und Vertriebsfirmen zu unterstützen, und Kunden in kleinen Städten zu erreichen, die nicht von Verkäufern besucht werden. Außerdem wird damit ermöglicht, neue Produkte und Preisänderungen anzukündigen, Verkaufsbesuche in Verkäufe umzuwandeln, Verkäufern heiße Tips zu geben und Ihre anderen Formen des Marketings zu ergänzen. Es kann neue Märkte öffnen, Grenzgebiete aufbauen und Ihre Gewinne erhöhen, indem Sie mittelmäßige Leute ausschalten. Kein Wunder, daß Direkt-Marketing mit einer so unglaublichen Geschwindigkeit wächst!

Noch im Jahre 1970 beschränkte sich Direkt-Marketing darauf, einen Brief zu versenden. Heute bedeutet Direkt-Marketing für einen Guerilla, einen Brief abzusenden, anschließend eine Postkarte, um nachzuhaken, dann einen weiteren Brief, um auch diesem einen Telefonanruf folgen zu lassen. Die Tage, an denen man einen Auftrag mit einer einzigen Anstrengung erledigen konnte, sind zwar nicht ganz vorüber, aber sie werden mehr und mehr zur Ausnahme. Um Erfolg zu haben, müssen Sie von einer Direkt-Marketing-*Kampagne* statt von einer einzigen Direkt-Marketing-Maßnahme ausgehen.

Haben Sie auch Erfolg mit Postkartendecks, einem relativ neuen Mittel der Direktversandwerbung? Ein Postkartendeck ist ein kleines Paket von 15 bis 25 Postkartencoupons in Plastikfolie. Es wird an ausgewählte Personen wie Investoren, Psychologen, Doktoren und Selbständige verschickt. Die Vielfalt dieser unterschiedlichen Gruppen vergrößert sich in dem Maße, wie auch der Gewinn durch diese Sendungen steigt. Enthalten sind in diesen Päckchen u. a. Sonderangebote, neue Artikel, kostenlose Informationen, ja sogar Geschenke. Sie nützen beiden – demjenigen, der die Päckchen verteilte und jenem, der eines davon erhielt. Guerillas mit ausgeprägter Energie setzen sie sowohl als Marketing-Werkzeug wie auch als Profit-Center ein – indem sie einige Postkarten ihres eigenen Unternehmens mit mehreren Karten anderer Firmen kombinieren. Diese wiederum bezahlen für die Teilnahme an dem Postkartendeck.

Ihre Konkurrenten im Direkt-Marketing entstammen allen Richtungen. Absolut jedermann, der ein Angebot an Ihre Interessenten verschickt, gehört zur Konkurrenz. Jeder, der einen Coupon annonciert oder einen Vorabdruck in der Zeitung inseriert, einen Interessenten anruft oder einen Fernsehspot mit einer zum Ortstarif erreichbaren Nummer laufen läßt, zählt ebenfalls zur Konkurrenz. Es gibt Tausende von Wettbewerbern, die auf der Lauer liegen und die Dollars Ihres Interessenten gewinnen wollen.

Um Guerilla zu sein, müssen Sie von anderen Guerillas

lernen. Das bedeutet, daß Sie jedes Kapitel nicht nur lesen und seine Prinzipien in die Praxis umsetzen sollten. Verschaffen Sie sich selber Zugang zu Adressenkarteien, um zu sehen, wie sehr Direkt-Marketing ihre Aufmerksamkeit fesselt. Ahmen Sie diese Idee nicht nach, sondern lassen Sie sich von ihr inspirieren. Bei jeweils 20 Mailings, die Sie erreichen, achten Sie auf die eine oder auch zwei, die dazu verlocken, geöffnet zu werden und die Sie mit reizvollen Angeboten in Versuchung führen.

Wenn Sie Ihr eigenes Direkt-Marketing kreieren oder beurteilen, sollten Sie sicher sein, daß Sie die Grundprinzipien der Wiederholung praktizieren. Drucken Sie Ihre Hauptidee auf der Titel- oder den ersten Seiten ab – nicht irgendwo im Text des Briefes oder der Postkarte.

Obwohl Ihr Direkt-Marketing an Tausende oder Millionen Menschen gerichtet sein mag, dürfen Sie nicht vergessen, daß Ihre Information von einer Person zu bestimmter Zeit gelesen wird. Denken Sie daran beim Schreiben. Handeln Sie so, als ob Ihre Adressenliste nur aus dieser einen Person bestünde, und arbeiten Sie so intensiv wie möglich, um den Auftrag dieser einen Person zu bekommen.

Worin bestehen die Ziele des Direkt-Marketings?

In der Sprache des Direkt-Marketings setzt sich ein »klassisches« Versandpaket aus einem äußeren Umschlag, einem Brief, einem Prospekt, einem Antwortmittel (Coupon oder Telefonnummer) und einem Rückumschlag zusammen. Wenn Sie Mailings verschicken, haben Sie dabei immer drei Ziele vor Augen:

1. Ihren Brief öffnen zu lassen
2. Ihn lesen zu lassen
3. Den Auftrag zu erhalten.

Offensichtlich können Sie das zweite und das dritte Ziel nicht erreichen, wenn Sie schon das erste verfehlen. Ein

Weg, bereits mit dem ersten Punkt Erfolg zu haben, ist ein »Lockvogel« auf dem äußeren Umschlag – ein kurzer Satz mit Worten, die so faszinieren, daß der Empfänger den Umschlag öffnen muß, um seine Neugierde zu stillen. Eine andere Möglichkeit ist die, ihr Angebot per Postkarte zu unterbreiten. Dann müssen Sie sich um das erste Ziel keine Sorgen machen.

Wie gestaltet man wirksame Mailings?

Stellen Sie sicher, daß sich Ihre Sendung auf eine klare und starke *Idee* gründet, eine Idee, die wiederum auf einem Angebot für Ihren Interessenten basiert. Verknüpfen Sie alles in Ihrer Sendung mit dieser Idee. Nennen Sie sie mindestens dreimal – am Anfang, in der Mitte und am Schluß.

Unabhängig von der Länge Ihres Briefes sollten Sie kurze Worte, kurze Sätze und kurze Absätze gebrauchen. Benutzen Sie viele Untertitel. Obwohl Ihr Brief lang sein mag, erscheint er durch diese Aufteilung als kurz. Ein achtseitiger Brief kann sich besser lesen lassen als ein zweiseitiger. Denken Sie daran, daß viele Aussagen besser wirken als wenige. Ein altes und wahres Marketing-Sprichwort besagt:»Je mehr Sie erzählen, desto mehr verkaufen Sie.« Was die Verbraucher am Marketing ablehnen, ist mangelnde oder unzureichende Information. Dieser Punkt steht an zweiter Stelle. »Übertroffen« wird er von dem Gefühl, getäuscht worden zu sein, das bei der Bewertung auf Platz 1 rangiert.

Denken Sie stets daran, daß die Menschen anfangs die erste Zeile eines Briefes, zweitens Postskriptum und Unterschrift und drittens den Rest des ersten Absatzes lesen. Als Viertes folgen die Untertitel. Sind sie dann angeregt, werden sie sich den Rest des Briefes vornehmen. Vielleicht greifen sie sogar zur Broschüre. Wenn Ihre Arbeit gelungen ist, wird auch die Antwortkarte zur Hand genommen. Guerillas erzählen ihre große Idee nicht nur dreimal im Brief und in der Broschüre, sondern sie schreiben sie auch klar auf die Antwortkarte.

Die aufgewecktesten Guerillas füllen zuerst die Antwortkarte aus. Sie tun dies, damit sie sich darüber im klaren sind, was der Leser tun soll. Auf diese Weise können ihr Brief und ihre Broschüre den Schwung vergrößern und sich so genau wie möglich auf die Antwort beziehen, auf die sie sehnsüchtig warten. Das heißt »rückwärts arbeiten« und ist eine kluge Arbeitsweise. Viele Experten glauben, daß die Antwortkarte der wichtigste Teil der Sendung ist. Um so unverständlicher ist ihre oftmals mangelhafte Qualität und Aufmachung. Stellen Sie sicher, daß Ihr Angebot auf der Karte noch einmal kurz, aber vollständig formuliert wird.

Stellen Sie Ihr Angebot in Ihrer Antwortkarte, im Brief und in der Broschüre auf eine Weise vor, die das Interesse Ihrer Kunden weckt. Es muß sie interessieren, ihnen einen Vorteil bieten, in ihnen den Wunsch nach Ihren Produkten wecken und eine zeitlich begrenzte Handlung auslösen. Sagen Sie ihnen genau, was sie tun sollen: Eine gebührenfreie Telefonnummer anrufen, einen Coupon ausfüllen und abschicken, in Ihr Geschäft kommen, was auch immer Sie für richtig erachten.

Stellen Sie sicher, daß Sie keine unvollständigen Briefe oder Broschüren aufsetzen. Manche Leute bevorzugen Briefe, andere Broschüren. Nur wenige lesen beides. Deshalb müssen Brief und Broschüre in sich vollständig sein, Details angeben, das Angebot unterbreiten, es wiederholen und um einen Auftrag bitten.

Lenken Sie auch nicht die Aufmerksamkeit des Lesers auf eine Sache, um dann in der Mitte des Briefes davon abzuschweifen. Die Menschen ärgern sich, wenn sie dazu verleitet werden, etwas zu lesen. Wenn Sie nicht glauben, daß sie an Ihrem Angebot interessiert sind, dann senden Sie es gar nicht erst ab. Guerillas sind niemals hinterlistig.

Die einfachste Direktwerbung ist eine normale Postkarte. Am komplexesten ist ein farbiger Katalog mit mehr als tausend Seiten. Beginnen Sie mit einer einfachen Idee, um dann zu umfangreichen Sendungen überzugehen. Tun Sie das, solange gute Ergebnisse sichtbar sind. Manche Sendungen sind Eintagsfliegen, die einen Verkauf fördern, eine Linie einführen oder ein neues Angebot ankündigen sollen. Andere sind Seriensendungen – vier, fünf oder sechs –, die alle dasselbe oder ein ähnliches Angebot wiederholen. Man sollte bei jedem Mailing von immer weniger Antworten ausgehen. Die dritte Sendungsart ist eine sich ständig wiederholende Serie, die regelmäßig verbreitet wird; an dieselben Adressaten, aber jedesmal mit unterschiedlichen Angeboten.

Wie wichtig sind Tests?

Sprechen Sie mit einem Direkt-Marketing-Experten, und Sie werden erfahren, daß Tests von entscheidender Bedeutung sind. Sechs Regeln sind dabei zu beachten:

1. Testen Sie jeweils nur eine Sache, und zwar mit einer bekannten Größe, der »Kontrollgröße«.
2. Seien Sie sich darüber im klaren, was Sie testen wollen oder nicht.
3. Sichern Sie sich wegen der statistischen Bedeutung genügend Antworten; weniger als 20 reichen nicht aus.
4. Führen Sie peinlich genau Buch über alles, was Sie tun, und stellen Sie sicher, daß Sie mindestens ein Dutzend Muster jeder Sendung aufbewahren.
5. Ändern Sie niemals etwas, wenn die Tests nicht gezeigt haben, daß Sie es ändern sollten.
6. Testen Sie bei jeder Sendung immer irgend etwas. Marketing-Guerillas sind besonders experimentierfreudig.

Wenn Sie Preise testen, achten Sie auf größere Unterschiede, nicht auf unerhebliche. Testen Sie einen Preis von 129 Mark gegenüber einem von 99 Mark und 149 Mark, nicht aber gegenüber 119 Mark oder 139 Mark.

Häufig wird eine Firma einen Preis, eine Adressenliste

und ein Geschenk zum Bestellen testen wollen. Ein Guerilla weiß, daß dies drei Tests erfordert. Ein Neuling denkt, alle drei Punkte können auf einmal getestet werden. Wenn sich die Sendung als Fehlschlag herausstellt, weiß der Neuling nicht, ob es am Preis, an der Liste oder am Geschenk liegt.

Guerillas verschwenden ihre Zeit und ihr Geld nicht damit, kleine Dinge zu testen. Statt dessen prüfen sie bedeutende Elemente wie Angebote, Preise und Formen der Sendung, Versandzeiten, Adressenlisten, und ob es eine Nummer für Anrufe zum Ortstarif gibt. Dies sind die Arenen, in denen Erfolg oder Fehlschlag bestimmt werden.

Wie wichtig ist die richtige Adressenliste?

So wichtig wie die Luft zum Atmen. Die Experten bezeichnen als Schlüssel für jede erfolgreiche Direkt-Marketing-Maßnahme folgende Punkte:

1. Die richtige Adressenliste
2. Das richtige Angebot
3. Die richtigen Angaben über das Angebot
4. Die richtige finanzielle Formel.

Das klingt einfach, ist es aber nicht. Die beste Adressenliste von allen ist Ihre eigene – die Liste, die Sie seit der Eröffnung Ihres Geschäfts (hoffentlich) angelegt haben. Diese Kartei sollte regelmäßig wachsen und aktualisiert werden. Außerdem müssen die registrierten Personen kontinuierlich von Ihnen hören, in welcher Form auch immer. Stellen Sie sicher, daß die Liste auf dem letzten Stand ist. Das heißt, die Adressen müssen stimmen und die Kunden weiter an Ihrem Geschäft interessiert sein. Wenn Sie glauben, daß es eine direkte Wechselwirkung zwischen dem Umfang und der Aktualität Ihrer Kundenliste, wie auch der Höhe Ihres Bankkontos gibt, denken Sie wie ein Guerilla.

Tragen Sie diese Kundenkartei zusammen, indem Sie die Namen und Adressen Ihrer Käufer auf Quittungen und Bestellformularen festhalten. Bitten Sie die Kunden, sich in ein Buch neben der Registrierkasse einzutragen. Mit Hilfe der bereits erwähnten Verlosungen können Sie Passanten in Ihr Geschäft locken. Sie werden bestimmt nicht alle gleich zu Kunden, aber sie schauen sich zumindest Ihr Geschäft einmal näher an. Das führt zu Vertrauen.

Ein großartiges, prachtvoll präsentiertes Angebot, das sich an die falsche Adressenliste richtet, wird Sie bitter enttäuschen. Stellen Sie bei der Auswahl Ihrer Adressen deshalb sicher, daß Sie sich auf Menschen konzentrieren, die Ihr Produkt oder Ihre Dienstleistung höchstwahrscheinlich auch interessieren. Bei der Auswahl der Listen kann Ihnen ein Adressenverlag helfen. Sie finden solche Verlage in den Gelben Seiten. Nennen Sie ihnen Ihre Zielgruppe, und sichern Sie sich ihre Unterstützung bei der Auswahl von Leuten, die diesem Kreis entsprechen. Versuchen Sie nicht, mit einer unvollständigen Liste Geld zu sparen. Der Adressenverlag wird Ihnen zahlreiche Listen vorlegen. Sein Verkäufer wird Ihnen erklären, welche dieser Listen die größte Wahrscheinlichkeit hoher Gewinne verspricht. Vergessen Sie nicht: Der Zweck des Direkt-Marketings ist es nicht, Geld zu sparen, sondern Gewinne zu erwirtschaften.

Zu den Angeboten, die Ihre Kunden besonders beeindrucken, gehören Geschenke beim Kauf, beträchtliche Nachlässe, neue oder einmalige Produkte wie auch Dienstleistungen und Offerten, an denen diese Zielgruppe mit Sicherheit interessiert ist. Wenn Sie zum Beispiel eine Verkaufsaktion starten wollen, schreiben Sie zuerst Ihre Kunden an und teilen Sie ihnen mit, daß sie ein Vorkaufsrecht hätten.

Nachdem Sie Ihre Liste und Ihr Angebot ausgewählt und beides mit einem Testversand überprüft haben, vergleichen Sie Ihre tatsächlichen Kosten mit Ihren geplanten Gewinnen. Diese Ausgaben entstehen für Porto, Papier, Druck, Satz, Grafik, Texte, Vorbereitungszeit durch Sie und Ihre Angestellten, die Adressenliste und Lieferkosten. Seien Sie sicher, daß Sie alle Kosten erfassen. Es entstehen Ihnen laufende Kosten wie für Porto und Papier und einmalige wie für den Text, die Grafik und Fotografien. Mit diesen Kosten können Sie Ihren Breakeven-Punkt festlegen. Wenn Sie diese Zahl nicht kennen, sind Sie kein richtiger Guerilla.

Die Antwortquoten variieren von Branche zu Branche. Zum Beispiel bei Weiterbildungskursen sind eineinhalb Prozent der gesamten Versendungen eine gute Antwortquote. Bei anderen Angeboten, zum Beispiel zwei Mahlzeiten zum Preis von einer, liegt eine gute Antwortquote zwischen 10 und 25 Prozent. Eine Bank beauftragte mich einmal, eine Werbebriefsendung für ihren maschinellen Kassenservice zu erledigen. Die Antwortquote betrug 87 Prozent. Ein anderes Mal entwarf ich eine Werbung, mit der Selbständigen ein Buch über freiberufliche Tätigkeiten angeboten wurde. Dort lag die Antwortquote bei 34 Prozent. Wenn Sie mit Ihrem eigenen Test gute Ergebnisse erzielen, warten Sie nicht, bis sie abklingen. Wenn Sie 5000 Adressaten aus einer Liste mit 100 000 Anschriften angeschrieben haben und Ihnen eine rentable Antwortquote vorliegt, versenden Sie Ihre Informationen *so schnell wie möglich* an die anderen 95 000 Leute. Die Zeiten ändern sich, schneller als je zuvor.

Fünf einfache Direkt-Marketing-Kniffe

Um das Geld zu verdienen, das gerade jetzt mit Direkt-Marketing gemacht werden kann, sollten Sie fünf Fähigkeiten entwickeln:

1. Die Fähigkeit, neue Marketing-Ideen zu entwickeln. Ein Fundus mit solchen Ideen wird nachfolgend vorgestellt.
2. Die Fähigkeit, fesselnde Eröffnungszeilen zu schreiben.

Erkennen Sie die entscheidende Bedeutung der ersten Zeile eines Textes, des ganzen ersten Absatzes. Wenn Sie Ihre Leser nicht einladen weiterzulesen, haben Sie das Geschäft wahrscheinlich verloren. Es hängt alles von dem Angebot und den im ersten Absatz formulierten Ideen ab.

3. Die Fähigkeit, die Kraft eines wirksamen Postskriptums zu nutzen. Denken Sie daran, daß es fast genausoviel gelesen wird wie die Eröffnungszeile. Machen Sie Ihr P.S. zu einer Wiederholung Ihres Angebotes, Ihres Hauptnutzens, Ihrer Hauptidee, der Aufforderung, sofort zu bestellen. Aber was immer Sie tun, fügen Sie aus irgendeinem Grund unbedingt ein P.S. an.

4. Die Fähigkeit, Ihre Gedanken in Kürze auszudrücken. Das bedeutet keinen kurzen Brief, aber kurze Elemente darin.

5. Die Fähigkeit, anders *und* besser, nicht einfach anders zu sein. Obwohl Guerillas Postkarten, neue Medien, einzigartige Werbepakete und andere Neuheiten des Direkt-Marketings testen mögen, lieben sie die Sparsamkeit und die bewährten Leistungen der klassischen Werbesendung.

Guerillas wenden die normalen Werbeverfahren beim Direkt-Marketing nicht an. Sie halten sich von klugen Schlagzeilen, hochgestochener Kunst, imagebildenden Grafiken und kurzen Texten fern. Sie erkennen, daß nur wenige Werbeagenturen Erfahrung mit Direkt-Marketing haben. Als ich noch Spezialist in einer Werbeagentur war, hatte ich keinen Blick für Talente, die den Erfolg beim Direkt-Marketing bestimmen. Und ich war bei der größten Werbeagentur der Welt! Sie können sicher sein, daß ich mit meiner Unwissenheit nicht allein dastand. Normale Werbeverfahren erscheinen bei der Anwendung im Direkt-Marketing seicht und billig.

Guerillas hören nicht auf zu testen – *niemals.* Sicher, sie geraten bei einer Rekordantwortquote, die im Umsatz und Gewinn neue Höchstpunkte bringt, in Hochstimmung. Aber sie glauben, daß Rekorde stets gebrochen werden sollten, und deshalb testen sie weiter. Sie prüfen neue Angebote, Texte, Grafik, Bestandteile von Sendungen, Adressenlisten, Produkte und Direkt-Marketing-Instrumente. Eine der produktivsten Firmen der Welt, Procter & Gamble, hört niemals auf, neue Fernsehwerbespots für ihre Produkte zu testen. Dies zeigt, daß *einige* normale Werbepraktiken mit den Direkt-Marketing-Methoden kompatibel sind.

Stellen Sie im gesamten Direkt-Marketing sicher, daß Sie Ihre Schlüsselideen hervorheben. Tun Sie es durch Unterstreichungen, Einklammerung, mit einer besonderen Farbe, die Ihre Schwerpunkte hervorhebt, durch grelle gelbe Zeichen oder mit Großbuchstaben. Guerillas geben ihrer Zielsetzung soviel Hilfe wie möglich. Entscheidendes hervorzuheben vereinfacht das Lesen. Heben Sie nicht zuviel hervor, sonst geht die Übersicht verloren.

15 kluge Direkt-Marketing-Ideen, die alle Guerillas kennen

1. Obwohl Direkt-Marketing in allen 12 Monaten funktionieren kann, sind die drei besten Januar, Februar und Oktober. Der September ist als vierter um einen Deut schlechter. Diese vier Monate kündigen alle einen Beginn an: Das neue Jahr, den hereinbrechenden Frühling, die Winterzeit und das Schuljahr. März, April und November erreichen im allgemeinen 77 Prozent dieser drei besten Monate. Mai, Juni, August und Dezember kommen auf 50 bis 75 Prozent der guten Monate. Juli und August sind traditionell trostlose Monate für das Direkt-Marketing – wahrscheinlich deshalb, weil sich die Menschen mehr im Freien betätigen. Guerilla-Faustregel: Je schlechter das Wetter, desto besser das Klima für Direkt-Marketing.
2. Denken Sie kreativ über Briefmarken. Verwenden Sie mehrere Briefmarken wie schon besprochen, eine Ge-

denkbriefmarke oder eine ausländische auf einem Brief aus dem Ausland. Diese Punkte konzentrieren sich mehr auf die Vorstellungskraft als auf das große Geld; ein ideales Betätigungsfeld für Guerillas.

3. Benutzen Sie kein billiges Umschlagpapier, dünnes Briefpapier, grelle Schrift und sonstiges, was »Papierkorb-Post« charakterisiert. Es verblüfft mich immer wieder, wenn ich Kunden mit ausgezeichneten Angeboten treffe, die mir eine fantastische Summe für den Entwurf eines Mailings zahlen wollen und auch bereit sind, viel Geld für Adressenlisten auszugeben, aber dann zu geizig sind, um alles auf teurem Papier erscheinen zu lassen. Die Pfennige, die sie sparen, kosten sie viele Mark an Gewinn. Ein Mailing ist nur so stark wie sein schwächster Teil.

4. Kleinere Umschläge sind bei manchen Sendungen wirksamer als normale Standardbriefumschläge. Es lohnt sich deshalb, sie zu testen. Sie können Ihnen als zusätzlichen Bonus noch Sparsamkeit bieten. Weiße und grauweiße Umschläge werden am wahrscheinlichsten geöffnet. Experten haben Tests mit allen bekannten Farben durchgeführt; Weiß schlägt alles.

5. Rücken Sie die erste Zeile Ihrer Absätze ein, um Ihrem Brief ein persönlicheres Aussehen zu geben. Vergessen Sie nicht, daß die Leute Ihren Brief lesen, wenn sie allein sind, nutzen Sie deshalb die Intimität.

6. Verwenden Sie Ihren eigenen Briefbogen, wenn Sie etwas an Ihre Kunden versenden. Sie werden Ihrem Umschlag und Inhalt um so höhere Priorität geben.

7. Die Worte »persönlich und vertraulich« werden die Zahl der Leute erhöhen, die Ihren Umschlag öffnen. Aber was Sie dann mitteilen, sollte auch persönlich und vertraulich sein, oder Sie werden einen Interessenten entfremden.

8. Obwohl es mit dem Computer leicht ist, Ihren Brief mit einem geraden rechten Rand (»Blocksatz«) aufzusetzen, sollten Sie nicht dieser Versuchung verfallen.

Ihre Tante Anna schrieb niemals in Blocksatz, und Ihnen gefielen ihre Briefe immer. Ihre Leser werden durch Briefe abgestoßen, die maschinengesetzt und unpersönlich erscheinen.

9. Viele Tests zeigen, daß Briefe mit Fotografien Ihres Produktes im Gebrauch oft vorteilhafter sind als Briefe ohne Fotos. Nach meiner eigenen Erfahrung wirken Briefe mit einem Farbfoto des »Geschenks«, das der Empfänger für seine Antwort erhält, am besten. Wenn dieses Farbfoto durch das Fenster des Umschlags auftaucht und daneben die Zeile »Ein Geschenk für Sie!« zu sehen ist.

10. Die beste Farbkombination für größtmögliche Aufmerksamkeit besteht aus: Weißem Papier, schwarzer Schrift und Unterschrift, Unterstreichungen und/oder Randanmerkungen in Blau. Ich habe erlebt, daß eine im oberen Bereich abgedruckte rote Schlagzeile die Antwortquote noch einmal erhöhte, aber sie wurde rot gedruckt, weil der Brief ein Angebot zum St. Valentinstag enthielt.

11. Gebrauchen Sie Zeichnungen in einer Broschüre, wenn Sie müssen; Fotografien verbessern die Antwortquote. Sie sind glaubhafter, faszinierender, und sie wecken das Interesse eines Lesers mehr als jede Zeichnung. Einerlei, ob Sie Zeichnungen oder Fotos verwenden, schreiben Sie auf jeden Fall einen Bildtext dazu. Sie werden fast immer gelesen.

12. Nummern für Telefonate zum Ortstarif erhöhen die Antwortquote im Direkt-Marketing, insbesondere bei Sendungen an Einzelpersonen. Wenn Sie keine solche Nummer haben, bieten Sie Rückrufe an. Überraschenderweise erwarten die meisten Arbeitnehmer keinen Rückruf, wenn sie anrufen.

13. Drucken Sie den Text auf weißem Papier, nie Weiß auf Schwarz. Test auf Test beweist: Werbegrafiker lieben weiße Schrift auf schwarzem Grund. Die Macht der Werbegrafiker darf nicht unterschätzt werden. Sie sind talentiert, überzeugend, und wenn es um Direkt-

Marketing geht, oft fehlgeleitet. Direkt-Marketing mit zu viel Einfluß eines Werbegrafikers könnte Preise gewinnen, die sogar an einer Wand aufgehängt werden, aber es bringt keine Aufträge. Wählen Sie einen Werbegrafiker, der sich auf Direkt-Marketing spezialisiert. Es gibt wenige, und sie sind teuer.

14. Verwenden Sie Postkartensendungen, wo immer möglich, weil Postkarten nicht geöffnet werden müssen. Postkarten können Übergröße oder einen langen Text haben. Eine Antwortkarte kann angeheftet sein, und die Postkarte kann ebensoviel bewirken wie eine klassische Werbesendung. Aber ihr bestes Merkmal ist, daß sie bereits offen und lesefertig ist. Sie haben den Fuß bereits in der Tür. Der Schwung, der zum Verkauf führt, hat bereits eingesetzt.

15. Präsentieren Sie Ihre Werbesendung in der Form einer Umfrage. Legen Sie Ihrer klassischen Werbesendung einen Fragebogen bei.

Guerillas, die neue und kleine Firmen betreiben, können viele Dinge tun, die für größere unmöglich sind. Entweder sie staffeln ihre Sendungen und verschicken jeden Tag oder jede Woche nur einige Briefe. Sie können aber auch die Adresse mit der Hand schreiben und auf Etiketten verzichten. Sie haben die Möglichkeit, persönlich zu unterschreiben und das Postskriptum sogar in Handschrift anzufügen. Ich empfehle aber keine handschriftliche Adresse auf dem Umschlag, weil ihr der Professionalismus einer Adresse in Maschinenschrift fehlt. Aber die anderen Dinge vermitteln einen Hauch Persönlichkeit.

Was jeder Guerilla über Telefon-Marketing wissen sollte

Wie Hunderttausende Inhaber florierender Geschäfte wissen, ist das Telefon eines der wirksamsten aller Guerilla-Marketing-Instrumente. Telefon-Marketing ist eines der am schnellsten wachsenden Gebiete des Direkt-Marketings. Zwei Drittel des Telefon-Marketings erfolgen auf Geschäftsebene, während ein Drittel an Endverbraucher gerichtet ist. Das liegt vor allem daran, daß viermal so viele Industrie- wie Verbraucherfirmen Telefon-Marketing betreiben. Und das ist sinnvoll, weil der durchschnittliche Industrieauftrag zwischen 800 und 1000 Dollar beträgt, während der durchschnittliche Verbraucherauftrag in der Größenordnung von 50 Dollar liegt.

Telefon-Marketing hat drei Komponenten. Die Vorbereitung, den Anruf und das Nachfassen.

Die Vorbereitung sollte nicht nur eine Liste der Interessenten mit den besten Anrufzeiten, sondern auch ein Telefon-Marketing-Skript enthalten. Der Anrufer sollte es komplett im Kopf haben, so daß es wie Konversation erscheint. Er oder sie sollten eine freundliche Stimme haben, Fragen stellen, zuhören, mit angemessener Geschwindigkeit (nicht zu schnell, nicht zu langsam) sprechen und den Interessenten beim Namen nennen. Die Grundidee ist immer noch, Verkäufe abzuschließen. Aber Telefon-Marketing wird auch eingesetzt, um einen Auftrag zu erhöhen, eine Verabredung zu treffen, eine Vorführung zu arrangieren, Referenzen zu sichern und sich in der Marktforschung zu engagieren.

Wie beim persönlichen Verkauf wird es bei 30 Prozent der Personen leicht sein zu verkaufen, bei 30 Prozent unmöglich, und 40 Prozent werden Ihnen zeigen, wer ein Verkäufer und wer ein Auftragnehmer ist. Sie wollen nicht, daß irgendwelche der zuletzt Genannten Ihre Telefonleitungen blockieren. Wenn Sie mit Telefon-Marketing Erfolg haben wollen, brauchen Sie Vollblutverkäufer. Die 40 Prozent, die je nach der Qualität des Telefonverkäufers kaufen oder nicht kaufen, werden wahrscheinlich die Gewinne Ihrer Firma ebensosehr wie alle anderen bedeutenden Faktoren beeinflussen.

Die Telefonfirma AT&T erzählt uns, daß der Streß des Telefon-Marketings reduziert wird, wenn Sie Interessenten anrufen, die Informationen angefordert haben oder zu denen Ihre Firma bereits eine Beziehung hat. Viele Regeln des Direkt-Marketings gelten auch für das Telefon-Marketing, insbesondere die Aussage über ständige Tests und laufende Verbesserungen. Für einen richtigen Test sind etwa 100 Anrufe erforderlich. Der Erfolg des Telefon-Marketings verbessert sich drastisch, wenn die anzurufende Person zuerst einen Brief und eine Broschüre mit der Ankündigung des Anrufes erhält. Er sollte am Tag nach Eingang des Briefes erfolgen. Das Resultat wird noch besser, wenn unmittelbar nach dem Anruf ein Brief als Bestätigung des Gesprächs abgeschickt wird. Die Grundidee besagt, daß Telefon-Marketing zwar ein wichtiger Teil, aber nicht das ganze Direkt-Marketing-Programm ist.

Wenn Sie einen Interessenten erst einmal an der Leitung haben – und es erfordert sechs Versuche, um dies zu erreichen –, haben sie 45 Sekunden, um in ihm den Wunsch zur Fortsetzung des Gesprächs auszulösen. Weil es im Telefon-Marketing so viele Ablehnungen gibt, sollten Sie sicherstellen, daß keiner Ihrer Leute länger als vier Stunden pro Tag am Telefon sitzt, Pausen eingeschlossen.

Der Erfolg im Direkt-Marketing sollte nur an einem Faktor gemessen werden: an Rentabilität

Direkt-Marketing in Zeitschriften und Zeitungen mit Coupons und/oder Anrufen zum Ortstarif bewirkt eine geringe Antwortquote, aber die Bevölkerung, die angesprochen wird, kann so groß sein, daß die Antwortquote nicht annähernd so bedeutend ist wie die einfache Rentabilität. Wenn Sie 2000 Mark für Werbung in Zeitschriften und Zeitungen investieren und sich an 22 000 Mark Gewinn erfreuen, was kümmert es Sie dann, daß Ihre Antwortquote nur 0,0001 Prozent betrug?

Jedes Direkt-Marketing lebt oder stirbt mit der Qualität des Angebotes, aus dem die Gewinne sprudeln. Erfolgreiches Direkt-Marketing in den Massenmedien hängt zum großen Teil auch von der gewählten Schlagzeile ab. Fotos wirken besser als Zeichnungen – vergessen Sie nicht die Bildtexte –, und scheuen Sie sich nicht, ausführliche Texte zu schreiben. Das Leserinteresse fällt nach 50 Worten ab, aber zwischen 50 und 500 Worten gibt es kaum einen weiteren Verlust an Lesern. Setzen Sie Ihre Coupons und Anrufe zum Ortstarif ein, um Aufträge oder Nachfragen nach Broschüren zu erhalten.

Das Fernsehen wird zunehmend auch zum rentablen Direktantwort-Medium. Ich bin sicher, daß Sie auf eine immense Anzahl von Angeboten an Schallplatten, ganz zu schweigen von Haushaltsgeräten und anderen Artikeln, gestoßen sind. Der größte Teil dieser Fernsehspots mit der Möglichkeit der Direktantwort dauert zwei Minuten. Bei den besten werden mindestens 20 bis 30 Sekunden für Bestellinformationen aufgewendet: Preis, Anruf zum Ortstarif, Adresse, Akzeptanz von Kreditkarten. Außerdem kauft man viele Spots »pro Auftrag«, wobei der Fernsehsender nach der Anzahl Ihrer Aufträge bezahlt wird. Das ist für beide fair – wenn Sie genügend Order erhalten.

Mein bester Rat für die Fernsehwerbung mit Direktantwort ist, sie so zu kreieren, daß es nicht wie Fernsehen mit Direktantwort aussieht. Ich gratuliere der Time Inc., die Kreativität, Schwung und verlockende Bestechungen einsetzt. Ihre durchschlagenden Fernsehwerbespots mit Direktantwort sind so interessant wie viele Programme und ähneln kaum den üblichen aggressiven, visuell nicht ansprechenden Fernsehspots mit Direktantwort.

Ein hervorragender Aspekt dieses Mediums ist, daß ein Test in einer mittleren Großstadt so wenig kostet. Oft wird Ihnen das Fernsehstudio einen niedrigen Preis für die Produktion Ihres Spots anbieten – vergessen Sie nicht, ihn selbst zu schreiben, statt das dem Studio zu überlassen –, wenn Sie ihn auf seinem Kanal laufen lassen. Es lohnt sich, diese Möglichkeit zu prüfen, weil das Fernsehen so viele Menschen erreicht.

Wie beim Direkt-Marketing in anderen Massenmedien sind die Antwortquoten des Fernsehens gering, die Gewinne aber oft gigantisch. Es sehen Millionen Menschen fern, so daß kein hoher Prozentsatz an Antworten erforderlich ist, um Ihr Angebot zu einem durchschlagenden Erfolg zu machen. Einige meiner Kunden melden eine bessere Reaktion auf Werbespots im Spätprogramm als in der Hauptsendezeit. Das liegt daran, daß die Nachtmenschen auf Angebote im Fernsehen eingestellt sind.

Eine neue und einzigartige Gelegenheit für viele Guerilla-Firmen in den USA ist das Aufkommen des *Informercials* – halbstündliche Fernsehshows, die in Wirklichkeit ein langer Werbespot sind. Ein *Informercial* enthält 24 Minuten Information, die sich stark an das angebotene Produkt oder die Dienstleistung anlehnt, wie auch sechs Minuten Werbezeit. Diese werden am besten mit drei zweiminütigen Spots genutzt. Einer der größten Vorteile an den *Informercials,* die im Satellitenfernsehen, Kabelfernsehen oder im normalen Fernsehsender gesendet werden, sind die niedrigen Kosten. Heute gibt es *Informercials* schon für 200 Dollar. Natürlich, dafür erhalten Sie eine halbe Stunde außerhalb der Hauptsendezeit, aber es werden eine Menge Leute zusehen. Und wenn Sie diese 30 Minuten mit faszinierendem Bildmaterial, dynamischen Informationen und einem verlockenden Angebot füllen, werden viele der Zuschauer kaufen. Diese Gelegenheit des Guerilla Marketings wächst mit blitzartiger Geschwindigkeit, während wir uns auf das 21. Jahrhundert zubewegen, die Alternativen des Fernsehens wachsen, die Kosten aber sinken weiter.

Wenn Sie ein Guerilla sein wollen, erforschen Sie das Direkt-Marketing, und untersuchen Sie die vielfältigen Möglichkeiten, die Ihnen helfen können. Machen Sie ein Mailing. Versuchen Sie Telefon-Marketing. Denken Sie an Direktantworten mit Coupons in Zeitungen. Bieten Sie ein Produkt oder zumindest eine kostenlose Broschüre in Zeitschriften an. Probieren Sie es mit Fernsehen, wenn es für Ihr Produkt geeignet ist. Die niedrigen Testkosten machen Direkt-Marketing für Guerillas sehr reizvoll. Sie wissen, daß ein erfolgloser Test sehr wenig kostet und eine

Lektion erteilt. Dagegen verspricht ein guter Test ansehnliche Gewinne.

Erwarten Sie bei vielen Ihrer Tests Fehlschläge. Erwarten Sie Erfolg bei nur wenigen. Aber diese werden die anderen mit Leichtigkeit finanzieren. Sie brauchen nur einen einzigen erfolgreichen Test. Idealerweise werden Sie dazu in der Lage sein und am Ende als Sieger dastehen.

Kapitel 14

Die Hauptperson

Die Hauptperson in der Guerilla-Marketing-Aktion ist ohne jede Frage *Ihr Kunde.* Die Guerilla-Marketing-Aktion dreht sich um den Kunden, verehrt den Kunden und ist verschwenderisch in Service, Qualität und Energie, um zufriedenen Kunden zu dienen.

Da immer mehr Firmen lernen, daß diese Zufriedenheit des Verbrauchers für den langfristigen Erfolg auf dem Markt absolut erforderlich ist, lernen auch immer mehr Menschen, erstklassigen Service zu erwarten und zu verlangen. Doch den meisten Firmen ist dieses Erfordernis nur kläglich bewußt. Die richtige Geisteshaltung muß auf jeder Ebene Ihres Geschäfts gegenwärtig sein, im Herzen jedes Angestellten und zu jeder Zeit. Das ist viel verlangt, in der Tat, aber nicht für einen Guerilla – weil ein Guerilla erkennt, daß die Zufriedenheit der Kunden mit dem ersten Kontakt zwischen ihm und ihnen beginnt und *fortdauert, solange die Firma im Geschäft ist.* 80 Prozent des verlorenen Umsatzes sind nicht Folge schlechter Qualität, sondern des Versäumnisses, die Kunden weiterhin mit allen Anstrengungen zu motivieren und sie zufriedenzustellen.

Ihre Kunden und Interessenten kennen das Gefühl der Zufriedenheit, und sie möchten sie jederzeit spüren. Thomas Peters, Mitautor von *Auf der Suche nach Spitzenleistungen,* sagt: »Im allgemeinen ist der Service in Amerika hundsmiserabel.« Dies wird der Inflation der 70er Jahre zugeschrieben, die viele Firmen zwang, ihren Service einzuschränken, um ihre Preise auf einem vernünftigen Niveau zu halten. Die Deregulierung brachte weitere Preiskriege und ebensolche Einschnitte im Service. Firmen entdeckten, daß ein Betrieb mit Selbstbedienung und

Computern möglich war. Kein Guerilla wird sich diese Entdeckung zu Herzen nehmen. Ein Guerilla würde erkennen, daß der Mangel an menschlicher Mitwirkung viel zu auffällig ist, und gerade dieses Element bewirkt viel mehr Kundenloyalität als irgendein Computer.

Die Menschen in Ihrem Betrieb sollten im Kundendienst sehr gut ausgebildet sein. L. L. Bean, eine äußerst erfolgreiche Versandwerbefirma, läßt jeden Angestellten 40 Stunden ausbilden, bevor er mit Kunden zu tun hat. Alle 5000 Taxifahrer in Miami in Florida müssen jetzt einen dreistündigen Kursus in Höflichkeit (Der Kursus heißt: »Miami Nice«) absolvieren, der zu einem 80prozentigen Rückgang der Kundenbeschwerden geführt hat. Karl Albrecht und Ron Zemke, die Verfasser von *America! Doing Business in the New Economy,* sagen: »Menschen im Service können so roboterhaft in ihren Handlungen werden, daß sie jede Kundenfrage mit einer standardisierten Aussage beantworten.« Das mag eine Bekanntmachung des amerikanischen Verkehrsministeriums aus dem Jahre 1986 erklären, nach der Beschwerden über den schlechten Service bei Fluglinien in jenem Jahr um 30 Prozent anstiegen. Hat Ihre Firma Regeln für das Verhalten bei Kundenbeschwerden – eine Methode, mit unzufriedenen Kunden umzugehen? Falls nicht, dann beachten Sie eine gute Regel für den Anfang:

Der Kunde hat immer hundertprozentig recht,
selbst wenn der Kunde hundertprozentig unrecht hat.

Weichen Sie von dieser Regel nicht allzuweit ab, und Sie werden in der Lage sein, verärgerte Kunden zu Stammkunden zu machen, die anderen begeistert von dem Superservice erzählen, den sie bei Ihnen genießen.

Ein unzufriedener Kunde bietet also viele Möglichkeiten für einen Marketing-Guerilla. Ein zufriedener Kunde ebenso.

Zuerst müssen Sie Ihre Kunden gewinnen. Sie tun das, indem Sie die Prinzipien der ersten 13 Kapitel praktizieren. Aber wenn das alles ist, was Sie tun, wird Ihre Umsatzkurve bald in der falschen Richtung verlaufen. Der Nicht-Guerilla schwelgt vorübergehend in Selbstgefälligkeit und Selbstzufriedenheit, wenn er das Geschäft gemacht hat. Der Nicht-Guerilla ist entzückt und überwältigt von dem schnellen Geld, der sofortigen Belohnung, der schnellen Spritze. Als Guerilla sollten auch Sie zu Recht die erfreuliche Erregung empfinden, Ihren Kunden gewonnen zu haben – ohne zu vergessen, daß das nur der erste Schritt war. Nur wenige Geschäfte florieren, wenn sie bloß den ersten Schritt tun.

Das Spektakel hat gerade erst begonnen; es stehen noch weitere Schritte aus. Dazu kann gehören, dem Kunden per Post oder Telefon zu danken. Ein anderer mag sein, einem wichtigen Kunden zu schreiben, sich zu vergewissern, daß alles glatt verläuft und ihn zu fragen, ob Sie noch *irgend etwas* für ihn tun können. Ein weiterer Schritt bestünde darin, dem Kunden ein Sonderangebot für ein ähnliches Produkt zu offerieren. Wenn Sie erst einmal bewiesen haben, daß Sie sorgfältigen Service leisten, sollten Sie den Kunden bitten, Sie seiner oder ihrer Familie, Freunden und Nachbarn zu empfehlen. Sie können ihm versichern, daß Sie ihn großzügig belohnen, wenn ein neuer Kunde den Namen eines »älteren« erwähnt.

Das Spiel setzt sich fort. Sie senden dem Kunden Werbematerial, in dem Sie ihm neue Produktinformationen und Daten anbieten, von denen Sie wissen, daß sie für seine Person nützlich sind. Sie laden den Kunden zu Sonderverkäufen, Seminaren, Parties, Vorführungen oder zu anderen Veranstaltungen ein, die seine Beziehung zu Ihnen vertieft. Erklären Sie den Kunden zum Mitglied Ihres »Clubs«. Vielleicht schicken Sie ihm ein Geschenk, vielleicht einen schönen Kaffeetopf, der mit dem Namen Ihrer Firma *und* dem Namen des Kunden persönlich verziert ist.

Denken Sie zu jeder Zeit, daß der Kunde ein Individuum und ein menschliches Wesen darstellt, dessen Zufriedenheit *niemals selbstverständlich* ist. Das wird Sie daran hindern, unpersönlichen Service zu leisten.

Der Wert eines einzigen Kunden sollte nicht überschätzt

werden, wie folgendes Beispiel erläutert. Der Firmeninhaber, der den unkonventionellen Methoden des Marketings blind gegenübersteht, wird einem Kunden einen Artikel für 100 Dollar verkaufen und sich über den Gewinn von 50 Dollar freuen. »Donnerwetter!« denkt der Nicht-Guerilla. »Dieser Kunde hat mir 50 Dollar gebracht!«

Hat der Guerilla-Geschäftsinhaber auch diesen Gedanken? Nein, der Guerilla sieht es ganz anders. Der Verkauf des 100-Dollar-Artikels brachte ihm 50 Dollar Gewinn. Aber der Guerilla erkennt, daß mit richtigem Service und sorgfältiger Kundenpflege dieser Verbraucher während der gesamten Laufzeit des Geschäftes 100 000 Dollar wert sein kann. 100 000 Dollar? Ja, vielleicht sogar mehr als das.

Zur Guerilla-Marketing-Aktion gehört Nachfassen für Wiederholungskäufe, die *vier* 50-Dollar-Gewinne während des Jahres, also insgesamt 200 Dollar Gewinn im ersten Jahr einbringen können. Wenn Sie auch in den folgenden Jahrzehnten für eine kontinuierlich gute Beziehung zwischen den Kunden und sich sorgen, kann die Rechnung fortgesetzt werden: (z. B.) 20 Jahre mal 200 Dollar Gewinn ergeben 4000 Dollar pro Kunden.

Regelmäßiges Nachfassen wird zu Empfehlungen und Mundpropaganda führen, die mindestens fünf weitere Kunden anlocken. Das stellt einen potentiellen Gewinn von *weiteren* 20 000 Dollar dar. Wenn diese fünf Kunden ebenfalls erstklassig behandelt werden, könnte es jeder von ihnen fünf weiteren erzählen *und so den Gewinn vom allerersten Kunden auf 100 000 Dollar treiben.*

Deshalb handeln Guerillas so fürsorglich und gleichzeitig energisch *nach* dem Verkauf. Weil das so wenige andere Geschäftsinhaber nachahmen, verlieren sie den größten Teil ihres Geschäfts wegen gleichgültiger Haltung nach dem Verkauf; dieses Manko ist Marketing-Guerillas unbekannt. Das ist eine tödliche Krankheit, die sie mit derselben Vorsicht meiden, wie Pocken und Klapperschlangen. Wahren Guerillas sitzt das Wissen vom Wert der Kunden tief unter der Haut. Und das reicht noch nicht einmal aus. Sie erkennen, daß sie die Verpflichtung haben, jeden einzelnen ihrer Mitarbeiter zur hervorragenden Behandlung des Kunden zu motivieren. Diese Ausrichtung auf Service und Betreuung ist so durchdringend, daß der Kunde sie tatsächlich fühlt. Marketing-Guerillas stellen sicher, daß ihre Verbraucher sie fühlen, über sie lesen, sie sehen, und wenn möglich, sie schmecken und riechen.

Jeder weiß, daß zwar der Chef das Gehalt zahlt, der Kunde aber das Geld bringt. Als Guerilla sollten Sie also drei Ziele ständig vor Augen haben: Eine erfolgreiche Geschäftsführung, Ihre völlige Hingabe an die Kunden und das Bestreben, den Kundenkreis zu vergrößern. Kunden müssen gewonnen, dann bedient und ständig hofiert werden. Je mehr Sie Ihr Geschäft auf die Zufriedenheit Ihrer Kunden ausrichten, desto zufriedener werden Sie selbst sein.

Guerillas sind sich des Lauffeuers bewußt, mit der sich Kritiken ausbreiten. Eine Gegenmaßnahme ist beispielsweise die kundenfreundliche Behandlung von Beschwerden. Das ist die Politik, die eine langfristige Beziehung aufrechterhält, selbst dann, wenn der Kunde vor Ärger finster dreinblickt. Diese Strategie diktiert einwandfreien Service im Falle einer Panne. Sie ist tief im Geist jedes einzelnen Mitarbeiters verwurzelt und das, was Ihre Kunden von Ihnen erwarten. Übersehen Sie nicht, daß Ihre Verbraucher vorher von weniger kundenfreundlichen Firmen enttäuscht wurden. Fehler treten überall auf, selbst bei Guerillas und ihren Kunden. Aber als Guerilla reagieren Sie kundenfreundlich und verwandeln verärgerte Stamm-Kunden wieder in zufriedene, die sich anschließend begeistert über Ihren Service auslassen werden, nachdem das Problem gütlich bereinigt wurde.

Die Anatomie eines Kunden

Amerikaner zwischen 50 und 70 Jahren verfügten 1989 über 77 Prozent der vorhandenen Geldmittel – und dieser Prozentsatz wächst ebenso wie die Altersgrenze. Eigenartigerweise bemühen sich die meisten Firmen hauptsächlich um die Altersgruppe zwischen 18 und 34 Jahren, obwohl es fast genauso viele Menschen in der Altersgruppe von 35 bis 59 Jahren gibt – jenem Kreis mit dem erwirtschafteten Einkommen. Wie die *New York Times* berichtet, glauben die meisten Firmen, daß ältere Verbraucher nicht die Marke wechseln, was sich nach Untersuchungen als falsch erwiesen hat. Die Wahrheit ist, daß Menschen über fünfzig mindestens 30 Jahre Einkaufserfahrung haben. Sie kennen sich aus und lassen sich durch nichts anderes als solide Information anlocken. Diese Personen finden es beruhigend, wenn sie etwas Schriftliches vorfinden. Deshalb enthalten Verpackungen immer mehr Informationen. Gleichzeitig werden der Service zuvorkommender und Garantien reeller, um ältere, skeptischere und erfahrene Käufer zu gewinnen. Heute werben bereits der Fremdenverkehr, Versicherungen, Banken und Finanzdienste aktiv um die Altersgruppe über 50. Sie sollten dasselbe in Erwägung ziehen. Eine im April 1988 von der Firma Donnelley Marketing durchgeführte Marktuntersuchung enthüllte, daß Marketing-Experten die älteren Verbraucher nicht verstehen. Sie erkennen nicht ihre Ausgaben, ihre Ausrichtung an Qualität und ihre Bereitschaft, Marken zu wechseln. Guerillas passiert dieser Lapsus nicht; sie wissen genau, worauf es dabei ankommt.

Unabhängig von der Demografie Ihrer eigenen Kunden würde eine Überprüfung folgendes ergeben:

- Es macht ihnen nichts aus, viel Geld für ein Produkt oder eine Dienstleistung auszugeben, solange die Qualität den Preis rechtfertigt.
- Sie waren mißtrauisch, als sie das erste Mal etwas von Ihnen kauften. Sie haben genügend Horrorgeschichten darüber gehört, daß selbst kluge Leute bei zwielichtigen Geschäften Geld vergeudet haben. Sie wollen keinen Fehler machen und empfinden Ihnen gegenüber ein unbewußtes Gefühl der Dankbarkeit, wenn Sie sie davor schützen. Sie respektieren Sie.

- Sie haben Erwartungen, die einerseits auf dem beruhen, was Sie durch Ihr Marketing vermittelt haben, und andererseits auf früheren Erfahrungen als Kunden.
- Sie haben ein elementares menschliches Verlangen nach Sicherheit, Würde, Selbstachtung, aber auch Achtung vor anderen. Sie suchen nach einem Vertrauensverhältnis. Voraussetzung dafür ist, daß Sie und Ihr Personal dieses Vertrauen aufbauen *wollen*. Wenn Ihre Mitarbeiter nicht in der Lage sind, ein herzliches Verhältnis zu Ihren Kunden anzustreben, sollten sie besser woanders angestellt sein.
- Sie haben Emotionen und Gedanken. Sie alle haben Erfahrung als Kunden, als Käufer. Sie mögen auch Erfahrung als Verkäufer haben. Sie wollen, daß sie kundenfreundlich sind, obwohl sie dieses Wort wahrscheinlich nie gebraucht oder gehört haben. Sie hatten jedoch mit Geschäften zu tun, die kundenfreudlich waren oder nicht. Sie sind sich des Unterschiedes bewußt.
- Sie sind nicht auf Sie angewiesen. Aber Sie sind auf sie angewiesen.
- Sie tun Ihnen einen Gefallen, wenn sie Ihnen die Gelegenheit geben, sie zu bedienen. Sie tun ihnen mit der Bedienung keinen Gefallen; damit wird Ihre Arbeit nicht unterbrochen. Sie sind der Zweck Ihrer Arbeit.
- Sie sind für Ihr Geschäft keine Außenstehenden. Statt dessen sind sie ein lebenswichtiger Bestandteil. Sie halten es aufrecht. Je mehr Sie das erkennen, desto stabiler wird Ihr Betriebsergebnis sein.
- Sie sind keine Leute, mit denen man streitet. Glauben Sie, Ihr Geschäft könnte einen Disput mit einem Kunden gewinnen? Guerillas wissen, was das heißt: In einer einzelnen Disziplin zu gewinnen, aber den ganzen Wettkampf zu verlieren.
- Sie offenbaren Ihnen ihre Wünsche und Probleme. Es ist Ihre Aufgabe, sie zu erfüllen und zu lösen. Je besser Sie diese Aufgabe erledigen, desto rentabler wird Ihr Geschäft sein.
- Sie sind die Basis für die meisten erfolgreichen Ge-

schäfte – durch Wiederholungskäufe und Empfehlungen. Das Gegenteil verursacht geschäftliche Fehlschläge.

Wie wird eine Firma kundenfreundlich?

Es beginnt mit dem Wunsch, das zu sein und mit der Energie, sicherzustellen, daß sich dieser Wunsch in Ihrer gesamten Organisation verbreitet und *dort ständig fortbesteht*. Dann ist es erforderlich, daß jeder, der mit Kunden zu tun hat, an die Goldene Regel für Guerillas denkt:

Versuchen Sie stets so zu denken, wie Ihr Kunde denkt

Versetzen Sie sich in die Lage Ihrer Kunden: Sehen Sie sich Ihr Geschäft mit deren Augen genau an. Suchen Sie ein Geschäft auf, das Ihrem ähnelt. Bewerten Sie aufrichtig seinen Empfang, seinen Service, seine Identität. Achten Sie darauf, was Ihre Aufmerksamkeit erweckt. Bestimmen Sie, was Ihnen gefällt. Konzentrieren Sie sich auf das, was bei Ihnen einen Kauf bewirken würde. Warum wäre das so?

Nehmen Sie die Rolle eines Kunden ein. Lassen Sie Ihre Angestellten, vor allem Ihre Verkäufer, die Rolle der Kunden übernehmen. Ermuntern Sie sie, die Einwände zu erheben und die Fragen zu stellen, die bei Kunden auftreten. Wenn Sie das unterlassen, wird Ihnen für immer eine wichtige Perspektive fehlen. Wenn Sie verkaufen, hören Sie jenen Kunden sorgfältig zu, die Sie herausfordern und es Ihnen wirklich schwermachen. Sprechen Sie sie auf ihre Bedürfnisse an. Gewinnen Sie sie für sich mit Ihrem starken Interesse an dem, was sie wünschen und Ihrer Fähigkeit, es zu bieten.

Einfühlungsvermögen ist ein wertvoller Charakterzug, wenn Sie es mit einer Kundenbeschwerde zu tun haben. Wenn ein Kunde sich die Zeit nimmt zu reklamieren, glaubt er, daß Sie etwas daran ändern können. Stellen Sie sicher, daß Sie dieses Vertrauen belohnen. Demonstrieren

Sie so klar wie möglich die einzelnen Schritte, die Sie *persönlich* unternehmen werden, um diesen Kunden vollständig zufriedenzustellen.

Jeder weiß, daß Guerillas etwas spionieren müssen. Spionieren Sie ein wenig, indem Sie Ihr Geschäft mit einer Bitte um Auskunft anonym anrufen. Rufen Sie zwei Konkurrenten mit derselben Bitte an. Vergleichen Sie das Verhalten, die Schnelligkeit, die Freundlichkeit und die Brauchbarkeit der Antworten. Prüfen Sie auch mit einem Adlerauge das Nachfassen. Regeln Sie alles, was geregelt werden muß. Übertreffen Sie im Service Ihre Konkurrenz in jeder Hinsicht.

Belohnen und ermutigen Sie Verbesserungsvorschläge Ihrer Angestellten, besonders im Bereich des Service. Einer meiner Kunden, ein Einzelhändler, überreicht jedem seiner Mitarbeiter, die im Service Hervorragendes leisten, eine neue 50-Dollar-Note – besonders bei Routineaufgaben, bei denen sie sich dennoch die Zeit nehmen, zusätzliches Engagement zu zeigen. Bringen Sie Ihre Dankbarkeit deutlich zum Ausdruck, wenn Ihr Personal gute Vorschläge macht, die den Service noch mehr verbessern.

Es ist keine Frage, daß die Beziehungen zum Personal die Beziehungen zu den Kunden widerspiegeln. Deshalb müssen Sie sich als Guerilla in Ihren Beziehungen zum Personal selbst übertreffen. Behandeln Sie die Mitarbeiter herzlich, und diese Herzlichkeit wird sich entfalten. Erkennen Sie die Besonderheiten Ihrer Angestellten an, und sie werden dasselbe bei den Kunden tun. Stellen Sie hohe Anforderungen, und informieren Sie vertraulich und kurz diejenigen, die sie nicht erfüllen, darüber, wie sie den hohen Standard erreichen können, für den Sie bekannt werden müssen.

Diese Idee muß zunächst von Ihnen, dann von Ihrem Management-Team und den Mitarbeitern verstanden werden. Ihre hohen Anforderungen – und Ihre Firma – werden wahrscheinlich nach Ihrem niedrigsten Standard beurteilt. Die Verbraucher schätzen guten Service und höfliches Verhalten zweifellos, erinnern sich aber nicht so genau daran und sprechen kaum darüber. Sie setzen das selbstverständlich voraus. Sind sie jedoch aus irgendeinem Grund enttäuscht und unzufrieden, ändert sich ihr Verhalten schlagartig; dann wird gemault. Deshalb sollte Liebenswürdigkeit gegenüber den Kunden in Ihrer ganzen Firma präsent sein.

Hämmern Sie den Gedanken: »Jeder von uns *ist* die Firma« allen ein, die für Sie arbeiten. Erkennen Sie auch, daß Kundenzufriedenheit kein Kostenfaktor, sondern eine Investition ist. Zum Beispiel bietet ein Autohändler seinen Kunden einen Zubringerdienst zu öffentlichen Verkehrsmitteln. Das kostet Zeit und Geld. Aber es hält Stammkunden und beschert neue.

Firmen, die sich aufgrund ihres Dienstes am Kunden bemerkenswert hoher Gewinne erfreuen, haben gewisse Merkmale gemeinsam: Sie setzen erstaunlich hohe Leistungsstandards. Sie sind besessen davon zu erfahren, was der Kunde wünscht. Sie wissen, daß die Kundenerwartungen verstanden und gemanagt werden müssen, bevor sie erfüllt und übertroffen werden können. Sie entwerfen Ihre Produkte und Dienstleistungen, um die Zufriedenheit der Kunden zu erhöhen. Sie rackern sich in dem Versuch ab, eine Firma zu sein, mit der die Zusammenarbeit reibungslos klappt. Sie wissen, daß das Geld, das sie in den Dienst am Kunden investieren, sich in Zufriedenheit der Kunden und Gewinnen für sie selbst auszahlt. Sie wiederholen immer wieder, daß Dienst am Kunden die Verantwortung jedes einzelnen in der Organisation bedeutet.

Sind die Kunden von heute anders als die Kunden von gestern?

Natürlich: Kunden ändern sich ständig. Sie sind informierter, anspruchsvoller, besser an den außergewöhnlichen Service aus den wachsenden Reihen der Marketing-Guerillas gewöhnt.

Die Kunden von heute sind auch aktiver. Wenn sie unzufrieden mit Ihrem Produkt oder Ihrer Dienstleistung sind, werden sie es wahrscheinlich weitererzählen, zumindest ihren Freunden, Verwandten, Kollegen, der Verbraucherzentrale, der Handelskammer und der Lokalzeitung. Sie könnten sogar das Fernsehen anrufen. Ihre Aktivität führt in allen Branchen zu besserer Qualität und Leistung. Sie bringt ihr Haus in Ordnung.

Die heutigen Kunden sind detailbewußt. Sie achten auf Dinge wie Sauberkeit, Höflichkeit, Bequemlichkeit, Verpackung und auf die Sorgfalt, die Sie für die äußere Erscheinung Ihres Geschäfts aufwenden. Im Disneyland kann man die freundlichen Disney-Serviceleute nicht übersehen, die ständig umherwandern und jeglichen Abfall wegräumen. Sie *wissen,* daß dies ein gut geleiteter Betrieb ist.

Sie bekommen niemals eine zweite Chance, einen guten ersten Eindruck zu machen. Die heutigen Kunden würdigen erstklassigen Service. Sie erkennen ihn, wenn er geboten wird, und sie neigen dazu, Geschäfte zu bevorzugen, die ihn beständig bieten. Wenn ein Kunde erst einmal sieht, daß seine Bedürfnisse, Wünsche und Wertvorstellungen servicebewußt aufgenommen werden, wird dieser Kunde Teil einer Kerngruppe, die das Fundament für Ihren Erfolg stellen wird.

Guerillas betrachten Dienst am Kunden nicht als Handlung oder Tat. Sie sehen ihn als fortdauernden Verhaltensmodus, der zu einer langfristigen Beziehung führt. Dieses Verhältnis gleicht einer zweispurigen Straße, in der der Service bei Ihnen abfährt und das Wiederholungsgeschäft mit einem Fluß unzähliger Empfehlungen von Ihrem Kunden aus in Bewegung gerät.

Das Hauptprodukt des Guerillas

So wie der Kunde die Hauptperson in einer Guerilla-Marketing-Aktion ist, ist der Dienst am Kunden das Hauptprodukt. Kunden kaufen keine Produkte und Dienstleistungen. Sie kaufen Erwartungen.

Ihre Fähigkeit, diese Erwartungen zu erfüllen und sie dann zu übertreffen, ist der wahre Grund, weshalb Kunden zu Ihnen zurückkehren. Jeder Kunde würde Ihr Produkt oder Ihre Dienstleistung als Ihr Hauptprodukt bezeichnen. Aber im Unterbewußtsein des Kunden ist das Hauptprodukt die Antwort auf die Frage, wie gut Sie sein Vertrauen in Sie belohnen, und wie beständig Sie es pflegen.

Selbstbeobachtung ist hier nützlich. Fragen Sie sich selbst: Wie fühlen Sie sich, wenn Sie ignoriert werden? Natürlich schlecht. Deshalb tun Sie *alles,* um zu vermeiden, daß Ihre Kunden ignoriert werden – am Telefon, im Büro, im Laden. Lassen Sie es nie dazu kommen.

Fragen Sie sich selbst: Welche Firmen, mit denen ich zu tun habe, geben mir das beste Gefühl? Habe ich diese Geschäfte mehr als einmal aufgesucht und anderen empfohlen? Sie können es von den Guerillas Ihres Umfeldes erfahren. Denken Sie auch daran, daß eine Firma nicht neu oder klein sein muß, um sich als Guerilla zu qualifizieren.

Fragen Sie sich selbst: Was ist leichter für meine Firma zu erreichen, ein Erstverkauf oder ein Wiederholungsverkauf? Die Antwort liegt auf der Hand.

Schließlich sollten Sie sich fragen: Was können wir tun, um den Dienst am Kunden zu verbessern und mit ihm zu kommunizieren?

Geben Sie sich unaufhörlich die Antworten, und Sie sind als Marketing-Guerilla auf dem Weg zum Erfolg, denn Sie verstehen den Wert der Hauptperson in Ihrer Guerilla-Marketing-Aktion.

Kapitel 15

33 Marketing-Mythen

Der Weg zum unternehmerischen Erfolg ist mit Stolpersteinen gepflastert, die als Worte der Weisheit verkleidet sind. Wenn Sie erst einmal aktiv im Marketing engagiert sind, werden Sie mit einer Unzahl diesbezüglicher Maximen konfrontiert.

Gewiß, viele Maximen des Marketings treffen zu und werden den Klugen immer als Richtschnur dienen. Aber dieses Kapitel handelt von jenen Mythen, die noch nie stimmten. Seien Sie auf der Hut. Sie sind teuer und die Ursache zerstörter Hoffnungen und falscher Produktplanung.

Die Schnelligkeit, mit der sich Marketing ändert, ist ein Grund dafür, warum aus Fakten Fiktionen werden. Außerdem hat die Psychologie erst vor kurzem die Irrtümer und Möglichkeiten im Marketing aufgezeigt. Geschäftsinhaber, die nicht auf dem neuesten Stand sind, fallen zurück. Und das bedeutet, nach Mythen zu leben, die angeblich Wahrheiten sind. Verstecken Sie diese Mythen dort, wo sie Ihre Klassiker aufbewahren. Behandeln Sie sie mit demselben Respekt: Sie mögen angenehm zu lesen sein, sind aber kein Weg, eine Eisenbahn anzutreiben, geschweige denn eine Marketing-Kampagne.

Bedeutet dies, daß *alle* von ihnen *immer* als Mythen anzusehen sind und nie befolgt werden sollen? Nein, so ist es nicht. Es wird Ausnahmen geben, und es muß sie *zeitweise* geben. Leo Burnett pflegte seine Mannschaft zu erinnern: »Es ist wichtig, die Regeln zu kennen, damit Sie auch wissen, wann Sie sie brechen müssen.« Ich füge dem hinzu: »Es ist wichtig, die Mythen zu kennen, damit Sie sich ihrer bewußt sind, wenn sie vor Ihnen auftauchen und sich als Regeln maskiert darstellen.«

Mythos: Es ist gut, viele Flächen in Anzeigen, Broschüren und anderen Drucksachen freizulassen

Tatsache: Ihre Kunden und Interessenten sind nicht an freien Flächen interessiert. Sie wollen Informationen, z. B. darüber, was Ihr Produkt oder Ihre Dienstleistung bewirken können.

Wenn Sie Flächen freilassen anstatt Informationen in Form von Eigenschaften, Vorteilen oder spezifischen Ideen abzudrucken, die für Ihre Interessen nützlich sein könnten, verschwenden Sie Geld. Werbegrafiker, die große Flächen freilassen, um eine Information oder ein visuelles Element damit zu umgeben, verlassen sich auf einen fantasielosen und teuren Blickfang, statt auf starke grafische Anziehungskraft. Drucksachen sollten die Aufmerksamkeit durch Substanz und nicht durch Leere auf sich lenken.

Es ist kaum eine Frage, daß freie Flächen den ästhetischen Reiz der meisten Drucksachen erhöhen. Aber es gibt weit intelligentere Wege, teuren Marketing-Raum ästhetisch zu nutzen, als ihn unausgefüllt zu lassen.

Mythos: Die Leute öffnen höchstwahrscheinlich dicke Briefumschläge

Tatsache: In Tagen angenehmer Ruhe vor dem täglichen Direktwerbe-Wirrwarr zogen dicke Briefumschläge die Leser mit versteckten Versprechungen an, ein Warenhaus voller Informationen und Angebote offerieren zu können. Heutzutage verheißen diese üppigen Umschläge reine Zeitverschwendung; sie enthalten eine Fülle verwirrender und unwichtiger Materialien.

Sie könnten jedoch erwägen, den Empfänger für Ihre Post zu interessieren, indem Sie Ihrem Brief eine hübsche Kleinigkeit beilegen, z. B. einen Kugelschreiber, mit dem eine Antwortkarte auszufüllen ist. Dieses Spielchen würde nicht als aufdringlich angesehen, und der eigenartige Eindruck des Umschlages würde nicht als Effekthascherei empfunden. Auch eine besonders kurze, »Laufzettel« genannte Notiz zu Ihrer klassischen Werbesendung würde nicht ihre Wirkung verfehlen. Laufzettel werden gewöhnlich zur Hälfte gefaltet und auf der Vorderseite mit dem Hinweis versehen: »Wenn Sie nichts anderes lesen, lesen Sie dies!« Ihnen enthüllen Sie die Hauptidee – den einfachen Kern Ihres Angebots. Laufzettel steigern das Leserinteresse, ohne die Masse zu erhöhen.

Heute erhöht Quantität die Kosten und verringert das Leserinteresse. Vermeiden Sie einen dicken Briefumschlag, wenn Sie keinen wirklich guten Grund dafür haben und Ihr Außenumschlag keine hochwirksame Information enthält. Sie laufen sonst Gefahr, daß er sofort ungeöffnet im Papierkorb landet.

Mythos: Verwenden Sie kurze Texte. Die Leute werden ausführliche nicht lesen

Tatsache: Das ist einer der gefährlichsten, kostspieligsten und dümmsten Mythen im Marketing. Die Menschen lesen lange Bücher, lange Artikel, lange Briefe. Sie lesen, was immer sie interessiert, und je mehr das der Fall ist, desto mehr wollen sie davon.

Wenn Ihnen ein Angebot unterbreitet wird, erhoffen Sie sich genügend Informationen, um vor dem Kauf – oder dem Nichtkauf – eine sachkundige Entscheidung zu treffen. Wenn Sie ungenügend informiert sind, werden Sie nicht kaufen. Versorgen Sie die Menschen mit mehr Mitteilungen als notwendig, und sie werden wahrscheinlich kaufen oder auch nicht. Halten Sie diese Informationen zurück, werden sie sicherlich nicht kaufen.

Dünkel in den Köpfen der Nicht-Guerillas verbietet es ihnen anzubieten, zu verkaufen und dabei womöglich eine Ablehnung zu riskieren. Deshalb produzieren sie Marketing-Unterlagen mit spärlichen Texten, weil sie aus irgendeinem seltsamen Grund davon ausgehen, daß die

Menschen dann nicht erkennen können, es handle sich um Marketing. Aber die Leute wissen, daß es Marketing ist, selbst wenn es keinen Text enthält. Jene, die sich nicht darum kümmern, was angeboten wird, kümmern sich auch nicht um das Marketing. Diejenigen, die sich damit beschäftigen, was angeboten wird, wollen soviel wie möglich darüber wissen. Verwehren Sie ihnen nicht diese Information.

Auf entsetzlichste Weise wird dieser Mythos in Broschüren mit kurzem Text angewandt. Broschüren sind das ideale Medium für lange Texte. Man erwartet von ihnen, daß sie auf Einzelheiten eingehen. Die Interessenten fordern sie gewöhnlich an oder nehmen sie mit, weil sie Informationen wollen. Aber leider kommen wißbegierige Interessenten bei vielen Broschüren mit einigen wenigen schönen Bildern und ein paar Absätzen Prosa zu kurz. Broschüren müssen als Chance zum Verkauf behandelt werden und dürfen nicht versteckt und unbenutzt vor sich hinschlummern.

Mythos: Es ist teuer, Rundfunk- und Fernseh-Werbezeit zu kaufen

Tatsache: Rundfunk- und Fernseh-Werbezeit muß nicht teuer sein. Die Preise sinken regelmäßig. Sie lassen sich leicht herunterhandeln und erweisen sich oft als großartiger Wert. Das gilt besonders für das Fernsehen, das in den USA heute mancherorts für drei Dollar pro Minute zu haben ist.

Mythos: Es ist teuer, einen wirkungsvollen Fernsehwerbespot zu produzieren

Obwohl 1987 die durchschittlichen Produktionskosten für einen 30-Sekunden-Spot 93 000 Dollar betrugen und einige Qualität besaßen, waren viele dieser Hochpreis-Spots doch miserabel. Im selben Jahr wurden Unmengen von 30-Sekunden-Fernsehwerbespots für weniger als 1000 Dollar produziert. Einige dieser Niedrigpreis-Spots wirkten genauso schlecht wie die miserablen mit hohem Preis, andere dagegen waren äußerst wirkungsvoll. Die Idee machte den Unterschied aus, nicht die Kosten der Produktion.

Gelungenes Fernsehen gründet sich auf eine interessante Idee, die dem Verbraucher visuell ansprechend klargemacht wird. Sie wird von ausgefallenen Geräuschen, gewöhnlich einer Mischung aus Worten, Musik und manchmal Toneffekten, unterstützt. Es sind keine 93 000 Dollar erforderlich, um 30 Sekunden gutes Fernsehen zu produzieren.

Erforderlich sind aber eine ausgeprägte Vorstellungskraft, ein Gefühl für das Produkt oder die Dienstleistung, außerdem der Sinn dafür, was die Interessenten wünschen, und Erkenntnisse darüber, welchen Vorteil sich die Zielgruppe erhofft. Notwendig sind gleichfalls eine glaubwürdige Präsentation und der Verzicht auf überflüssige Spezialeffekte, hochbezahlte Darbieter, prächtige Räume und inhaltslose Tricks.

Viele, die für die Produktion von Fernsehwerbespots verantwortlich sind, sehen ihre Aufgabe darin, an der Spitze der Fernsehtechnologie zu wirken und die Zuschauer mit Unterhaltung zu verwirren. Jemand sollte sie daran erinnern, daß es ihre Aufgabe ist, das Produkt interessant und wünschenswert zu gestalten. Es gibt zwar eine Menge Showbusiness im Marketing, aber nicht nur das. Die Vermittlung von soliden Verkaufsideen kostet nicht mehr als die von seichten. Oft soll ein teurer Werbespot den Mangel einer guten Idee oder eines Vorteils für den Verbraucher verheimlichen. Im übrigen lassen sich Kosten dadurch sparen, daß Sie mehr als einen Spot gleichzeitig produzieren, eine genaue Vorbesprechung durchführen und sicherstellen, daß jeder Beteiligte weiß, was er am Tag der Aufnahme zu tun hat. Nehmen Sie den Spot erst einmal auf. Vertonen Sie ihn später.

Mythos: Verkaufen Sie die Lösung, nicht das Ergebnis

Tatsache: Ein Produkt läßt sich am leichtesten verkaufen, wenn man es als Lösung eines Problems anbietet. Tun Sie alles, um Probleme zu identifizieren, die Ihre Interessenten haben. Dann positionieren Sie Ihr Produkt oder Ihre Dienstleistung als die beste Lösung für diese Schwachstelle.

Die Guerilla-Marketing-Aktion fordert, daß Sie sich auf den Interessenten konzentrieren und dann das Problem erkennen. Wenn Sie Ihr Angebot als seine Lösung anbieten, folgen Sie dem Weg des geringsten Widerstandes zum Verkauf, und Ihre Aktion hat Erfolg.

Mythos: Wenn Sie das richtige Angebot, den richtigen Preis, die richtige Werbesendung und die richtige Adressenliste haben, wird Ihr Mailing Früchte tragen

Tatsache: Ich wünschte, es wäre so leicht. Das sehr wichtige *Timing* ist allerdings noch zu berücksichtigen. Wenn Ihr Direkt-Marketing Spitzenqualität hat, aber Ihr Timing falsch ist, verfehlen Sie den Markt. Einer Ihrer wertvollsten Verbündeten in der erbarmungslosen Marketing-Szene wird der Bezug zur Realität sein. Zu dieser Realität gehört der Stoß von Werbung, der täglich bei Ihren Interessenten eingeht. Ihre Mailings werden idealerweise nicht zu diesem Stoß gehören, weil Ihr Timing richtig war.

Mythos: Großartiges Marketing wirkt schlagartig

Tatsache: Großartige Preisnachlässe wirken schlagartig. Großartige befristete Angebote wirken schlagartig. Aber großartiges Marketing besteht nicht allein aus Sonderpreisen und wiederholten befristeten Angeboten.

Großartiges Marketing besteht darin, in Ihren Interessenten den Wunsch nach Ihrem Angebot zu wecken. Das läßt sich mit Hilfe von zeitlich limitierten Angeboten beschleunigen. Früher oder später führt aber dieses Prinzip des schnellen Geldes dazu, daß das Publikum kauft und dann auf den nächsten Sonderverkauf wartet. Verzichten Sie darauf, bleiben auch die Käufer aus.

Mythos: Die Leute haben vorgefaßte Meinungen über Marketing

Tatsache: Eine Untersuchung bei 5000 Personen in den Vereinigten Staaten, mit der ihre Haltung zum Marketing bestimmt werden sollte, enthüllte, daß die Mehrheit (67 Prozent) nicht genug über Marketing nachdachte, um darüber irgendeine Meinung zu besitzen. Ich habe eine Meinung, und Sie haben eine Meinung. Aber die Öffentlichkeit hat wichtigere Dinge im Kopf als Marketing.

Mythos: Marketing sollte unterhalten und amüsieren

Tatsache: Dieser Mythos ist einer der verbreitetsten im Marketing. Das Showgeschäft sollte unterhalten und amüsieren. Marketing sollte Ihr Angebot verkaufen.

Um zu sehen, wie unterhaltendes und amüsierendes Marketing den elementaren Reiz des Produktes oder des Dienstes beeinträchtigt, brauchen Sie nur Ihre Zeitung oder Zeitschrift nach spaßigen, witzigen oder gereimten Schlagzeilen zu durchsuchen. Oder betrachten Sie im Fernsehen jene Spots, an die Sie sich so gut erinnern, nicht aber daran, für welches Produkt geworben wurde. Die Werbebranche wiederholt unaufhörlich den Kult der cleveren Marketing-Information mit Auszeichnungen, bei denen für Glitz und Glitter, Humor und Originalität, Spezialeffekte und ohrenbetäubende Musik Preise verliehen werden. Vergessen Sie das!

Mythos: Es ist nicht möglich, kreativ zu sein, wenn man gewisse Produkte und Dienstleistungen anbietet

Tatsache: Man nahm früher an, daß es im Versicherungs-Marketing keinen Raum für Kreativität gäbe – keinen Platz für Kreativität im Marketing professioneller Dienstleistungen, keinen Weg, fesselnde Bankenwerbung zu zeigen. Dieser Mythos ist von Firmen widerlegt worden, die Kreativität einsetzten, um menschliches Verhalten zu beeinflussen, statt nur Preise oder ein Grinsen zu gewinnen. Heute haben in Amerika alle Anbieter – von Ärzten bis zu Einzelhändlern – die Gelegenheit, ultrakreativ zu sein. Wenn man erst einmal über die Denkweise hinweggekommen ist, daß kreatives Marketing Kunst statt Geschäft sei, können Firmen und Personen in allen Branchen mit ihrer Information, ihren Medien, ihren Angeboten, ihren Werbesendungen und in ihrem gesamten Marketing kreativ sein.

Mythos: Niemand achtet auf Fernsehwerbespots

Tatsache: Nun, ich beachte Fernsehwerbespots genauso, wie es andere Marketing-Leute tun. Was aber noch wichtiger ist: 39 Prozent der Amerikaner erklärten 1987 in einer Untersuchung, daß sie alle Fernsehwerbespots vor, in und nach den von ihnen gesehenen Programmen aktiv verfolgen.

Das Medium Fernsehen (inklusive der Werbespots) löst Faszination aus. Wie Sie richtig vermuten, verhalten sich die TV-Zuschauer sehr unterschiedlich, wenn die Spots über den Sender laufen: Einige überspielen ihn oder reduzieren die Lautstärke, andere schalten auf fremde Kanäle um, unterhalten sich, verlassen den Raum oder beschäftigen sich anderweitig. Glauben Sie aber nicht, daß er vorbeirauscht. Vier von zehn Zuschauern beachten ihn. Und vier von zehn stellen eine Menge Leute dar, darunter viele Interessenten für Ihr Angebot. Warum sonst würden so viele Firmen überhaupt Fernsehwerbung betreiben?

Mythos: Werbung im Fernsehen verbessert Ihr Image

Tatsache: Wenn das Fernsehen auch teilweise zum Showbusiness gehört, ist mit Werbung im Fernsehen wenig Glanz verbunden. Es gibt einen Hauch von Glanz, wenn Sie Anzeigen in elitären Publikationen wie *Architectural Digest, Vogue* oder *Town and Country* schalten. Es gibt auch eine feine Assoziation von Solidität, wenn Sie in angesehenen Wochenzeitungen und -zeitschriften wie *Times, Newsweek* oder *U. S. News and World Report* annoncieren. Aber wenn Sie nicht Sponsor der Olympischen Spiele oder der Oscar-Verleihung sind und auch nicht von Ihrem lokalen Fernsehsender speziell als Sponsor erwähnt werden, sollten Sie besser auf diese Erwartung verzichten. Die erhoffte glamouröse Identität wird damit nicht aufgebaut.

Mythos: Marketing sollte öfter geändert werden, damit es sich nicht abnutzt

Tatsache: Je länger exklusives Marketing ein Produkt oder eine Dienstleistung fördert, desto besser. Guerillas schaffen Marketing-Strategien, mit denen Sie fünf bis zehn Jahre, ja sogar noch länger, leben können. Der Weiße Riese ist schon lange lebendig, und Palmolive sorgt seit geraumer Zeit für schöne Hände. Diese Firmen wären kaum erfolgreicher gewesen, wenn sie ständig ihr Marketing geändert hätten, um es frisch und neu zu erhalten.

Mythos: Marketing ist erfolgreich, wenn es sich einprägt

Tatsache: Marketing ist erfolgreich, wenn das Produkt oder die Dienstleistung vom Anwender akzeptiert und erworben werden. Das hat nichts mit dem Gedächtnis zu tun. Diverse Untersuchungen haben absolut keine Verbindung zwischen Erinnerung an Marketing und Kauf ergeben. Dieselben Überprüfungen bewiesen, daß es belanglos ist, ob man Ihr Marketing mag oder nicht. Es kommt nur darauf an, ob die Kunden von Ihrem Marketing motiviert werden, Ihr Angebot zu kaufen oder nicht. Procter & Gamble testet Werbespots, um zu sehen, ob die Leute sich an die Hauptaussage des Spots erinnern, nicht aber unbedingt an den Spot selbst. Viele einprägsame sind von Werbespotliebhabern vorwärts und rückwärts zitiert worden und haben Körbe voller Preise gewonnen, während der Umsatz des Produktes aber stagnierte oder sogar erheblich sank. Es geht nicht darum, wie einprägsam Sie Ihr Marketing gestalten, sondern darum, für wie unverzichtbar Sie das Produkt darstellen.

Mythos: Public-Relations-Geschichten haben eine kurze Lebensdauer

Tatsache: Wenn eine Zeitschrift oder eine Zeitung einen für Sie günstigen Artikel über Ihr Geschäft veröffentlichen, können Sie ihn lesen, darüber lächeln und ihn dann aus dem Gedächtnis der Öffentlichkeit schwinden lassen – Sie können aber auch mehrere Dinge tun, damit er bewußt in Erinnerung bleibt. Hier sind einige Wege, um das zu ermöglichen.

1. Lassen Sie den Beitrag kopieren, und legen Sie ein Exemplar Ihrer nächsten Werbesendung bei:
2. Stellen Sie einen großen Nachdruck des Artikels her, rahmen Sie ihn ein, und hängen Sie ihn in Ihrem Laden oder Ihrem Empfangsbereich aus.

3. Fügen Sie auch Ihrer nächsten Broschüre eine Kopie des Artikels bei.
4. Benutzen Sie Auszüge aus dem Artikel für Ihre Werbekampagne.
5. Versenden Sie den Artikel zusammen mit einer Pressemitteilung, einem Informationsblatt und Ihrem Foto an einen Kontaktmann beim regionalen Rundfunk oder Fernsehen. Nachrichten nähren sich selbst.

So mancher Guerilla macht noch heute Geschäfte mit einer fabelhaften PR-Geschichte, die vor Jahren lief. Eine Public-Relations-Story hat nur dann eine kurze Lebensspanne, wenn Sie sie sterben lassen. Guerillas sind Meister der Wiederholung von Publizität.

Mythos: Schlechte Publizität ist besser als gar keine Publizität

Tatsache: Schlechte Publizität ist schlecht für Ihr Geschäft. Keine Publizität ist für Sie sehr viel gesünder. Die Leute lieben den Tratsch, besonders über Firmen, die etwas so Schlechtes getan haben, daß in der Zeitung oder im Fernsehen darüber berichtet wurde. Deshalb breitet sich schlechte Mundpropaganda so schnell aus.

Für einen namenlosen Politiker, der irgendeine Art von Publizität sucht, ist schlechte Publizität vielleicht besser als keine – einfach deshalb, damit man seinen Namen kennt. Aber ich bin mir dabei nicht so sicher – sicher aber darin, daß schlechte Publizität etwas ist, das keinem Guerilla mit Selbstachtung Freude bereitet.

Mythos: Kleine Firmen können es sich nicht leisten, in nationalen Zeitschriften oder großen regionalen Zeitungen zu werben

Tatsache: Heute können sich kleine Firmen die Regionalausgaben vieler nationaler Zeitschriften ebenso leisten wie die Stadtteilausgaben vieler großer Regionalzeitungen. Die Welt der Medien richtet sich immer mehr auf kleine Firmen aus, besonders auf die der Marketing-Guerillas.

Mythos: Mundpropaganda-Marketing ist alles, was ein großartiges Geschäft braucht

Tatsache: Erstaunlicherweise halten viele sonst gut informierte Geschäftsleute diesen Mythos für wahr.

Wie bringt ein großes Unternehmen die Leute dazu, das Wort überhaupt zu verbreiten? Marketing ist die Antwort. Wie erfahren die Leute über den kleinen Laden, wenn er neu ist? Durch Marketing. Warum kommen die Leute – jene, die die Empfehlungen geben? Sie kommen wegen des unwiderstehlichen Marketings.

Es ist wahr, daß großartiges Marketing so viele Menschen zu einem großen Kaufhaus locken kann, und daß dann die Mundpropaganda aktiv und wirksam ist. Aber das braucht Zeit; die Zeit zum Verhätscheln von Kunden – diejenigen, die zunächst aufgrund des Marketings kamen. Das Hofieren der Kunden ist ohnehin Marketing.

Ich kenne einige Unternehmer, die ihr Marketingziel erreicht hatten. Aber ich habe auch andere erlebt, die ihr Marketing aufgaben, nur um festzustellen, daß ihnen ein Konkurrent ihre Kunden wegschnappt.

Die Guerilla-Marketing-Aktion verlangt so viel Qualität und Service, daß Mundpropaganda-Marketing eines Ihrer wirksamsten Instrumente wird. Sie sollten alles tun, um es zu begünstigen und zu fördern. Aber ich empfehle nicht, daß Sie sich nur darauf verlassen. Die Konkursrichter werden von Geschäftsleuten überlaufen, die glaubten, sie könnten im Marketing sparen, indem sie alles der Mundpropaganda überließen. Im Leben ist es nicht so einfach. Und Guerillas wissen das.

Mythos: Der Zweck des Marketings ist, maximalen Umsatz zu erzeugen

Tatsache: Der Zweck des Marketings ist, maximale Gewinne zu erreichen. Ein hohes und sich steigerndes Umsatzvolumen ist erfreulich, aber nicht, wenn es auf Kosten der Gewinne geht. Ich kenne ein Geschäft, das der Meinung war, es könnte eine Menge Möbel verkaufen, wenn es den Käufern kostenlos Ware dazu gibt. Eine massive Werbekampagne wurde gestartet. Die Interessenten strömten in Scharen in den Ausstellungsraum und kauften alles, was greifbar war. Sie nahmen den Laden mit dem Angebot wertvoller Geschenke beim Wort. Als der Trubel abgeebbt war, jubelte der Ladenbesitzer. Er hatte einen Umsatzrekord erzielt und mehr Waren verkauft als je zuvor. Erst einige Wochen später verkündete der Controller der Firma, der für die Kasse verantwortlich war, traurig, daß die Firma bei der Aktion Geld verloren hatte. Die Kosten des Marketings und der verschenkten Waren waren katastrophal hoch. Der Firmeninhaber wurde schnell zum Marketing-Guerilla. Nachdem seine Wunden geheilt waren, wiederholte er die Aktion, bot aber dieses Mal die teureren Artikel zum Kauf an und verschenkte nur preiswerte Waren. Auf diese Weise verdiente er Geld.

Fast jeder Geschäftsinhaber kann seinen Umsatz mit ausreichendem Marketing und einem verlockenden Angebot erhöhen. Aber es ist ein Guerilla erforderlich, um die Gewinnkurve durch Marketing steiler ansteigen zu lassen. Erhöhter Umsatz ist gut, aber erhöhte Gewinne sind der Grund, weshalb Guerillas Marketing lieben.

Mythos: Qualität ist der Hauptentscheidungsfaktor zur Beeinflussung des Umsatzes

Tatsache: Qualität ist der zweitwichtigste Entscheidungsfaktor zur Beeinflussung der Umsätze; Vertrauen in das Geschäft ist der wichtigste.

Niemand will das beste Produkt kaufen, wenn es mit dem schlechtesten Service angeboten wird. Die Menschen sind nicht an Qualität interessiert, wenn sie Selbstachtung opfern müssen. So wie Mundpropaganda-Marketing ein integraler Bestandteil der Guerilla-Marketing-Aktion ist – aber nicht der einzige Teil –, sind Qualitätsprodukte ebenfalls Schlüsselelemente in der Aktion – aber nicht die einzigen Elemente.

Auch Dienst am Kunden muß erkennbar sein. Eine freundliche Haltung ist ebenfalls erforderlich. Der Kunde muß als etwas Besonderes herausgehoben werden. Ihm sollten ausgewählte Produkte angeboten werden, die Bequemlichkeit, Flexibilität bei den Zahlungskonditionen und das Gefühl eines guten Wertes versprechen. Interessenten werden zu Kunden in Geschäften, die glaubwürdig sind – in Dekor, Kleidung, Auslagen, Marketing, ihren Mitarbeitern und besonders in ihrem Ruf, Wert zu bieten. Diese Merkmale *plus* Qualität beeinflussen den Umsatz. Leider wird Qualität allein dieser Aufgabe nicht gerecht.

Mythos: Es ist wichtig, immer irgend etwas zu verkaufen

Tatsache: Verkäufe mit Preisnachlässen können sehr gefährlich sein. Sie führen zu einem schnellen Ansturm und erhöhtem Volumen, aber das kann zur Sucht werden und reißt den Geschäftsinhaber immer wieder zu Sonderverkäufen hin. Damit wird der Umsatz jedoch unproduktiv.

Die Interessenten warten auf eine neue Verkaufsaktion, bevor sie kaufen. Wenn der Geschäftsinhaber damit zögert, werden die Interessenten andere Geschäfte aufsuchen. Sonderverkäufe reizen auch eine Gruppe von Menschen, die vor den besten Waren zurückschrecken und sich statt dessen auf die billigsten konzentrieren. Solche Kunden bilden eine ungesunde Kundenbasis. Leute, die ein Geschäft wegen einer speziellen Verkaufsaktion aufsuchen, werden wahrscheinlich nicht zu Stammkunden.

Sie sind eine unbeständige Menge, die immer dort hingeht, wo gerade die Preise am niedrigsten sind.

Herabgesetzte Preise fressen die Gewinne, untergraben oft die Glaubwürdigkeit und dienen als Entschuldigung für den Mangel einer kreativen Verkaufsidee. Wenn Sie ein Geschäft ohne jede Sonderverkaufsaktion aufbauen können, zeigen sich Ihre Kunden loyaler. Sie werden Ihr Geschäft häufiger aufsuchen und Mundpropaganda in einem Ausmaß betreiben, das den »niedrigen Preis« weit übersteigt.

Ich empfehle nicht, Sonderverkäufe mit Preisnachlässen völlig zu vermeiden. Sie sind für einen Guerilla wertvoll. Ich empfehle nur, nicht von dieser Art der Verkäufe abhängig zu werden.

Mythos: Es ist sehr sinnvoll für eine kleine Firma, die Dienste einer Werbeagentur in Anspruch zu nehmen

Tatsache: Es ist nicht sehr sinnvoll, die Dienste einer Werbeagentur in Anspruch zu nehmen. Bessere Arbeit zu vernünftigeren Preisen leistet ein Marketing-Berater.

Natürlich, eine Werbeagentur neigt dazu, die Werbung als das wichtigste Rädchen im Marketing-Zyklus zu sehen. Häufig trifft das genaue Gegenteil zu. Die kleine Firma braucht eine Mailing-Kampagne in Verbindung mit Telefon-Marketing. Die meisten Werbeagenturen sind nicht darauf eingerichtet, ein solches Programm zu bieten. Viele haben noch nie eine Direkt-Werbesendung verfaßt oder auch nur ein Telefon-Marketing-Skript gesehen. Schließlich sind sie *Werbe*agenturen, und Mailings betrachten sie nicht als Werbung.

Obwohl sich die Spitzenleute einer Werbeagentur bei einer kleinen Firma vorstellen werden, um das Geschäft zu sichern, landen die Aufträge für die Firma oftmals bei den jüngsten Mitgliedern der Agentur. Da sie ein Unternehmen ist, zielt sie auf maximalen Gewinn, und es ist einfach nicht rentabel, ihren höchstbezahlten Angestellten den Auftrag einer gerade gegründeten Firma zu überlassen. Dies gilt nicht für alle Agenturen. Und es bedeutet auch nicht, daß jüngere Werbeleute weniger talentiert sind als ihre erfahrenen Senioren. Aber es gilt im Prinzip bei den meisten Agenturen.

Werbeagenturen haben hohe Gemeinkosten, die gewöhnlich durch die Dienste für ihre größeren Auftraggeber entstehen. Kleinere Firmen bezahlen die Agenturen und tragen damit einige der Gemeinkosten, die ihnen nicht nützen. Wenn die Agentur eine moderne Marktforschungs-Abteilung hat, weil einige der Großunternehmen es fordern, kann Ihre kleine Firma helfen, diese Abteilung zu finanzieren, selbst wenn Sie ihre Dienste nicht beanspruchen. Ihre kleine Firma hilft auch, hohe Mieten zu bezahlen, die manche Werbeagenturen aufbringen müssen, um Kunden mit ersten Adressen am Platz anzulocken. Überprüfen Sie Ihre ortsansässigen Agenturen, um Alternativen zu diesen horrenden Honoraren zu finden. Überprüfen Sie gleichzeitig die Marketing-Berater, die die Werbung in ihre richtige Perspektive setzen; die nur das berechnen, was sie liefern, die persönlich an Ihrem Marketing und für Sie arbeiten und notfalls freiberufliche Talente einsetzen.

Mythos: Sie können Geld sparen, indem Sie Ihr Marketing in Ihrer eigenen Firma mit Ihren Mitarbeitern entwickeln

Tatsache: Wenn Sie auf die Hilfe von Profis verzichten, müssen Sie eine mögliche Gefahr einkalkulieren.

Die vielversprechendste Marketing-Strategie kann durch irgendeinen Fingerzeig auf fehlende Professionalität in Ihren Broschüren, Anzeigen, Plakaten, Briefen usw. zunichte gemacht werden. Die Grundidee ist, Vertrauen zu gewinnen, und Sie werden kein Vertrauen mit hausgemachtem Kreativmaterial gewinnen – wenn Sie nicht hervorragend sind.

Mit Ihrem kompletten Marketing verbindet sich eine Meta-Nachricht – eine nonverbale Aussage über Ihre Firma. Diese Meta-Nachricht wird von dem Gefühl und dem Ton Ihrer Worte und Bilder, Ihrem Schriftbild und Papier, Ihrer Anzeigengröße und Media-Auswahl getragen. Sie ist in jedem Produkt genauso wichtig wie Ihre Aussagen. Kleine Firmen, die weniger als Vortrefflichkeit in ihrem Marketing vermitteln, sparen kleine Geldbeträge, während sie große sabotieren.

Einige Firmen führen ihre gesamte Marketing-Aktion mit Erfolg im eigenen Haus durch; sie entwickeln eigenständig die strategische Planung, den Text, die Grafik, den Media-Einkauf, das Telefon-Marketing und die gesamte Produktion. Ich gebe Ihnen mein festes Versprechen, daß sie die Ausnahmen von diesem Mythos sind.

Mythos: Wenn Ihr Geschäft eine solide Kundenbasis aufgebaut hat, können Sie das Marketing einstellen

Tatsache: Sie können Ihr Marketing drastisch in dem Bereich drosseln, in dem sich der erste Ihrer drei Märkte befindet. Sie mögen sogar das Marketing für Ihren zweiten Markt – Ihre Interessenten – einschränken. Aber Sie sollten bei Ihren Kunden – ihrem dritten und potentiell lukrativsten Markt – immer werben. Selbst wenn Ihre Angebote Ihre Kunden voll zufriedenstellen, werden immer noch einige dieser begehrten Bürger Sie verlassen. Es wird nicht Ihre Schuld sein, es entspricht dem Lauf der Zeit. Diese verlorenen Kunden sind entweder weggezogen, gestorben, von einem Konkurrenten abgeworben worden, haben ihre Kaufkraft verloren, oder es liegen viele andere Gründe vor, die nicht auf Sie zurückfallen.

Sie müssen Marketing deshalb kontinuierlich betreiben, um den natürlichen Schwund aufzuholen. Sie können Ihre Marketing-Ausgaben guten Gewissens einschränken, wenn Ihre Kundenliste genügend Namen aufweist. Wenn

Sie gerade ausreichend in die Interessenten investieren, um die verlorenen Kunden zu ersetzen, außerdem großzügig bei Ihrem eigenen Kunden-Marketing sind, können Sie die zuletzt genannten Investitionen verringern, während Ihre Gewinne in die Höhe schnellen.

Mythos: Wenn Kunden sagen, sie möchten einige Zeit »darüber nachdenken«, bevor sie kaufen, werden sie das tatsächlich tun und wahrscheinlich auch zurückkehren, um zu kaufen

Tatsache: Sie alle kaufen, aber nicht von Ihnen. Wenn eine Person, die etwas verkauft, mit einer Person verhandelt, die einkauft, wird ein Geschäft abgeschlossen. Entweder wird der Interessent das Produkt erwerben, oder der Verkäufer glaubt seine Geschichte, weshalb er noch unschlüssig war oder nachdenken möchte. Vergessen Sie nicht, daß der Kunde kaufen will, wenn er Ihr Geschäft besucht. Verläßt er es jedoch vorzeitig, hat er sich plötzlich anders entschieden. Es gibt Ausnahmen, aber nur wenige. Die beste Zeit für einen Verkaufsabschluß ist während oder nach dem Kundengespräch.

Mythos: Für wirksames Marketing müssen Sie mehr Geld ausgeben, als Sie sich leisten können

Tatsache: Die Guerilla-Marketing-Aktion kann für jedes Budget maßgeschneidert werden. Sie können mit jedem Budget wirksam Marketing betreiben. Der Grund Ihrer Wirksamkeit kann sich dadurch stark erhöhen, daß Sie Ihr Marketing-Budget als Investition und nicht als reinen Kostenfaktor betrachten.

Wenn Sie nicht geschäftserfahren sind, werden Sie vielleicht die große Bedeutung des Marketings für Ihr Unternehmen nicht erkennen. Viele intelligente Leute versagen, wenn sie ihr eigenes Geschäft gründen, weil sie niemals die Bedeutung des Marketings erkannt haben. Echte Unternehmer sind bereit, das mit dem Marketing-Konzept verbundene Risiko einzugehen. Sie sehen Marketing als etwas an, worauf sie keinesfalls verzichten sollten und auch nicht können. Sie mögen mehr zu investieren haben als geplant und mehr als Sie wollen, aber wenn Sie in eine Guerilla-Marketing-Aktion investieren, wird es Ihren finanziellen Rahmen nicht übersteigen, sondern Ihren Möglichkeiten entsprechen.

Mythos: Sie sollten so viele Medien wie möglich einsetzen

Tatsache: Sie sollten so viele Medien einsetzen, wie Sie wirksam einsetzen können. Wenn sich ein Medium für Sie als ungünstig erweist, dann halten Sie sich besser von ihm fern. »Richtig« bedeutet, daß auf eine Weise produziert wird, die Vertrauen weckt und häufig genug erscheint, um viel Aufmerksamkeit zu erregen und einen bleibenden Eindruck zu hinterlassen. Richtig bedeutet auch, Anzeigen zu schalten, in denen Sie ebenso bedeutend wie Ihr Wettbewerb hingestellt werden, und zwar sowohl in Ihrer Aussage wie in Ihrer Meta-Nachricht.

Es ist besser, zwei Medien richtig einzusetzen, als in vier unzureichend zu werben. Guerillas wissen, daß es eine Eigendynamik zwischen allen Medien gibt, die sie anwenden. Deshalb setzen Sie so viele wie möglich ein. Aber Sie sollten wissen, wo die Grenzen liegen.

Mythos: Die Wiederholung einer Marketing-Information ist langweilig

Tatsache: Es mag für Sie langweilig sein, aber das wird für Ihre Interessenten und Kunden nicht zutreffen. Die

Wiederholung prägt Ihren Nutzen in das Unterbewußtsein Ihrer Kunden ein. Wiederholung langweilt diese geduldigen Menschen nicht.

Mythos: Marketing ist zu komplex, um von Ihnen gesteuert zu werden

Tatsache: Guerilla Marketing ist nicht zu komplex, um von Ihnen gesteuert zu werden. Guerilla Marketing nimmt dem Lehrbuch-Marketing den Hokuspokus und enthüllt, was es wirklich bietet – einen Reichtum an Gelegenheiten, Kunden zu dienen und ihr Leben zu verbessern. Jede dieser Gelegenheiten fordert Zeit, Anstrengung oder Vorstellungskraft. Aber sie sind verständlich, und Sie können Vorteile daraus ziehen. Marketing-Tätigkeiten wie Plakatanschläge, Frankieren, Korrespondenz o. ä., womit Ihnen wertvolle Zeit verlorengeht, lassen sich delegieren. Suchen Sie einen erfolgreichen Profi, und setzen Sie ihn optimal in Ihrem Marketing ein, während Sie sich auf Ihr Hauptgeschäft konzentrieren.

Weil Sie mit einer klaren Strategie und einem Kalender arbeiten, ein konkretes System der Bewegung nutzen und danach entsprechend entscheiden, haben Sie das Marketing voll unter Kontrolle. Nie wieder werden Sie vor aggressivem Marketing zurückschrecken, weil Sie glauben, daß Sie es nicht steuern können.

Mythos: Große Firmen können Guerilla Marketing nicht anwenden

Tatsache: Wie immer mehr Großunternehmen entdecken, können und sollten große Unternehmen Guerilla Marketing bei jeder Gelegenheit anwenden.

Die Prinzipien Engagement, Investition, Beständigkeit, Vertrauen, Geduld und Auswahl sind bei den Großen genauso anwendbar wie bei den Babies. Riesige Unternehmen erfahren die Macht der Mini-Medien. Hochgestellte Manager schreiben persönliche Briefe, um Multimillionen-Dollar-Geschäfte zu beeinflussen. Telefonanrufe bei Schlüsselpersonen ersetzen ältere und verbreitetere Marketing-Methoden.

Große Firmen sind in der Lage, die Liste der 100 Instrumente zu bewerten und dabei mehr herauszufinden, als sie für möglich gehalten haben. Wenn es um einen so gravierenden Einsatz wie das Überleben und die Gewinne geht, ist es auch für große Firmen sinnvoll, jede Gelegenheit zu nutzen und Taktiken anzuwenden, die man nicht in Lehrbüchern findet. Die Idee ist, Marketing wie ein Guerilla zu betreiben, unabhängig von der Größe Ihrer Gesellschaft.

Mythos: Geschenke anzubieten ist unter Ihrer Würde und der Würde Ihrer Interessenten und Kunden

Tatsache: Wenn Sie ein Geschenk überreichen, das von Ihren Interessenten und Kunden als wertvoll angesehen wird, kommt es zu keinem Verlust der Würde. Sie müssen bei der Auswahl der Geschenke nach bestem Ermessen handeln. Beabsichtigt beispielsweise eine Privatklinik, Ihren Patienten mit besonderer medizinischer Behandlung eine kleine Freude zu bereiten, sollten ausgefallene Streichholzbriefchen oder Aschenbecher mit aufgedrucktem Kliniknamen natürlich nicht als Geschenke ausgewählt werden. Das wäre eine äußerst unprofessionelle und zugleich geschmacklose Entscheidung. Die Würde und das Niveau der Medizinerzunft blieben aber durchaus gewahrt, wenn sie ansprechende Bücher über Erste Hilfe verschenken würden.

Banken, Versicherungen und Unternehmen aller Art und Größen finden Artikel, die prächtige Geschenke für ihre Interessenten und Kunden sind. Viele dieser Präsente erhöhen tatsächlich die Glaubwürdigkeit der Firma, statt sie zu beeinträchtigen.

Mythos: Alles, was wirklich zählt, liegt im Umsatz der Ware und einem ehrlichen Gewinn

Tatsache: Guter Geschmack und Feingefühl zählen ebenso. Marketing ist als Teil der Massenkommunikation und als integraler Bestandteil des Informationszeitalters ein Abschnitt des evolutionären Prozesses. Er unterrichtet, informiert, enthüllt, klärt auf und beeinflußt das menschliche Verhalten. Weil das so gut ist, hat er die Verpflichtung, niemanden zu beleidigen, seine Produkte mit einem Sinn für Geschmack und Anstand zu präsentieren, ehrlich zu sein und den Kunden tatsächlich zu nützen. Es gibt Guerillas, die auch die gerissenste Konkurrenz übertreffen, aber den Sieg nach einem fairen Kampf davontragen, ohne jemanden beleidigt zu haben.

Mit der Preisgabe dieser verbreiteten Mythen habe ich versucht, Sie vor den Märchen zu schützen, die als Barrieren zwischen Ihnen und dem Erfolg stehen würden. Während das Marketing mit Riesenschritten vorausstürmt, hält die Masse der Marketing-Mythen Schritt.

Neben diesen 33 Mythen müssen Sie Ausschau nach anderen halten, die Ihrem gesunden Menschenverstand widersprechen und die Ihre Instinkte ablehnen. Guerillas sind immer auf der Hut vor gedankenlosen Traditionen im Marketing.

Kapitel 16

Die Aktion weiterführen

Die Guerilla-Marketing-Aktion besteht aus drei Phasen. Um beständig gesunde Gewinne zu erzielen, müssen Sie in allen drei Punkten erfolgreich sein. Zwei von drei möglichen Siegen reichen hier nicht aus.

1. Die erste Phase ist die *Planung*.
2. Die zweite Phase ist der *Start*.
3. Die dritte Phase ist die *Weiterführung*.

Sie haben jetzt den Durchblick und kennen die Taktiken, um Ihr Adrenalin fließen zu lassen und eine ehrgeizige, aggressive und vielschichtige Aktion zu *planen*. Der Schwung, den Sie fühlen, wenn Sie einen fertigen Guerilla-Marketing-Plan und den Kalender in Händen halten, wird Sie anspornen, um die Aktion mit Vitalität erfolgreich zu *starten*.

Soviel Zeit, Energie, Vorstellungskraft und Geld das auch erforderte; es war der leichteste Teil der Aktion. Der schwierigste liegt noch vor Ihnen. Es ist die ständige *Weiterführung* der Kampagne. Dies ist der Schlüssel zur Aktion, zum Konzept des Guerilla Marketings und für Ihre Gewinne. Weil Marketing ein lebendiger Prozeß ist, erfordert es Aufmerksamkeit, Pflege und Zeit.

Ihr Ziel muß sein, Ihr Marketing in Bewegung zu setzen. Wenn Sie ein Guerilla sind, tun Sie das auf eine Weise, die diese Bewegung vorantreibt. Entwickeln Sie Ihren Plan und Ihren Kalender. Kreieren und produzieren Sie Ihre Marketing-Konzeption. Bestellen Sie Ihre Werbezeit oder den Anzeigenplatz und senden Sie die richtigen Materialien mit Anweisungen an die Medien. Planen Sie Ihr Direkt-Marketing-Programm. Wählen Sie

Ihre Adressenliste, und produzieren Sie Werbesendungen, Skripte und ähnliches. Das gehört zum ersten Teil, um Ihre Aktion weiterzuführen.

Der zweite Abschnitt besteht darin, jede Woche eine angemessene Zeit für Verkaufsschulung, Gespräche mit Mitarbeitern (z. B. über Service) und für andere Einzelheiten des Marketings einzuplanen. Die kurze Zeit, die hierfür allwöchentlich erforderlich ist, reicht völlig für diesen Prozeß aus, wenn Sie nicht Ihre Marketing-Aktion mit neuen Informationen für Ihre Interessenten und Kunden vergrößern.

Wenn Sie – oder eine Person, die Sie zum Guerilla bestimmt haben – diese wöchentliche Zeit nicht dem Marketing widmen, wird die richtige Weiterführung einer Großaktion fast unmöglich sein. Sie werden glauben, sich um alle Einzelheiten bereits gekümmert zu haben, aber es wird immer noch keine 100 Prozent erreichen. Suchen Sie nach Reserven.

Wenn Sie auf der anderen Seite mehr als nur einige Stunden pro Woche aufbringen, nachdem die Aktion gestartet ist, machen Sie wahrscheinlich etwas falsch. Wenn Sie keine neuen Ideen kreieren, größere Änderungen vornehmen oder eine saisonbedingte Marketing-Maßnahme vorbereiten, werden Sie dem Marketing wirklich nicht zuviel von Ihrer Zeit widmen müssen. Hervorragendes Marketing verlangt ständige Aufmerksamkeit, aber es ist keine Vollzeitaufgabe.

Die Weiterführung einer zum langfristigen Erfolg bestimmten Guerilla-Marketing-Aktion erfordert 10 Dinge

Eine Person

Vielleicht werden Sie die Person sein, die die Aktion Ihrer Firma plant, startet und weiterführt. Wenn ja, so hoffe ich, daß Sie diese Gelegenheit genießen. Sollte das nicht der Fall sein, sorgen Sie dafür, daß jemand damit beauftragt wird, dem diese Sache Spaß bereitet. Achten Sie darauf, daß die Person, die Sie auswählen, die Persönlichkeitszüge des Guerillas hat: Geduld, Aggressivität, Vorstellungskraft, Feingefühl und ein starkes Ego.

Engagement

Die Person, die die Marketing-Aktion leitet, wie auch der Firmeninhaber, müssen sich beide bei der Planung, dem Start und *insbesondere bei der Weiterführung der Aktion* engagieren. Wenn diese beiden Personen auch noch ein und dieselbe sind, ist das gut. Falls nicht, sollten Sie ein gemeinsames Engagement für den Sieg mitbringen. Ohne das wird Marketing für Sie zur aussichtslosen und teuren Übung im gedankenlosen Geldausgeben, wie das bei vielen amerikanischen Firmen der Fall ist.

Zeit

Stellen Sie einen Zeitplan für die geistige Vorbereitung und praktische Arbeiten auf, den Sie für den Start der Guerilla-Marketing-Aktion benötigen. Halten Sie darin auch eine regelmäßige Zeit pro Woche fest, während der Sie Ihrer Guerilla-Marketing-Aktion neue Energie und Vorstellungskraft widmen können. Diese regelmäßige wöchentliche Marketing-Zeit wird Sie über Ihr Stundeneinkommen hinaus belohnen. Dabei kann es sich um einen Zeitraum handeln, in dem Sie allein Ihre Marketing-Aktivitäten abwägen und erhöhen. Vielleicht bevorzugen Sie auch eine Marketing-Sitzung mit Verkäufern, Personen aus der Produktion, Telefonsachbearbeitern und allen anderen Angestellten, die Kontakt zum Publikum haben. Sie müssen Ihre Marketing-Zeit der jeweiligen Situation und den Zielen anpassen. Aber Sie brauchen nicht zu viel Zeit aufzuwenden, wenn Ihre Aktion erst einmal begonnen hat.

Eine Analyse

Analysieren Sie alle 100 Instrumente des Guerillas. Dies sollte vor dem Entwurf Ihrer Marketing-Strategie geschehen und zweimal im Jahr wiederholt werden – um Ihre Analyse zu verbessern und, wenn notwendig, Ihre Instrumente aufzustocken. Die Guerilla-Marketing-Aktion beginnt mit dieser Analyse, und sie wird angetrieben von dem Wunsch, so viele Instrumente wie möglich zu nutzen. Wenn Sie sie nicht auf die richtige Weise anwenden können, legen Sie sie beiseite, bis es soweit ist. Wenn Ihnen zum Beispiel eine Broschüre und ein Nachfassen durch Telefon-Marketing noch zu teuer sind, legen Sie Ihren Plan für ein Mailing vorerst beiseite. Die Idee ist nicht einfach, alle Ihre Instrumente zu nutzen, sondern sie so zu nutzen, daß sie das von Ihnen gewünschte Ergebnis bringen: Erhöhte Gewinne. Mailings, die zwar eine großartige Sache sind, zehren an Ihrer Zeit und Ihrem Budget, wenn sie Ihnen nicht optimal gelingen. Fernsehen ist ein starkes Medium, aber nicht, wenn Sie einen schlecht produzierten Werbespot haben. Guerilla-Marketing-Instrumente sind keine Spielzeuge. Sie müssen richtig oder überhaupt nicht gebraucht werden.

Eine Strategie

Auf der Grundlage einer in aller Ruhe vorgenommenen Bewertung Ihrer potentiellen Marketing-Mittel – Ihrer Branche, Ihrer Konkurrenz, Ihres Budgets, Ihrer Ziele, Ihres Markts und Ihrer eigenen Person – schaffen Sie eine Strategie in sieben Sätzen, die Ihre Arbeit in den nächsten fünf bis 20 Jahren leiten kann. Stellen Sie sicher, daß sich jeder in Ihrer Firma, der Publikums-Kontakt hat, diese Strategie aneignet und sie auch versteht. Sie werden feststellen, daß Ihnen viele, die sie begreifen, Wege zur Verbesserung aufzeigen können. Sie werden auch feststellen, daß einige Ihrer Konkurrenten alles tun werden, was sie können, um Ihre Strategie zu kopieren.

Sorgen Sie sich nicht. Viele Ihrer Interessenten werden den »Verschnitt« erkennen und Sie daraufhin aufsuchen.

Ein Kalender

Ihr 52-Wochen-Guerilla-Marketing-Kalender wird *jedes Jahr merklich an Umfang zunehmen* – wenn Sie die unterschiedlichen Marketing-Maßnahmen und deren gute wie auch schlechte Ergebnisse miteinander vergleichen. Dies liefert Wissen und Kraft für die Weiterführung Ihrer Aktion. Deshalb erstellen viele Firmen alle 26 Wochen einen neuen Jahres-Kalender. Nach drei Jahren sehen viele Guerillas diesen Kalender als einen ihrer wertvollsten Aktivposten für die langfristige Planung an. Sie stellen fest, daß sie etwas gegen schlechte Monate tun können. Jedes Jahr gewinnt Ihr Kalender an Präzision, während Sie Erfahrung gewinnen.

Die Spurensuche

Wo hat der einzelne Kunde von Ihnen gehört und wo Ihre Interessenten, die noch nicht Kunden sind? Wenn Sie nicht gewissenhaft die Spuren aller neuen Leute, die Ihr Geschäft aufsuchen, zurückverfolgen, werden Sie diese wichtigen Fragen nicht beantworten können. Natürlich ist diese Spurensuche sehr aufwendig, aber Guerilla Marketing erfordert großen Einsatz. Jeder Anruf in Ihrem Geschäft, jeder Besuch in Ihrem Laden, jeder eingesandte Coupon, jede Antwort auf Ihr Mailing sind vergeudete Marketing-Anstrengungen, wenn diese Kontakte nicht zurückverfolgt werden. Diese Spurensuche ist nicht der angenehmste, aber einer der wichtigsten Teile des Marketings.

Trends

Obwohl Ihre Konkurrenten wahrscheinlich auf Sie reagieren werden – kaum umgekehrt –, müssen Sie bereit sein, auf neue Trends im Marketing, in Ihrer Branche, im

Wirtschaftsleben zu reagieren. Sie sollten also mit dem Marketing, Ihrer Branche und dem Leben im allgemeinen Schritt halten. Neue Trends sind Gelegenheiten für Sie, neue Technologien zu instrumentalisieren, Psychologie in Ihre Informationen und Energie in Ihre Aktion zu bringen. Die Anwendung neuer Trends ist die Taktik, mit der Sie der Konkurrenz Rätsel aufgeben und Ihre eigene Aktion nicht vorausschaubar machen. Bücher eignen sich großartig, um Sie regelmäßig zu informieren. Aber auch Zeitschriften und Informationsbriefe bieten das Geheimmaterial, aus dem die Aktion entspringt. Halten Sie Schritt, oder Sie werden zurückfallen.

Der Kunde

Ständiger Kontakt mit dem Kunden nach seinem Kauf erbringt Ihrer Firma die meisten Gewinne. Die Erhaltung dieses Kontaktes bedeutet für Sie ein Vermögen. Hegen Sie ihn! Wählen Sie anhand Ihrer eigenen Branche und Kunden die geeigneten Methoden dafür aus, erhöhen Sie die Anzahl ihrer Wiederholungskäufe und gewinnen Sie neue Kunden durch Empfehlungen. Dies wird relativ einfach sein, wenn Sie *in den Kategorien des Verbrauchers denken*. Was wünscht der Kunde? Was braucht er? Wovon träumt er? Was fürchtet er? Finden Sie Wege, Ihrem Kunden zu dienen und ihm regelmäßig neue Hilfe in Form von Diensten, Produkten und Informationen anzubieten. Es wird eine direkte Beziehung zwischen der Qualität und Beständigkeit Ihrer Kundenkontakte wie auch Ihrem Kontostand geben, wenn Sie eines Tages Ihr Geschäft verkaufen oder in den Ruhestand gehen.

Tu es jetzt

Ein altes chinesisches Sprichwort besagt, daß die beste Zeit, einen Baum zu pflanzen, vor 20 Jahren war. Die zweitbeste ist heute. Über die Guerilla-Marketing-Aktion zu lesen, mag Spaß bereiten, aber es wird Ihre Konkurrenten nicht treffen, Ihr geistiges Potential und Ihren Marktanteil nicht erhöhen und Ihren Cash flow nicht stabilisieren, wenn Sie die Aktion nicht planen, starten und weiterführen. Wäre ich Geschäftsführer einer Firma, die keinen hundertprozentigen Einsatz im Marketing brächte, und fände ich ein Buch wie dieses, wüßte ich, was ich zu tun hätte. Ich würde entweder Bürozeit für die Planung aufwenden oder mich zusammensetzen mit denjenigen, die für eine effektive Marketing-Aktion verantwortlich sind. Marketing ist keine Angelegenheit, über die man grübelt. Es ist etwas, das Sie aktivieren. Und Sie tun es *jetzt,* wenn Sie ein Guerilla und nicht nur ein Zuschauer sind.

Heute werden mehr kleine Firmen gegründet als je zuvor in der Geschichte. Die Erfolgsquote steigt, weil sie immer mehr über Marketing lernen. Überlegen Sie:

- 1970 waren 7 Prozent aller arbeitenden Amerikaner selbständig. 1986 war diese Zahl auf 11 Prozent gestiegen. 1990 betrug sie 15 Prozent. Die Gruppe der Selbständigen wächst fast viermal so schnell wie die der anderen Erwerbstätigen. Viele dieser früheren Angestellten sind Ihre heutigen oder zukünftigen Konkurrenten. Die Weiterführung Ihrer Aktion wird sie in Schach halten.
- Ab 1950 wurden jährlich 93 000 neue Unternehmen in den USA gegründet. 1980 stieg die Rate auf fast 600 000 jährlich. 1990 betrug sie fast 1 Million. Führen Sie Ihre Aktion weiter.
- 1989 gab es in den Vereinigten Staaten 11 Millionen Firmen. Von diesen waren 10,8 Millionen Kleinunternehmen; ein Grund mehr, die Aktion unaufhörlich fortzusetzen.
- Einige kleine Firmen erhalten Kapital von Risiko-Kapitalgebern. 1977 betrug der amerikanische Risiko-Kapitalpool 39 Millionen Dollar. Drei Jahre später war er auf 900 Millionen Dollar gestiegen, mittlerweile hat er die Grenze von 1 Milliarde Dollar weit überschritten

und wächst immer weiter. In seinem Buch *Megatrends* nennt John Naisbitt das Phänomen »eine unternehmerische Explosion«.

In dem rauhen Geschäftsklima der 90er Jahre können nur die Unternehmer mit einem Bewußtsein für gutes Marketing überleben. Das sind die Guerillas, diejenigen, die ihren Firmen- zum Markennamen gemacht haben, dem ihre Interessenten vertrauen. Sie empfinden es als erforderlich, während des gesamten Bestehens ihres Geschäfts mit maximaler Energie Marketing zu betreiben. Aber sie genießen es mit demselben Gusto, mit dem ein Olympia-Sieger in den Wettkampf geht. Starten Sie Ihre Aktion am besten so schnell wie möglich. Wer zögert, verspielt Zeit und fällt zurück.

Literatur

Bonoma, Thomas V.: *Der Marketing-Vorsprung, Marketingstrategien sofort erfolgreich in die Praxis umsetzen.* Verlag Moderne Industrie, 1986.

Bove, Thomas, Rhodes, Cheryl, und Thomas, Wes: *Die Kunst des Desktop Publishing.* Addison Wesley, 1987.

Ogilvy, David: *Ogilvy über Werbung.* Econ, 1984.

Ogilvy, David: *Geständnisse eines Werbemannes.* Econ, 1975.

Ogilvy, David, herausg. von Joel Raphaelson: *Was mir wichtig ist. Provokative Ansichten eines Werbefachmanns.* Econ, 1988.

Rapp, Stan, und Collins, Thomas L.: *Maximarketing.* McGraw Hill. Hamburg, 1988.

Tips und Kniffe für den täglichen Wettbewerb

Jay Conrad Levinson
Guerilla Marketing für
Fortgeschrittene
Erfolg in kleineren Unternehmen:
Fünfzig Goldene Regeln
2. Auflage 1994. 238 Seiten
ISBN 3-593-35067-X

Levinsons Fünfzig Goldene Regeln des Guerilla Marketing führen den Kleinunternehmer oder Freiberufler Schritt für Schritt an eine markt- und kundengerechte Denkweise heran und helfen ihm, die Effizienz seiner Marketingaktionen und der eingesetzten Medien nachhaltig zu steigern. Der besondere Wert des Buches liegt in der Vermittlung zahlreicher kleiner Kniffe, die es dem Anwender erlauben, in dem zunehmend schärferen Wettbewerb zu bestehen und auch unter den Bedingungen der Rezession die Nase vorn zu behalten.

In *Guerilla Marketing für Fortgeschrittene* setzt Levinson den Weg seines ersten Ratgeberbuches konsequent fort und zeigt, wie man es im Guerilla Marketing zu höchster Perfektion bringen kann. Er verarbeitet aktuellste Erkenntnisse der Video- und Computertechnik, er spricht über die Bedeutung von Fernsehwerbung, von Netzwerken und Marketing-Kooperation.

C|Campus Verlag
Frankfurt/New York

Thomas Gordon

Durch eine Vielzahl von Fallbeispielen illustriert Thomas Gordon seine wohlbegründeten, taktischen Ratschläge für den Umgang miteinander – ob im Beruf, der Schule oder der Familie.

Familienkonferenz
Die Lösung von Konflikten zwischen Eltern und Kind
19/15

Managerkonferenz
Effektives Führungstraining
19/28

Lehrer-Schüler-Konferenz
Wie man Konflikte in der Schule löst
19/24

Familienkonferenz in der Praxis
Wie Konflikte mit Kindern gelöst werden
19/33

Die Neue Familienkonferenz
Kinder erziehen, ohne zu strafen
19/325

19/15

19/28